21 世纪高职高专能力本位型系列规划教材·经济贸易系列

国际贸易与国际金融教程

主　编　蒋　晶　石如璧
副主编　谷少永　张　莉　谭树锐

北京大学出版社
PEKING UNIVERSITY PRESS

内容简介

本书编写以形成大学生岗位能力及符合大学生学习心理为设计导向，以培养学生“三力”(兴趣力、思考力、操作力)为设计核心，将国际贸易与金融理论的知识分解于各个项目、任务中，以实现高职教学内容锻造学生岗位能力为目的。

本书共分为两大模块进行讲解。国际贸易理论模块包括国际贸易理论、国际贸易政策与措施、区域经济一体化、世界贸易组织等内容；国际金融模块中突出国际金融应用学科的特点，主要介绍国际货币金融关系，分为外汇、汇率和外汇交易，国际收支与国际储备，国际金融机构与国际货币体系等内容。

本书内容结构严谨，界面友好，资料翔实，力求“风格创新、联系实际、突出应用”。本书可作为高职高专经济贸易类、管理类等专业的教材，也可作为各类涉外企业、各类金融行业技能型人才教育培训以及社会其他相关从业人员的参考用书。

图书在版编目(CIP)数据

国际贸易与国际金融教程/蒋晶，石如璧主编．—北京：北京大学出版社，2013.7

(21世纪高职高专能力本位型系列规划教材·经济贸易系列)

ISBN 978-7-301-22738-1

Ⅰ.①国… Ⅱ.①蒋…②石… Ⅲ.①国际贸易—高等职业教育—教材②国际金融—高等职业教育—教材 Ⅳ.①F74②F831

中国版本图书馆CIP数据核字(2013)第143008号

书　　名：国际贸易与国际金融教程

著作责任者：蒋　晶　石如璧　主编

责 任 编 辑：蔡华兵

标 准 书 号：ISBN 978-7-301-22738-1/F·3655

出 版 发 行：北京大学出版社

地　　址：北京市海淀区成府路205号　100871

网　　址：http://www.pup.cn　　新浪官方微博:@北京大学出版社

电 子 信 箱：pup_6@163.com

电　　话：邮购部62752015　发行部62750672　编辑部62750667　出版部62754962

印 刷 者：北京鑫海金澳胶印有限公司

经 销 者：新华书店

787毫米×1092毫米　16开本　15.5印张　360千字

2013年7月第1版　2014年7月第2次印刷

定　　价：31.00元

前　言

高职高专教育是以就业为导向的职业能力教育，是培养实用型、高技能人才的教育。这就要求高职高专院校要加大对学生实际操作能力、分析应用能力的培养，从而满足社会发展和经济建设的需要。基于这一认识，在北京大学出版社的策划和推动下，编者组织编写了此书。

在经济全球一体化的大背景下，中国经济参与世界经济的程度不断提高，与世界其他国家的经济贸易联系日益增加，对外贸易在我国国民经济中发挥着前所未有的重要作用。同时，随着我国经济与国际接轨常态化，金融业的国际化速度将越来越快，各行各业对国际贸易、国际金融领域操作型人才的需求越来越迫切。一般认为，人才的培养有赖于教育，教育的质量直接关系到人才质量，而教材的质量对教育质量又产生重要的影响。因此，作为高职高专学生的教材，本书在尊重国际贸易与国际金融理论体系的前提下，秉承“工学结合”的教育理念，突破教学传统，在内容上以够用为度，以塑造高职学生的职业能力为本位来设计课程内容，向读者展示一系列具有真正“实用价值”的国际贸易与国际金融知识。

和同类教材相比，本书具有如下特色：

(1) 教材内容新颖，结构合理。本书充分体现了高职高专在理论上以“必需，够用”为度的特点，将国际贸易与金融理论合编为一本书，体现精炼与务实的特色，并且紧密结合当今世界经济发展出现的焦点、难点问题进行阐述，重点突出，详略得当。

(2) 体例安排独特，强调理论联系实际。本书考虑到高等职业教育的特点，由项目任务驱动导入新课，通过互动式的探索揭示理论对从事国际贸易活动和金融活动的实践指导意义。项目的演练及阅读材料分析，将有助于锻炼学生的实际分析能力，帮助学生检验对知识的掌握程度和应用能力。

(3) 案例资源丰富，针对性强。本书采用的案例具有很强的时代性和中国特色，当中有部分根据企业人员亲身经历的真实案例整理而成，具有行业代表性。此外，案例数据较新，热点话题引人入胜，紧扣时代脉搏。

本书由广东工贸职业技术学院蒋晶和石如璧担任主编，广东工贸职业技术学院谷少永、张莉和广州市工商联副会长谭树锐担任副主编，蒋晶负责对全书进行总体设计和总撰定稿。

在本书的编写过程中，所参阅的文献除了在参考文献中列出的之外，还有大量相关的报刊文章、网络资料以及一些专家的研究成果和著作。在此，谨向各位专家、作者表示衷心的感谢！同时，感谢广州市工商联副会长、广州骏数码科技有限公司谭树锐总经理提供大量企业真实资源、数据分析和建议。最后，感谢编者的学生，他们对本课程表现出的极大兴趣和认真学习的态度一直感动、鞭策着我们。

由于国际贸易与金融领域的理论和实践发展变化日新月异，加之编写时间和编者水平的限制，书中疏漏和不足之处在所难免，恳请专家和读者批评指正。

编　者

2013 年 4 月

目　　录

项目一

认识国际贸易

RENSHI GUOJI MAOYI

【项目导读】

一提到国际贸易，人们似乎最容易想到的是异国他乡的特产、舶来品的各种诱惑，确实，国家与国家之间的贸易像纽带一样将世界各种的产品、经济紧密地连成一体。一国经济要想保持较快的发展速度，已越来越离不开国际贸易的支持与帮助。本项目主要介绍有关国际贸易综合性的基本问题，如什么是国际贸易、它有哪些分类、国际贸易与国内贸易有什么不同。

任务一 国际贸易的基本概念

【任务目标】

1. 掌握国际贸易的含义。

2. 掌握国际贸易中常用的统计分析指标的含义及应用。

【任务引入】

2013年1月10日上午，海关总署新闻发言人介绍了2012年中国进出口贸易等方面情况。

2012年，我国外贸进出口总值达到38667.6亿美元，比上年增长6.2%，这虽然与年初10%的预计目标有一定的差距，但是这一成绩的取得也实在是不容易的。其中出口20498.3亿美元，增长7.9%；进口18178.3亿美元，增长4.3%；贸易顺差2311亿美元，扩大48.1%。其中，12月份中国进出口规模双双创历史新高，当月进出口总值为3668.4亿美元，增长10.2%：其中，出口1992.3亿美元，增14.1%；进口1676.1亿美元，增6%。贸易顺差316.2亿美元，扩大91.8%。

2012年，面对欧债危机深化，世界经济复苏明显减速，国际市场需求持续低迷，国内经济面临较大下行压力的局面，各地区、各部门和广大外贸企业，坚持稳中求进的总基调，认真贯彻落实中央关于促进对外贸易稳定增长一系列政策措施，使得稳定进出口增长的正能量逐步释放。我国的对外贸易继续保持了稳定增长，同时在提升质量、提高效益、优化结构等方面取得了进一步的进展，使得我国出口占全球市场份额有所上升。

讨论题：

(1) 资料中方框内术语的具体含义是什么？

(2) 2012年我国外贸进出口没有实现年初预计目标原因有哪些呢？

【知识内容】

一、国际贸易与对外贸易

国际贸易(International Trade)是指世界各国(或地区)之间的商品和劳务交换活动。它是国际分工的表现形式，是世界各国在经济上相互联系和相互依赖的集中体现。由于国际贸易是一种世界范围内的货物和劳务交换活动，所以又称为世界贸易和全球贸易。

对外贸易(Foreign Trade)是指一国或地区与其他国家或地区进行的商品和劳务的交换活动，是从一个国家的角度来考察这种商品和劳务的交换活动。一些岛屿国家，如英国、日本等国，也常用“海外贸易”来表述它们的对外贸易活动。

【课堂思考】

国际贸易与对外贸易有何关系？

二、贸易额与贸易量

贸易额就是用货币表示的贸易的金额。贸易量就是剔除了价格变动影响之后的贸易额，贸易量使得不同时期的贸易规模可以进行比较。

（一）对外贸易额

对外贸易额(Value of Foreign Trade)指一个国家在一定时期内的进口总额与出口总额之和，是反映一国对外贸易规模的重要指标之一，一般用本国货币表示，也可用国际上习惯使用的货币表示。联合国发布的世界各国对外贸易额是以美元表示的，中国商务部公布的中国对外贸易额(表 1-1)统计数字也以美元表示。

表 1-1　2011—2012 年中国对外贸易额

类别	2011 年		2012 年	
	绝对数	比上年增长	绝对数	比上年增长
进出口额/亿美元	36420.6	22.5%	38667.6	6.2%
出口额/亿美元	18986.0	20.3%	20489.3	7.9%
进口额/亿美元	17434.6	24.9%	18178.3	4.3%

（节选自中国商务部 2013 年资料）

一国在一定时期内出口额与进口额的差额称为贸易差额(Balance of Trade)。当一国出口额大于进口额时，称为贸易顺差(Favorable Balance of Trade)或出超(Excess of Export over Import)；反之，当进口额大于出口额时，称为贸易逆差(Unfavorable Balance of Trade)或入超(Excess of Import over Export)；当一定时期的出口额等于进口额时，称为贸易平衡。

贸易差额是衡量一国对外贸易状况的重要标志。一般认为，贸易顺差可以推进经济增长、增加就业，表明一国在对外贸易收支上处于有利地位。但是，贸易长期顺差不一定是好事，往往会导致贸易纠纷，如日美汽车贸易大战、中美贸易摩擦等。另外，要长期赚取贸易顺差，就必须把国内大量的商品和劳务让外国人享用和使用，会导致本国可用的经济资源相对减少，从而实际上降低了广大国民的经济福利。因此，从长期趋势来看，一国的进出口贸易应保持基本平衡。

【课堂思考】

贸易顺差或贸易逆差对贸易双方有什么影响?

拓展阅读

近年来，中国对美货物贸易保持着上千亿美元的顺差，这一直被美国国内部分人士看做是中美经贸不平衡的证明。2010 年 3 月 19 日，中国商务部美洲大洋洲司相关人士在新闻发布会上说，对美货物贸易的顺差并不都体现为中国企业的利润，从货物贸易和服务贸易综合来看，美国企业从中美经贸当中获利丰厚。

"货物贸易的统计数据并不真正反映双方获利的情况。美国企业获得了从中国进口产品的绝大部分增加值，如标有'中国制造'的美国苹果公司的 iPod 播放器在发达国家市场零售价格是 299 美元，其中 160 美元是美国设计、运销和零售企业获得，中国组装厂仅获得了每台 4 美元的加工费。服务贸易方面，美国企业也获得了丰厚的收益……"

对于在美国出现了将中美经贸问题政治化的倾向，包括部分国会议员致信美国总统奥巴马，要求美国政府将中国列为"汇率操纵国"等，只要在相互尊重基础上平等协商，中美经贸问题是能够妥善处理的。但是，必须避免将经贸领域的问题政治化和情绪化。"(中美经贸问题)政治化问题由来已久，多年来在中美经贸关系当中起到消极影响。我们一直坚持认为，不要过多在经贸关系发展过程当中加入政治因素，要采取一切措施，通过沟通，避免政治化的扩大，尽可能缩小政治因素对经贸关系的负面影响，这对双方都是有利的。"

(二) 国际贸易额

把世界上所有国家的货物进口总额或货物出口总额按同一货币单位换算后加在一起，即得到国际贸易额(Value of International Trade)。由于从世界范围来看，一国的出口就是另一国的进口，如果把各国的对外贸易相加就会造成重复计算，所以各国在统计有形商品时，出口额以 FOB(装运港船上交货)价格计算，进口额以 CIF(成本、保险费加运费)价格计算。因此，世界货物出口总额总是小于世界货物进口总额。

(三) 贸易量

以货币表示的贸易额经常受到价格变动的影响，因为不能确切反映一国对外贸易的实际规模变化，不同时期的对外贸易额也无法直接比较。贸易量(Quantum of Trade)是为了剔除价格变动影响，能准确反映国际贸易或一国对外贸易的实际数量，而确立的一个指标。在计算时，以某年的价格为不变价格，计算出各年的进出口商品价格指数，用各年的进出口贸易值除以该年的进出口商品价格指数，就得到按不变价格计算(剔除价格变动的影响)的贸易额，通过比较，可以比较真实地反映贸易规模的变化。

【案例讨论】

假设以某国 2008 为基期(即 2008 年出口单位价格为 100)，2009 年和 2010 年该国的出口价格指数分别为 100.05 和 99.02，同期出口额分别为 6250.74 亿美元和 6886.97 亿美元，请通过分析贸易量判断该国 2009 年相对 2010 年出口的实际规模是扩大了还是缩小了。

三、对外贸易与国际贸易货物结构

贸易的商品结构(Composition of Trade)就是各类商品在贸易总值中所占的比重。对某一国来说，对外贸易商品结构是指一定时期内一国进出口贸易中各类商品的构成，即某大类或某种商品的进出口贸易额在整个进出口贸易中所占的份额，以比重表示，可以反映出该国的经济发展水平、产业结构状况和科技发展水平。

国际贸易商品结构是指一定时期内国际贸易中各类商品的构成，各大类商品或某种商品的进出口贸易额在整个国际贸易额中所占的份额，从而可以反映出整个世界经济发展水平、产业结果状况和科技发展水平。

这里涉及一个商品分类的问题，一般有两种分类方法对商品进行分类。

(1)《联合国国际贸易标准分类》(SITC)把有形商品依次分为10类，把0～4类商品称为初级品，把5～8类商品称为制成品，第9类为没有分类的其他商品。初级产品、制成品在进出口商品中所占的比重就表示了贸易的商品结构。例如，2008—2011年1—9月中国出品商品结构分类见表1-2。

表1-2 2008—2011年1—9月中国出口商品结构 （金额单位：亿美元）

商品构成(按SITC分类)	2008年	2009年	2010年	2011.1—9月
总值	14306.93	12016.12	15779.32	13922.70
一、初级产品	778.48	630.99	817.17	742.80
0类　食品及活动物	327.64	326.03	411.53	360.33
1类　饮料及烟类	15.30	16.41	19.06	16.78
2类　非食用原料(燃料除外)	113.46	81.56	116.02	112.60
3类　矿物燃料、润滑油及有关原料	316.35	203.83	267.00	248.97
4类　动植物油、脂及蜡	5.74	3.16	3.56	4.13
二、工业制品	13506.98	11385.64	14962.16	13179.89
5类　化学成品及有关产品	793.09	620.48	875.87	858.84
6类　按原料分类的制成品	2617.43	1847.75	2491.51	2357.44
7类　机械及运输设备	6733.25	5904.27	7803.30	6571.22
8类　杂项制品	3346.06	2996.70	3776.80	3375.80
9类　未分类的商品	17.15	16.45	14.68	16.60

(据中国海关总署提供的数据整理)

(2) 按生产某种商品所投入的生产要素进行分类，商品可分为劳动密集型商品、资本密集型商品等某种生产要素密集型商品。

【知识链接】

关于国际贸易商品分类

《联合国国际贸易标准分类》把国际贸易商品共分为10大类、63章、233组，786个分组和1924个基本项目。这10大类货物分别为：食品及主要供食用的活动物(0)；饮料及烟类(1)；燃料以外的非食用粗原料(2)；矿物燃料、润滑油及有关原料(2)；动植物油脂及油脂(4)；未列名化学品及有关产品(5)；主要按原料分类的制成品(6)；机械及运输设备(7)；杂项制品(8)；没有分类的其他商品(9)。

1983 年 6 月，海关合作理事会通过了《协调商品名称和编码制度公约》及其附件《商品名称及编码协调制度》，简称《协调制度》，并于 1988 年 1 月 1 日正式生效。该文件共有 21 类、97 章、1241 个税目及 5019 个子目，该制度使商品分类更加细致和科学。我国海关从 1992 年起开始采用。

【课堂思考】

请举例说明"发达国家出口工业制成品、发展中国家出口初级产品"的说法符合事实吗?

四、对外贸易与国际贸易地理方向

对外贸易的地理方向(Direction of Foreign Trade)又称对外贸易的地区分布，是指一定时期内各个国家或区域集团在某一国对外贸易中所占有的地位，通常以它们在该国进出口总额或进口总额、出口总额中的比重来表示。对外贸易地理方向指明该国出口商品的去向和进口商品的来源，它表明该国同世界各地区、各国家之间经济贸易联系的程度。例如，表 1-3 为 2011 年中国与主要贸易伙伴的贸易情况。

表 1-3　2011 年中国与主要贸易伙伴贸易情况

国家（地区）	金额/亿美元			同比/%		
	进出口	出口	进口	进出口	出口	进口
全球	36420.6	18986.0	17434.6	22.5	20.3	24.9
欧盟	5672.1	3650.2	2111.9	18.3	14.4	25.4
美国	4466.5	3244.9	1221.5	15.9	14.5	19.6
东盟	3628.5	1700.8	1927.7	23.9	23.1	24.6
日本	3438.9	1483.0	1945.9	15.1	22.5	10.1
中国香港	2835.2	2680.3	155.0	23.0	22.8	26.4
韩国	2456.3	829.2	1627.1	18.6	20.6	17.6
中国台湾	1600.3	351.1	1249.2	10.1	18.3	7.9
澳大利亚	1166.3	339.1	827.2	32.0	24.6	35.3
巴西	842.0	318.4	523.6	34.5	30.2	37.3
俄罗斯联邦	792.5	389.0	403.5	42.7	31.4	55.6

（据中国海关总署提供的数据整理）

国际贸易的地理方向(Direction of International Trade)是用以表明世界各洲、各国或各个国家集团在国际贸易中所占的地位，通常以它们的出口额(进口额)占世界出口额(进口额)的比重来表示。它是反映国际贸易地区分布和商品流向的指标。

五、贸易条件

贸易条件(Terms of Trade)是出口商品价格与进口商品价格的对比关系，又称贸易比价或交换比价。它表示出口一单位商品能够换回多少单位进口商品。很显然，换回的进口商品越多，越为有利。贸易条件在不同时期的变化通常是用贸易条件指数(TOT)来表示，贸易条件指数是出口价格指数和进口价格指数的比值，计算方式是出口价格指数除以进口价格指数再乘以100(假定基期的贸易条件指数为100)。

TOT的计算值有3种情况：一是贸易条件指数大于100，说明贸易条件较基期改善；二是贸易条件指数小于100，说明贸易条件较基期恶化；三是贸易条件指数等于100，即贸易条件不变。

需要注意的是，贸易条件改善或恶化只是就进出口时期与基期相比较而言的，因而是相对的。应该看到，随着我国外贸活动从粗放型向集约型的转变，贸易条件和其他一些反映外贸效益的概念(如换汇成本等)，会越来越被我国外贸从业人员所重视。

六、对外贸易依存度

对外贸易依存度(Foreign Dependence Degree)又称外贸系数，是衡量一个国家(或地区)国民经济外向程度大小的一个基本指标。它是指对外贸易额在该国国内生产总值(GDP)或国民生产总值(GNP)中所占的比重，其计算公式为

对外贸易依存度=[对外贸易总额/GDP(或GNP)]×100%

该比值的变化意味着对外贸易在国民经济中所处地位的变化。一国的外贸依存度越高，表明该国经济对国际贸易的依赖程度越大。一般来说，影响一国对外贸易依存度的主要因素包括国内市场的发展程度、加工贸易的层次、汇率水平等。改革开放以来，随着中国经济融入世界经济一体化的进程，对外贸易业快速增长，我国对外贸易依存度保持了较高的水平。例如，表1-4显示了我国2006—2011年的外贸依存度的状况。

表1-4 2006—2011年中国对外贸易依存度

年份	进出口贸易总额/亿美元	国内生产总值/亿元	年平均汇率	国内生产总值/亿美元	计算的贸易依存度
2006	17606.9	209407	7.974	26262.9	67.04%
2007	21738.0	246619	7.576	32553.7	66.78%
2008	25616.3	246619	6.944	35513.4	72.13%
2009	22072.7	335451	6.832	49100.0	44.95%
2010	29727.6	397983	6.828	58291.2	51.00%
2011	36420.6	471564	6.4588	73011.09	50.1%

(据中国商务部及国家统计局提供的数据整理)

【课堂思考】

一个国家的对外贸易依存度是不是越高越好？为什么？

拓展阅读

2012年我国外贸依存度在前一年基础上再度回落3.1个百分点，为47%，其中出口依存度为24.9%，进口依存度为22.1%，都有所回落。

我国外贸依存度在经历了入世初期的快速增加后，从 2006 年 67%的高点开始回落。这一态势表明，尽管外贸在我国经济活动中的地位仍举足轻重，但国内经济增长正由外需拉动向内需驱动转变。

不过，目前美国、日本和巴西三国的外贸依存度在 30%左右，相比之下，我国 47%的外贸依存度仍处于较高水平。业内认为，这与我国在全球产业链中"世界工厂"的地位和外贸大进大出的格局相一致，也说明我国转变经济发展方式依然有较大的潜力空间。随着我国加快调整经济结构，更多地依靠内需拉动经济增长，未来外贸依存度或将进一步降低。

外贸依存度可以分为出口依存度和进口依存度，二者的计算公式分别为

出口依存度=[出口总额/GDP(或 GNP)]×100%

进口依存度=[进口总额/GDP(或 GNP)]×100%

出口依存度可以反映国内生产对外部市场的依赖程度，也可反映一国的国际竞争力；而进口依存度则可反映国内市场的供给对外部市场的依赖程度，也可以反映国内市场外国产品的相对竞争力。

【知识要点提醒】

国际贸易是指世界各国(或地区)之间的商品和劳务交换活动。理解国际贸易概念时，要注意其与对外贸易的关系。常见的国际贸易与对外贸易分析指标有贸易额、贸易量、贸易条件、贸易商品结构、贸易地理方向和对外贸易依存度等。

任务二　国际贸易的分类和特点

【任务目标】

1. 掌握国际贸易的主要分类。
2. 掌握国际贸易与国内贸易的关系。

【任务引入】

在外贸发展面临增长困境的当下，服务贸易的发展被寄予厚望。据测评，未来 3～5 年，中国将迎来 3 万亿美元的世界服务贸易市场，如果中国不积极承接，菲律宾、印度、马来西亚等国家就会抢先承接过去。因此，要认清当前的形势，同时采取更大的措施来主动争取这块蛋糕，服务贸易更有可能在货物贸易遇阻的当下成为拯救中国外贸的有力拉手。

"当前，国际产业转移中心由制造业转向服务业，我们应紧紧抓住当前国际转移的契机，把大力发展服务贸易作为转变外贸增长方式、提升对外开放水平的重要内容，进而推动服务业乃至整个第三产业的发展。"以服务外包、现代服务业为主要内容的国际性服务产业转移，正在成为全球产业转移趋势，这也为新兴经济体提供了新的机遇，印度、巴西、俄罗斯、南非、印尼、菲律宾都积极制定措施，竞相承接这一产业从发达国家的转移。

统计显示，2011 年我国服务贸易总额突破 4100 亿美元，居世界第四位，但仅占对外贸易总额的 10%，

而同一年我国服务业占国民经济的比重为43.1%，上述两项比重同发达经济体的差距明显。另外，我国服务贸易还面临长期逆差状态，且整体上呈逐年扩大趋势，其中2011年逆差额达到549.2亿美元。

讨论题：

(1) 什么是服务贸易？与国际货物贸易相比，它有什么特点？

(2) 为什么我国服务贸易长期处于逆差状态？

【知识内容】

一、国际贸易的分类

国际贸易所涉及的范围相当广泛，内容复杂，按照不同的标准可以分为不同的种类。认识和掌握这些分类以及相关的概念，有助于深入地研究国际贸易。

(一) 按照货物的移动方向分类

(1) 出口贸易(Export Trade)是指一国把它生产和加工的产品运往国外市场出售。不属于外销的货物则不算，如旅客个人使用带出国境的货物就不列入该范围。

(2) 进口贸易(Import Trade) 是指一国将他国生产和加工的产品运进本国市场出售。同样，不属于内销的货物则不算。例如，旅客带入供自用的货物。另外，在国际贸易中，由于一国对于某种商品的各品种的生产和需求不一致，所以在同类商品上往往既有出口也有进口。若在一定时期内，一国或一地区在某种商品大类的对外贸易中，出口量大于进口量，其超出部分便称为净出口(Net Export)；反之，如进口量大于出口量，超出部分称为净进口(Net Import)。

(3) 过境贸易(Transit Trade) 是指甲国经过丙国国境向乙国的运送货物，而货物的所有权不属于丙国居民时，从丙国来讲，这是过境贸易。过境贸易并没有商品买卖行为，货物在过境国不进行任何加工和改变。

【课堂思考】

出口到国外的商品由于质量问题被退回，属于进口贸易吗？

(二) 按照商品的形式与内容分类

(1) 货物贸易(Goods Trade)是指具体商品的进出口贸易。由于国际货物贸易买卖的对象是看得见摸得着的，有一定物理形态的商品，国际货物贸易也称为有形贸易(Visible Trade)。有形贸易的进出口必须办理通关手续，反映在海关统计中，构成一国国际收支项目的重要内容。

(2) 服务贸易(Service Trade)是指国家(或地区)间各种类型服务的交换活动，是无形贸易(Invisible Trade)的重要组成部分。服务贸易作为一个独立概念提出来并被普遍接受是在20世纪70年代。在过去40年的发展中，服务贸易快速增长，为世界各国经济发展提供了广阔的空间，并成为衡量一个国家整体水平的重要标志。

为了便于统计，世界贸易组织的《服务贸易总协定》把服务贸易定义为以下4种方式：

① 跨境交付(Cross-border Supply)，即从一成员方境内向境外任何一成员方境内提供服

务。这是较为典型的跨国界服务贸易，其特点是服务提供者和消费者分别处于不同的国家。

② 境外消费(Consumption Abroad)，即在一成员方境内向来自任何其他成员方的消费者提供服务，它是说明一国消费者进入另一国获取服务的过程。

③ 商业存在(Commercial Presence)，即一成员方的服务提供者在其他国家境内以各种形式的商业或专业机构提供服务。这种服务贸易往往与对外直接投资联系在一起，规模大、范围广、发展潜力大，是国际服务贸易中最活跃、最主要的形式。

④ 自然人流动(Movement of Personnel)，即一成员方的服务提供者以自然人的方式在其他任何成员方境内提供服务。这类贸易规模较小，时间有限。

【课堂思考】

试举例说明服务贸易的 4 种形式。

【知识链接】

国际服务贸易也可按照部门分类，在这种分类中，国际服务贸易被总称为商业性服务(Total Commercial Service)，具体包括以下几类：

(1) 运输服务(Transportation)。

① 海运服务(Sea Transportation)。

② 空运服务(Air Transportation)。

③ 其他运输形式服务(Other Transportation)。

(2) 旅游服务(Travel)。

(3) 其他商业性服务(Other Commercial Services)。

① 通信服务(Communication Services)。

② 建筑服务(Construction Services)。

③ 保险服务(Insurance Services)。

④ 金融服务(Financial Services)。

⑤ 计算机与信息服务(Computer and Information Services)。

⑥ 特许与许可服务(Royalties and Licence Fees)。

⑦ 其他商业服务(Other Business Services)。

⑧ 个人、文化与娱乐服务(Personal，Cultural and Recreational Services)。

与国际货物贸易相比，国际服务贸易具有以下特点：

(1) 国际服务贸易的标的一般具有无形性。货物贸易买卖的商品在空间形态是确定的、有形的。而服务贸易的空间形态基本是不固定、无形的。

(2) 国际服务贸易的生产和消费过程具有同步性。国际货物贸易中的商品生产和消费过程是可以分割的，而国际服务贸易中的服务的提供与消费难以分割。

(3) 国际服务贸易的标的是难以储存和反复转让的。货物是可以在时空上分离的物品，它可以储存，可以运输，也可以被反复转让，而服务不能储存，不能运输、不能被反复转让。

(4) 国际服务贸易一般不经过海关，也不显示在海关统计上。而国际货物贸易必须经过一国的海关，货物的进出口反映在一国的海关统计中。

国际服务贸易与国际货物贸易尽管有如此多的不同，但是从总体上看，两者之间是相互依存、相互促进的。一方面，国际货物贸易的发展会刺激与之有关的国际服务贸易的发展，如国际货物贸易的增长带动了相关的金融、保险、运输、通信等服务业的国际化，促进了国际服务贸易的发展；另一方面，传统国际服务贸易的反战以及新型服务贸易的出现也会促进国际货物贸易的发展，如运输服务贸易的增长增加了对汽车、轮船、飞机等交通工具的要求。

（三）按对外货物贸易统计标准分类

（1）总贸易体系(General Trade System)又称一般贸易体系，是以货物通过国境作为统计对外贸易的标准。凡是进入本国国境的货物一律列为总进口，凡是离开本国国境的货物一律计为总出口，两者之和为总贸易额。日本、英国、加拿大、美国、澳大利亚均采用这种统计方法，我国也采用。

（2）专门贸易体系(Special Trade System)又称为特殊贸易体系，是指以关境作为划分和统计进出口的标准：凡是通过海关结关进入关境的货物列为专门进口，凡是离开关境的商品计入专门出口。德国、意大利、法国等国均采用这种统计方法。

鉴于现实中存在的关境与国境不一致的现象，各国在进行货物贸易统计时采用的方法不同就有着实际的意义。联合国发表的各种对外货物贸易额的统计数字，一般均注明是按何种贸易统计体系编制的，如世界贸易组织每年公布的《国际贸易统计》(International Trade Statistics)中的国别贸易额采用国境标准。

（四）按贸易参加者分类

（1）直接贸易(Direct Trade)是指商品生产国与商品消费国之间买卖商品的行为，即指进出口两国直接达成的交易。

（2）间接贸易(Indirect Trade)是指商品生产国与商品消费国通过第三国进行买卖商品的行为，也可以说是商品进出口两国通过第三国的商人达成的交易。对生产国来说，是间接出口；对消费国来说，是间接进口。

（3）转口贸易(Enterport Trade)也称中转贸易，是指货物生产国与消费国之间，或货物供给国与需求国之间，不直接发生贸易关系，而是通过第三国进行的买卖活动。对第三国而言，就是转口贸易。转口贸易的发生是因为转口贸易国地理位置优越，交通便利、贸易限制少、结算便利且费用低等因素。世界上著名的转口贸易国家或地区有新加坡、鹿特丹、中国香港。

拓展阅读

香港长期以来由于其狭小的本土市场和弱小的农业发达的金融、保险、咨询、海运业一直以转口贸易中心被整合进全球经济。许多产品进入香港然后再出口到欧洲、美洲及其他的国家或地区。我国大陆的对外开放和经济改革对香港转口贸易中心地位的稳固和发展起到了十分关键的作用。随着大陆制成品出口的扩大，香港逐渐成为大陆与世界其他国家和地区联系的前沿。20世纪70年代香港的转口贸易占全港对外贸易近20%，2002年达到91.3%。中国大陆与美国是两个最大的转口来源和市场，1998年中国对美国出口总额为380亿美元，经香港转口就达到310亿美元，占中国大陆对美国出口总额的81.5%。在2000年以来中方的统计中，中国大陆对美国出口的70%左右，自美国进口的30%左右是经由香港转口实现的。

【课堂思考】

转口贸易与过境贸易的区别是什么?

(五) 按货物的运输方式分类

(1) 海运贸易(Trade by Seaway)是指采用各种船舶通过海上航线运送货物的贸易行为。它是国际上最主要的运输方式。当前，国际贸易中大部分的货物通过海运进行的。

(2) 陆运贸易(Trade by Roadway)是指通过陆上交通工具(如火车、汽车等)运送货物的贸易，适用于陆地相邻国家间的贸易。

(3) 空运贸易(Trade by Airway)是指采用航空器具运送货物的贸易。它适用于贵重或数量小，及急需商品的运送。

(4) 邮购贸易(Trade by Mail Order)是指通过邮政系统进行的贸易。对于样品传递和数量不多的商品贸易可以采用此类型。

(六) 按交易手段的不同分类

(1) 单证贸易(Trade with Documents)是指在国际贸易交易过程中，以纸面单证为基本手段的贸易。

(2) 无纸贸易(Trade without Document)是指以电子数据交换(Electronic Date Interchange，EDI)为手段的贸易。EDI利用存储转发方式将供应链企业贸易过程中的订货单、发票、提货单、海关申报单、进出口许可证、货运单等数据以标准化格式，通过计算机和通信网络进行传递、交换、处理，代替了贸易、运输、保险、银行、海关、商检等行业间人工处理信息、邮递互换单证的方式，使交易行为更加快速、安全和高效。

二、国际贸易的主要特点

国际贸易与国内贸易相比，既有一定的共同性，又存在着一定程度的差别。

(一) 国际贸易与国内贸易的共同点

1. 在社会再生产中的地位相同

国际贸易与国内贸易虽然活动范围不同，但都属于流通领域，都处在社会再生产中的交换环节，都是通过交换来来实现企业生产的产品价值，并满足人们的消费需求。

2. 具有共同的商品运动方式

国际贸易与国内贸易商品流通的运动方式完全一样，即G—W—G′。商品经营的目的都是通过交换获取更多的利润或经济利益。

3. 基本职能相同

国际贸易与国内贸易的基本职能都是媒介交换商品，即做买卖。生产决定交换，但是交换对生产具有反作用，它们两者与生产的关系都是如此。

4. 受商品经济规律的影响和制约

国际贸易与国内贸易都必须遵循商品经济的基本规律，如价值规律、供求规律、节约流通时间规律等。这些规律均会在一定时间和程度上影响到国际和国内的贸易。不管是从事国际，还是国内的贸易都必须遵循这些经济规律，不得违背。

（二）国际贸易与国内贸易的主要区别

1. 语言、法律及风俗习惯不同

国际间进行贸易活动首先会遇到差异，必须首先克服这些障碍，否则就无法恰当地进行贸易洽谈、签约，处理贸易纠纷，进行市场调研。国内贸易虽然也会遇到一些语言、风俗习惯的差异，但差别要小得多。

2. 各国间货币、度量衡、海关等制度不同

进行国际间商品交换，会遇到须用外币支付且汇率又经常变动，以及各国间度量衡、海关制度均有较大差别等诸多问题，使得国际间商品交换活动复杂化。相比之下，国内贸易就简单多了。

3. 各国的经济政策不同

各个国家的经济政策主要是为本国经济发展起作用的，但又会在一定程度上影响到国际贸易的开展，且很多政策也会因不同的经济形势、不同的执政者而变化。这里有金融政策、产业政策、进出口管理政策、关税政策等，从事国际商品交换活动必须研究这些政策。国内贸易研究的内容要少得多。

4. 国际贸易的风险大于国内贸易

商品交换离不开竞争自然存在相当的风险。但相比之下，国际贸易的风险更多也更大，其表现在资信风险、商业风险、价格风险、汇率风险、运输风险以及政治风险等方面。

【知识链接】

部分国家和地区在数字与颜色上的禁忌

1. 数字的忌讳

西方人普遍认为“13”这个数字是凶险的，应当尽量避开它。他们认为“星期五”也不吉利。在非洲，大多数国家认为奇数带有消极色彩。而在日本奇数则被看做是吉祥如意的数字，对偶数不感兴趣。在日本要尽量避免“4”和“9”。日语中“4”与“死”同音，而“9”与“苦”相近。

2. 一些国家和地区在商品颜色上的禁忌

美国：红色(账面上赤字用红色表示，代表亏本，在商业上最不受欢迎)。

德国：茶色、黑色、深蓝色。

法国：墨绿色(纳粹军服色)。

意大利：黑色(不吉利)、紫色(消极)。

瑞典：不宜在商业上使用代表国家色的蓝、黄色组。

以色列：黄色，商业上不欢迎天蓝色。

委内瑞拉：红、绿、茶、黑、白五色代表五大党，避免使用。

在瑞士、捷克、希腊、罗马尼亚、泰国、新加坡、巴基斯坦、印度、马达加斯加、埃塞俄比亚、乍得、加纳、利比里亚、阿根廷等国家都禁用黑色，视黑色为悲观、消极、绝望、不祥、丧事等。

此外，欧美多喜欢色彩鲜明，中国港澳和东南亚欣赏浓妆艳抹；而日本人则爱好淡雅，讨厌绿色；巴西人以棕色为凶丧气，以绛紫色为大忌；比利时人视蓝色为不祥；埃塞俄比亚把黄色当做丧色；土耳其人则将黄色当做凶兆；在法国，黄色表示不忠诚，对黄色反感；而在德国，黄色的包装则比较好销；在美国，认为黑色不吉祥。

【知识要点提醒】

国际贸易范围广泛，性质复杂，可以从不同角度来进行分类。而国际贸易与国内贸易相比，既有一定的共同性，又存在着一定程度的差别。

任务三　国际贸易的产生和发展

【任务目标】

1. 了解国际贸易的产生条件。
2. 理解国际贸易的发展过程。

【任务引入】

英国为国际贸易是“经济成长的发动机”学说提供了一个典型的事例。在17世纪和18世纪，殖民地贸易对英国的工业发展有十分重大的影响。贸易给予英国工业以极大的刺激，用英国和东方的制成品换来的黑奴运到种植园去。在那里，他们生产糖、棉花、靛蓝、糖蜜和其他的热带产品。英国对这些产品的加工又创建了新的工业，而维持黑奴和他们的主人的生计，又为英国工业提供了另一个市场。到1750年，在英国凡是从事贸易或制造业的城镇，没有一个不是用这种方式与三角贸易或直接地对殖民地贸易发生联系的。这项贸易所得到的利润是英国工业革命所需要的资本积累的一个主要来源。

讨论题：

请根据以上材料，分析对外贸易对于英国工业化的重要作用。

【知识内容】

一、国际贸易的产生

国际贸易是人类社会发展到一定历史阶段的产物。它的产生必须具备两个基本条件：一是社会生产力的发展产生了可供交换的剩余产品，以及由此促进的商品生产与商品交换规模的扩大；二是国家的形成。

在人类原始社会初期，由于社会生产力水平极为低下，人类劳动所得的产品仅能维持当时的氏族公社成员最基本的生存需要，没有剩余产品可以用作交换。到了原始社会中后期，由于社会生产力的发展，发生了三次社会大分工。第一次大分工是畜牧业和农业之间的分工，使产品有了剩余，于是产生了部落与部落之间的交换。第二次大分工是手工业从农业中分离出来，于是也就出现了以交换为目的的商品生产。它不仅进一步推动了生产力的发展，而且最终导致了货币的产生。随着商品生产和发展和商品交换规模的扩大，直接引发了人类社会的第三次大分工，即手工业与商业的分离，便产生了专门从事贸易的商人阶层。原始社会末期，随着阶级的产生和国家的出现，商品流程跨出国家界限，就产生了国际贸易。

二、奴隶社会的国际贸易

奴隶社会是以奴隶主占有生产资料和奴隶为基础的社会。在奴隶社会，自然经济占统治地位，生产的目的主要是为了消费，商品在整个社会中微不足道，因而投入流通领域的商品很少。

在奴隶社会，国际贸易中的货物主要是奴隶和供奴隶主享乐用的奢侈品，如宝石、贵金属、各种装饰品、香料、颜料和布匹。据资料记载，希腊的雅典就曾经是一个贩卖奴隶的中心。奴隶社会从事国际贸易的国家主要有腓尼基、希腊、罗马等。这些国家在地中海东部和黑海沿岸主要从事贩运贸易。我国在夏商时代进入奴隶社会，贸易集中在黄河流域沿岸各国。

三、封建社会的国际贸易

封建社会时期的国际贸易比奴隶社会时期有了较大发展。在封建社会初期，封建地租采取劳役和实物形式，进入流通领域的商品不多。到封建社会中期，随着商品生产的发展，封建地租由劳役和实物形式转变为货币地租，商品经济得到进一步发展。在封建社会晚期，随着城市手工业的发展，商品经济和对外贸易都有了较大的发展，资本主义因素已孕育生长。

在封建社会，奢侈品仍然是对外贸易中的主要商品，这类商品包括丝织品、香料、珠宝等。在封建社会初期，国际贸易中心位于地中海东部，如阿拉伯是7—8世纪的贸易民族。阿拉伯人贩运非洲的象牙、中国的丝绸、远东的香料、宝石等，成为欧、亚、非三大洲的贸易中间商。11世纪以后，随着意大利北部和波罗的海沿岸城市的兴起，国际贸易的范围逐步扩大到整个地中海以及北海、波罗的海和黑海的沿岸地区。

封建社会时期，我国对外贸易也有所发展。早在西汉时期，就开辟了从长安经中亚通往西亚和欧洲的陆路商路——丝绸之路，把中国的丝绸、茶叶等商品输往西方各国，换回良马、种子、药材和饰品等。到了唐朝，除了陆路贸易外，还开辟了通往波斯湾以及朝鲜和日本等地的海上贸易。在宋、元时期，由于造船技术的进步，海上贸易进一步发展。在明朝永乐年间，郑和曾率领商船队7次下“西洋”，经东南亚、印度洋到达非洲东岸，先后访问了30多个国家，用中国的丝绸、瓷器、茶叶、铜铁器等同所到的国家进行贸易，换回各国的香料、珠宝、象牙和药材等。

可见，资本主义社会以前的国际贸易是为奴隶主和封建地主阶级利益服务的。贸易主要局限于各洲之内和欧亚大陆之间，国际贸易在奴隶社会和封建社会经济中都不占有重要的地位，贸易的范围和商品品种都有很大的局限性，贸易活动也不经常发生。

四、资本主义时期的国际贸易

在资本主义生产方式下，国际贸易急剧扩大，贸易活动遍及全球，贸易商品种类日益增多，国际贸易越来越成为影响世界经济发展的一个重要因素。而在资本主义发展的各个不同历史时期，国际贸易的发展又各具特征。

（一）资本主义生产方式准备时期的国际贸易

16—18 世纪中叶是西欧各国资本主义生产方式的准备时期。这一时期工场手工业的发展使劳动生产率得到提高，商品生产和商品交换进一步发展，这为国际贸易的扩大提供了物质基础。地理大发现更是加速了资本的原始积累，促进世界市场的初步形成，从而扩大了世界贸易的规模。这一时期的国际贸易有以下特点。

1. 对殖民地的掠夺贸易

地理大发现之后，欧洲大批殖民主义者涌进了美洲、非洲，采取各种暴力、欺诈手段，进行掠夺性贸易，把当地的珍贵产品、大量的黄金、白银运到欧洲。残酷的不等价交换，使欧洲殖民者大发横财。据估计，这一时期，欧洲殖民者从世界各地运回的黄金达 200 吨，白银 12000 吨，其中大部分转化为货币资本。由此可见，对殖民地的掠夺贸易，对资本主义生产方式的发展和在全世界范围内的确立起到了巨大作用。

2. 商品结构变化

地理大发现后，国际贸易的商品数量和种类大大增加，输入欧洲的商品除了美洲的贵金属、烟草、大米外，还有印度的香料、波斯的象牙和布匹、中国的瓷器等。许多曾经是奢侈品的殖民地商品，如茶叶、糖、咖啡，由于输入增多与价格下降而逐渐成为日用品。国际贸易商品结构的另一个变化是黑奴被作为商品参加流通。由于印第安人在殖民主义者的虐杀和奴役下大批死亡，造成了殖民地种植园和矿山劳动力严重不足，于是欧洲殖民主义者开始从非洲猎捕黑人贩运到美洲当奴隶，获取巨额利润。

3. 国际贸易中心转移

由于这一时期国际贸易主要操纵在欧洲殖民主义者手中，所以这一时期国际贸易中心的转移是指欧洲贸易中心的转移。地理大发现后，世界商路不再经地中海而去到大西洋，意大利各城市由于远离世界商路失去了贸易中心的地位。16 世纪时，贸易中心转到葡萄牙、西班牙各港口，特别是里斯本、塞维尔、安特卫普。在 17 世纪时，荷兰的阿姆斯特丹成为国际贸易中心。17 世纪末，随着英国经济的发展和海上贸易地位的不断提高，伦敦取代阿姆斯特丹成为国际贸易中心。

4. 出现了贸易特权公司

在这一时期，欧洲国家出现了垄断殖民贸易的特权公司，在对外贸易中具有极其重要的作用。从 1554—1690 年，英国、荷兰、法国、瑞典、丹麦成立了 50～60 个贸易特权公司，大部分的海上贸易都集中掌握在这些公司手中，它们的贸易垄断，获取了大量利润。这些利润称为资本原始积累的重要来源。

（二）资本主义自由竞争时期的国际贸易

18 世纪后期至 19 世纪中叶是资本主义的自由竞争时期。这一时期，欧洲国家先后发生了产业革命和资产阶级革命，资本主义机器大工业得以建立并广泛发展，社会生产力水平大大提高，可供交换的产品空前增加，真正的国际分工开始形成。另外，大工业使交通和通信联络发生了变革，极大地便利和推动了国际贸易的发展。这一时期的国际贸易具有以下特点。

1. 国际贸易商品种类繁多

自由竞争时期，在国际贸易商品结构中，商品种类越来越多，出现了许多新产品。首先是机器和运输工具，如织布机、纺纱机、机械、船舶、机车等；其次是食品、油类、肉、糖；再次是半成品和原料，如铁、钢、石油及其制品、棉纱等，其中工业制成品比重上升。

2. 贸易方式有很大进步

国际定期集市的贸易方式逐渐减少，现场看货交易逐渐发展成为凭样品买卖。同时商品交易所日趋专业化，1848 年美国芝加哥出现了第一个谷物交易所，1862 年伦敦成立了有色金属交易所，期货交易也已经出现，小麦、棉花等常常在收割之前就已经售出，投机交易应运而生。

3. 国际贸易的组织形式有了改进

享有特权的外贸公司(如东印度公司等)逐步让位于在法律上负有限责任的股份公司，对外贸易的经营组织日趋专业化，成立了许多专门经营某一种或某一类商品(如谷物、纺织品、金属等)的贸易企业。同时，为国际按摩仪服务的组织也趋向专业化，出现了专门的运输、保险公司等，银行信贷业务在国际贸易中也开始广泛运用。

4. 英国在世界贸易中占据垄断地位

在自由资本主义时期，英国首先完成产业革命。英国凭借其先进的技术，成为世界上最大的工业、贸易、金融、航运大国，在国际贸易中处于垄断地位。依靠强大的海运业，英国从其他国家获得了廉价的原料，控制着其他国家的贸易往来，并取得了巨额的贸易收入。在当时，伦敦成为国际金融中心，英镑成为世界货币，直接影响着全世界的信用体系。

（三）垄断资本主义时期的国际贸易

19 世纪末 20 世纪初，各主要资本主义国家从自由竞争阶段过渡到垄断资本主义阶段，国际贸易增速放缓，同时也出现了一些新的变化。

1. 垄断组织控制了国际贸易

在控制国内贸易的基础上，垄断组织竭力争夺国外市场和原料产地。他们通过组成国际卡特尔、国际辛迪加、国际托拉斯等国际垄断组织，制定垄断价格、分割钩子场所、垄断原料来源和控制生产规模等活动，从而达到获得高额垄断利润额的目的。在这一时期，国际贸易中明显形成了大型垄断组织瓜分世界市场的局面。

2. 资本输出带动商品输出和原料输入

随着“过剩”资本的增加和资本主义工业的发展，帝国主义宗主国对市场和原料的依赖越来越重。殖民地不仅成为宗主国的销售市场，而且也成为它们的投资场所。帝国主义宗主国利用资本输出，一方面作为争夺和垄断国外市场，控制和奴役殖民地的工具，另一方面作为带动商品输出和原料输入的手段。

3. 国际贸易格局和商品结构变化

随着世界工业生产的迅猛发展，工业制成品特别是重工业产品以及有色金属、稀有金属、石油等矿产原料在国际贸易中的比重大大提高；同时，由于大城市的发展，食品贸易的比重有所上升。在这一时期内，美国和德国迅速崛起，而英国作为“世界工厂”的地位逐渐丧失。国际贸易由一国垄断变为多国垄断。

五、当代国际贸易的发展

第二次世界大战以后，世界进入了一个相对稳定的和平和发展时期。特别是 20 世纪 80 年代以来，世界经济发生了迅猛的变化，科技进步的速度不断加快。国际分工、世界市场和国际贸易也都发生了巨大的变化。概括说来，当代国际贸易发展有以下一些新特征：

(1) 国际贸易发展迅速，规模空前扩大，世界贸易的增长速度大大超过世界产值的增长速度，服务贸易的增长速度又大大超过商品贸易的增长速度。

(2) 世界贸易的商品结构发生了重要变化，新商品大量涌现。制成品、半制成品，特别是机器和运输设备及其零部件的贸易增长速度加快，石油贸易增长迅猛，而原料和食品贸易发展缓慢，石油以外的初级产品在国际贸易中所占的比重下降。在制成品贸易中，各种制成品的相对重要性有了变化。非耐用品的比重下降，而资本货物、高科技办公用品所占的比重上升。

(3) 国际分工日益向广度和深度发展，各种类型的国家都不同程度地参与国际分工，但是发达国家在国际分工中占据主导地位。货物分工向服务业领域发挥，并出现了相互结合、相互渗透的趋势。

(4) 从贸易政策和贸易体制来看，从第二次世界大战后 50 年代到 60 年代，贸易政策和体制总的特点是自由贸易；20 世纪 70 年代以来，贸易政策有逐渐向贸易保护主义转化的倾向，国际贸易体制从自由贸易走向管理贸易，国际贸易的垄断进一步发展。1995 年 1 月 1 日，随着世界贸易组织的建立，国际贸易进入又一个相对自由的时代。

(5) 跨国公司成为推动国际贸易发展的主要力量，主要表现在：跨国公司在世界生产贸易和投资中居主要地位；跨国公司在一些国家的出口中占据重要地位；跨国公司为国际技术流动发挥了重要的媒介和渠道作用；跨国公司把许多发展中国家和经济转型国家纳入其全球生产和营销体系。

(6) 电子商务的广泛应用使国际贸易方式发生革命。随着信息技术的发展，在 20 世纪 90 年代，出现了电子商务这种新型的贸易手段，引起了全球范围内的结构性商业革命。电子商务下的国际贸易把全部进出口货物所需要的主要流程如市场调研、国际营销、仓储、报关等引入计算机网络中。

从以上国际贸易的历史发展中可以看到，尽管世界政治与经济的发展道路并不平坦，但总的趋势是不断前进的。在科学技术革命的推动下，国际分工不断深化，生产国际化程度日益提高，这是国际贸易不断发展的强大动力。各个国家都有必要也有可能更多地参与国际分工、国际贸易、国际竞争和合作，以促进本国经济的发展。

【课堂思考】

结合自己了解的情况，举例说明当代国际贸易发展的新特点。

【知识要点提醒】

国际贸易是人类社会发展到一定历史阶段的产物，随着社会生产力水平的不断提高，国际贸易也不断发展和完善。

【项目小结】

1. 国际贸易是指世界各国(或地区)之间的商品和劳务交换活动。

2. 国际贸易与对外贸易分析指标有贸易额、贸易量、贸易条件、贸易商品结构、贸易地理方向及对外贸易依存度等。

3. 国际贸易的基本分类包括对外贸易与国际贸易，有形贸易与无形贸易，总贸易与专门贸易，出口贸易、进口贸易与过境贸易，直接贸易、间接贸易与转口贸易等。

【项目演练】

一、判断题

1. 服务贸易和货物贸易两者都在一国的海关统计上得到反映。 (　　)

2. 转口贸易和过境贸易的共同点是：货物从生产国运往消费国，中间要经过第三国。 (　　)

3. 通常情况下，一国的年出口额以 FOB 价计算，进口额以 CIF 价计算。 (　　)

4. 货物直接从生产国运到消费国，称为直接贸易。 (　　)

5. 以国境作为统计方法和标准，称为专门贸易体系。 (　　)

6. 国际贸易额用货币表示，而国际贸易量以数量表示。 (　　)

二、单项选择题

1. 上海经香港商人从美国进口电脑(　　)。

A. 因货物从美国直运上海，不属转口贸易

B. 因属转口贸易，货物必须经过香港转运

C. 货物虽不转运，仍属转口贸易

D. 因属转口贸易，货物必须在香港过境

2. 某年世界出口货物贸易额为 1.6 万亿美元，进口货物贸易额为 1.7 万亿美元，则该年国际货物贸易额为(　　)。

A. 3.3 万亿美元　　B. 1.6 万亿美元　　C. 1.9 万亿美元　　D. 0.1 万亿美元

3. 某年一国的出口贸易额为 1840 亿美元，进口贸易额为 1400 亿美元，该国的国民生产总值为 20000 亿美元，则该国的对外贸易依存度为(　　)。

A. 12.8%　　B. 14.7%　　C. 16.2%　　D. 18.5%

4. 以货物通过国境作为统计进出口标准是 (　　)。

A. 总贸易体系　　B. 专门贸易体系　　C. 有形贸易　　D. 无形贸易

5. 一国在一定时期内的进出口额之和被称为 (　　)。

A. 对外贸易额　　B. 对外贸易量　　C. 国际贸易额　　D. 国际贸易量

6. 2008年，某国出口额为220亿美元，进口额170亿美元，则该年贸易差额为（　　）。

A. 净出口50亿美元　　B. 贸易顺差50亿美元

C. 贸易逆差50亿美元　　D. 贸易顺差390亿美元

7. 一定时期内，若一国一定量商品出口所能换得的进口商品量增加，该国贸易条件便（　　）。

A. 恶化　　B. 不变　　C. 改善　　D. 不确定

8. 能够比较确切地反映一国对外贸易实际规模，便于各个时期进行比较的是（　　）指标。

A. 贸易顺差　　B. 对外贸易额

C. 对外贸易商品结构　　D. 对外贸易量

三、多项选择题

1. 国际贸易产生的必须具备的条件有（　　）。

A. 良好的商业信誉　　B. 剩余产品

C. 国家的产生　　D. 专业和国际贸易知识

2. 根据货物或服务的流向，可以将国际贸易划分为（　　）。

A. 出口贸易　　B. 进口贸易　　C. 过境贸易　　D. 间接贸易

3. 当进口总额超过出口总额时，可称为（　　）。

A. 贸易顺差　　B. 贸易逆差　　C. 出超　　D. 入超

4. 以下可列入总进口的项目有（　　）。

A. 供国内消费和使用而直接进入的进口货物

B. 进入海关保税工厂的货物

C. 进入海关保税仓库和自由区的进口货物

D. 本国化货物出口

E. 从海关保税仓库和自由区转出出口的货物

四、实务操作题

1. 甲、乙两国的国民生产总值分别为1000亿美元和2000亿美元，对外贸易额分别为200亿美元和400亿美元，通过计算分析哪一国的对外贸易依存度较高。

2. 请查找课外资料，比较15世纪中国明朝郑和下西洋和15世纪末16世纪初西欧哥伦布、达·伽马、麦哲伦等远洋探险的不同结果，探讨产生这些不同结果的原因。

项目二

国际贸易理论

GUOJI MAOYI LILUN

【项目导读】

国际贸易理论是对国际贸易产生的基础，决定国际贸易总量、构成、方向变化系统的理论说明，是国际贸易政策的理论依据。西方经济学家的国际贸易理论经历了近200年的发展，从古典贸易理论到新贸易理论进行不断的演绎，通过修正、补充和完善，已能够从多个侧面诠释国际贸易的新现象。本项目主要介绍国际分工的基本含义和西方经济学家有关国际分工的理论与学说。通过分析、研究、借鉴、吸收西方国际贸易理论的科学成分，对于正确认识当代国际经济贸易具有积极意义。

任务一 国际分工

【任务目标】

1. 掌握国际分工的含义和类型。
2. 理解影响国际分工的主要因素。
3. 了解国际分工对国际贸易的影响。

【任务引入】

“你愿意抵制苹果(公司)吗?”《纽约时报》揭露了苹果公司在华供货商之一富士康集团“压榨工人”的诸多细节，指责苹果公司对此置若罔闻。随后，多家美国主流媒体也对苹果开炮。

但是，苹果在中国的待遇却是另一番境况。2013 年春节前，新款 iPhone4S 在北京、上海正式发售。在北京三里屯苹果专卖店，因为黄牛之间发生激烈的冲突，导致现场一片混乱。苹果公司表示，为了确保顾客和员工安全，停止在北京和上海零售店销售最新版的 iPhone4S，直到局面得到控制。

苹果手机是否真的供不应求，它的生产链如零部件供应、整机组装等是否能满足市场的需要？苹果公司是否在“捂机惜售”，人为地造成一种特殊的心理暗示，表明苹果是个好东西，从而使消费者对其保持持续的关注度？如此问题或许涉及商业秘密，人们暂时难以得知真相。不过，这次美国媒体批判苹果公司时曾透露出另一些细节，那就是，在苹果产品生产过程中，除了中国企业和中国工人，无人能承受其严苛的成本控制条件，无人能达到其严酷的生产周期要求。因此，在回答有关为什么不把苹果放在美国国内生产，并以此来增加美国人的就业机会这样的尖锐问题时，乔布斯毫不犹豫地说：“它回不来了。”

乔布斯的话连奥巴马都不爱听，更不要说那些总喜欢拿中国做文章的美国媒体了。但乔布斯说的是心里话。他必须确保苹果的独特品质，同样他必须追求苹果产品的超额利润，而这两点是他的同胞们无法做到的。

乔布斯的“国际分工方案”符合苹果公司的利益，也符合全球经济一体化的发展要求。然而，在这样的分工体系中，中国人扮演的角色尴尬，心情复杂。一方面，在苹果产品所赚的超额利润中，像富士康那样的供应商所得有限，工人们得到的更是微乎其微，付出了超额的劳动，甚至付出了血汗乃至生命；另一方面，中国人的勤奋、灵巧、吃苦耐劳的能力以及中国工人的责任心和服从性，赢得了包括乔布斯在内的大老板们的尊重，也在激烈的国际竞争中赢得了不少机会。不管怎么说，能让苹果“回不去”美国，自有一番意义。

问题是，目前这种分工体系是无法继续维持的。这次美国媒体围攻苹果已经发出了一个信号，不论出于经济的考虑还是出于政治的需要，美国人对类似“苹果让中国制造”这样的事情已经不想容忍了。同样，对于依靠付出“三高一低”的代价去发展的模式，中国人也不想继续。那么，新的国际分工会是什么样子，新的游戏将怎么玩儿，中国必须有所考虑和准备。这其中有两种结果是可以预料的——或者，中国开发出像苹果一样甚至超过苹果的技术，使之与传统优势叠加，创造出新的奇迹；或者，中国还是跟在别人后面爬行，试图从人家那里分一杯羹，直至被人冷冷地拒绝，淘汰出局。

讨论题：

(1) 什么是国际分工？

(2) 在苹果生产过程中，中国企业在其国际分工中处于哪个环节？

【知识内容】

一、国际分工的概念

国际分工(International Division of Labor)是指世界各国之间的劳动分工。它是社会分工发展到一定历史阶段，国民经济内部分工超越国家界限而形成的国家之间的分工，其表现形式是各国货物、服务等商品的交换。

二、国际分工的类型

国际分工的类型是指各个国家或地区参加国际分工的基本形态。按照参加国际分工各国的经济发展水平来分，国际分工可以分为3种类型。

(一) 垂直型国际分工

垂直型国际分工是指经济发展水平不同的国家之间的纵向分工，主要指发达国家的制造业与发展中国家的农业、矿业之间的分工。19世纪形成的传统国际分工就属于垂直分工。当时少数欧美国家是工业国，而绝大多数亚非拉国家则沦为殖民地、半殖民地，成为农、矿业国。第二次世界大战后，这种类型的分工有所减弱，但仍是发达国家与发展中国家之间的一种重要分工类型。

(二) 水平型国际分工

水平型国际分工是指经济发展水平相同的国家之间的横向分工，主要指发达国家之间在工业部门上的分工。虽然它们都是工业化国家，但工业发展有先后，技术水平也有差异，各有优势，工业部门发展不平衡，形成了互补态势，因而出现了这种类型的分工。第二次世界大战后，由于科技进步和工业迅速发展，这种水平型分工得以进一步发展，尤其是在欧美之间和欧盟范围内得到广泛发展。

(三) 混合型国际分工

混合型国际分工是指垂直型和水平型混合起来的国际分工，也称交叉型国际分工。第二次世界大战后，随着科技进步和工业发展，特别是跨国公司的迅速成长，世界产业结构的大调整，促进了世界工业的分工发展，导致了垂直型分工逐渐向水平型分工的过渡。

【课堂思考】

德国与欧盟之间的生产专业化与协作属于哪种类型的分工？德国与发展中国家的生产协作又属于哪种类型的分工？

拓展阅读

美国市场上的芭比娃娃基本都是中国生产的，按照美国商务部公布的数据，中国企业制造芭比娃娃的价值是1美元，最后在美国的沃尔玛的售价是9.99美元。从中国进口的芭比娃娃玩具，进口价仅为2美元。在这2美元中，中国只获得35美分的劳务费，其余65美分用于进口原材料，1美元是运输和管理费用。从一开始的制造到终端的零售整个价值的创造是接近10美元，中国制造业只创造了1美元的价值。其余9美元的价值来自产品设计、原料采购、物流运输、订单处理、批发经营、终端零售等。这六大环节就是整条产业链中最有价值能够创造出最多盈余的一环，但却无法由位于产业链低端的中国企业所分享。在美国，制造一个芭比娃娃，中国只分得2%左右的利润。

在国际分工中，缺少创新意识和创造能力的中国企业大多都分布在产业链中附加值最低、消耗资源最多、破坏环境最严重的环节，而最能创造价值的环节却常常掌握在处于产业链高端的西方发达国家手中。

三、影响当代国际分工的主要因素

影响国际分工发展的因素是多方面的，既有社会经济方面的条件，包括各国的科学技术水平、生产力的发展水平、国内市场的大小，也有国际政治方面的条件，各国政府、国际经济秩序的情况以及各国的自然条件的差异，包括气候、土地、资源、国土面积、人口、地理条件等。

（一）生产力发展水平

生产力的高低决定商品生产的成本。商品生产成本的高低决定了该商品在世界市场上的竞争力。取得竞争优势的出口国，可以在较长一段时期内形成生产该商品的固定分工格局。没有取得竞争优势的国家，或者竞争优势略差一些的国家，完全可通过提高该商品生产中的生产力、降低成本，逐步建立自己在该商品生产与出口中的优势，改变国际分工的格局。相反，已经在某种商品的生产与出口中取得竞争优势的出口国，如果生产力提高较慢，被其他国家赶上来，会逐步失去优势，成本会逐渐地高于其他国家，最终失去出口机会，这也会改变已有的国际分工格局。

（二）科技革命

科学技术就是生产力，历史上的科学技术革命曾深刻地改变了社会物质生产领域的许多状况，促使社会产生了新的产品和新的产业部门，同时使劳动过程和生产工艺不断变革，从而使社会分工和国际分工发生变化。18世纪末，英国发生产业革命之后的国际分工，不同于以前工场手工业时代的国际分工。19世纪中期以后，蒸汽机的广泛应用，铁路、轮船、电报等的出现，这一切又使国际分工得到进一步的发展，开始打破了只有英国是世界工业中心的局面。到20世纪初，随着垄断资本主义的产生和发展，帝国主义的资本输出不但使资本主义生产关系，而且也使现代生产技术和设备输出到殖民地、半殖民地，使世界各国更深入地卷到国际分工之中。

战后的科技革命形成了一系列新的技术和产业部门，如原子能、电子计算机、航空航天技术等。这一切使原先在发达资本主义国家存在的产业部门分工进一步发展到部门内部分工。现代新技术的研究开发需要大量的资金和极其巨大的科研力量，这促使不少国家走上联合开发的道路。现代交通、通信技术的发展使运费不断下降，许多产品的生产可以通过各国的产品零部件生产和工艺流程上的分工来完成。以往的钢铁工业中心通常是在煤矿、铁矿附近，但是自从十几万吨，甚至几十万吨的大型专用运输船出现之后，从万里以外的地方运来铁矿石和煤炭进行钢铁生产的日本，在世界钢铁市场上保持了强大的竞争力。在现代技术高速发展的影响下，不少国家的钢铁工业开始从煤、铁矿产地向港口转移。过去没有煤、铁矿而依赖进口钢铁的国家，在其港口建立了自己的钢铁工业，并成为钢铁出口国的例子并不少见。

（三）自然条件

任何社会的经济活动都是建立在一定的自然条件之上的。马克思指出："正像威廉·配第所说'劳动是财富之父，土地是财富之母'"。这里说的土地就是指自然条件。应当指出，一定的自然条件只是提供了进行生产和国际分工的可能性，并不提供这方面的现实性。要把可能性变为现实性还需要其他条件的配合。铁矿、煤炭、石油的生产前提是应该有这方面的矿藏，但要使这些矿藏开发出来并销售到世界市场上去，没有一定的科学技术和生产力水平是不可能的。海底油田的开发使英国和挪威成为石油出口国，但在勘探和开采海底油田的技术发明以前，这两个国家却是石油的进口国。

许多农产品的生产需要一定的自然条件，像咖啡、橡胶、可可需要一定的热带气候，而水稻、茶叶也需要一定特殊的气候条件。因此，农产品生产上的国际分工受自然条件的影响大一些。但是，从整个世界经济发展趋势来看，自然条件在国际分工中的作用在下降。因为自然条件主要影响农矿等初级产品的生产，而现代经济的发展产生了大量合成的替代品。比如，合成橡胶的发明与生产就使许多国家减少了对天然橡胶的进口。而且现代的经济增长越来越依靠技术进步而不是原材料的增加投入。人们不断发明更加节能的生产方式，对产品更强调高科技的含量和高附加值，因此自然条件在现代国际分工中的影响是不断下降的。

【课堂思考】

自然条件是国际分工产生和发展的决定性因素吗?

【知识链接】

四大洲主要自然资源产品

在非洲，南非是世界上最大的黄金生产国和出口国，过去已生产 4 万多吨黄金，占人类历史上黄金总产量的 2/5。南非钻石贸易占世界毛坯钻石贸易的 60%。科特迪瓦因适宜的气候成为世界第一可可生产出口国，其出口的可可量占世界可可贸易量的 40%以上。

在南美洲，巴西的咖啡豆产量占世界总产量的 75%，从而赢得"咖啡王国"的美誉。此外，巴西的铁矿石出口约占世界铁矿石贸易总量的 20%。古巴因有适合种植烟草的土壤和气候，雪茄成为古巴的重要出口产品。

在亚洲，沙特是世界上石油储量、产量和出口量最大的国家之一，已探明的石油储量占世界储量的 25%，居世界第一位。中国吉林省长白山区是世界人参主产区，产量分别占中国和世界人参总产的 85%和 70%。泰国因地处热带，享有"水果王国"的美誉，榴莲、龙眼、红毛丹等热带水果的出口量位居世界前列。

在欧洲，荷兰是世界上最大的花卉产品供应国和贸易国，花卉出口占世界花卉出口的 70%以上。

（四）人口、生产规模和市场情况

世界人口在各国分布是很不平衡的。有的国家人口众多密度很大，劳动力显得比较丰富；有的国家人口密度低，因而劳动力显得比较稀缺。各种产品的生产对劳动力的需求情况是不同的。劳动力丰富的国家在生产劳动密集型产品方面具有比较优势，而劳动力稀缺的国家则在生产其他生产要素密集的产品方面具有优势，这样就会在这两类不同的国家中产生分工。而且，人口的教育水平的高低也会影响国际分工。因为受教育程度高的劳动力相当于多倍的简单劳动力，而且适合于生产技术密集的高科技产品。于是，教育事业发达、劳动力素质高的国家可以发展高科技产品的生产和出口，而劳动力素质低的国家只能生产一般的劳动密集型产品。

生产规模的经济性也会影响国际分工。现代工业要求大规模生产以便获得规模经济的好处。在许多工业部门，有时候一家工厂或一个企业的经济批量，就会超过一个国家市场的容量。例如，英国经济学家布劳恩等人就指出，虽然西欧许多国家都能生产集成电路块，但只要一家现代化工厂生产的集成电路块就能满足所有西欧国家的需要。因此，没有必要在西欧的每个国家都生产集成电路块。在世界市场的调节下，各国就会根据规模经济的要求去发展一个或几个产业部门的生产，通过市场满足所有国家对这些产品的需求。规模经济还反映在各国合作生产某一产品，使其产量达到经济批量，从而在国际市场上具有竞争力。又如，生产大型喷气式客机需要大量的研究开发资金和大量的科研力量，西欧各国如若各自单干，也许能生产出这种飞机，但由于西欧各国的市场相对较小，他们生产的飞机达不到经济批量，势必在世界市场上竞争失败。西欧各国通过联合开发生产“空中客车”飞机。由于各国进行专业化分工，又有整个西欧大市场作为基础，就达到了规模经济的效应，现在欧洲的“空中客车”飞机已成为美国波音飞机公司的有力竞争者。

现代科技的发展和社会富裕程度的提高，使产品差异化、多样化得到发展。产品的种类、质量、规格、性能、外观等日新月异；新的产品不断出现，原有的产品又不断升级，以新的规格、型号出现在市场。据统计，电子工业产生到现在，电子产品已有几万种。合成纤维的种类也随着化工技术的发展而不断增加。显然，没有一个国家能够生产出所有这么多种类的产品去满足口味千差万别的消费者。因此，各国有必要通过国际分工，去生产出本国有比较优势的那些种类、规格、性能、商标的产品，去满足整个国际市场的需要。

（五）跨国公司的发展

第二次世界大战后跨国公司的大发展是推动当代国际分工的重要力量。在市场经济条件下，社会生产的分工可以有两种形式：一种是各个企业和各个生产单位通过市场而联系起来的分工；另一种就是在企业或生产单位内部的分工，这种企业内部的分工是在企业经理的指挥下进行的。进入帝国主义时期之后，资本主义企业规模有扩大的趋势，逐步形成了一些垄断企业。这些垄断企业把它们的生产、销售活动扩展到国外去，形成了跨国公司，从而把企业内部的有组织、有计划的分工扩展到世界范围。跨国公司通常是伴随着它们的资本输出而进行这种扩展的。第二次世界大战之后的国际政治、经济环境十分有利于跨国公司的发展，因而跨国公司在战后得到了极大的发展，使国际分工呈现出一些新的特点。

第二次世界大战后跨国公司主要投资于制造业，而且是具有新技术的制造业。跨国公司的资本输出具体表现为发达资本主义国家之间的互相投资，由此产生的主要是水平型国际分工。这种投资流向反映到国际贸易方面，就是发达国家之间的制成品贸易发展迅速，并成为当前国际贸易的主要部分。

跨国公司为了保证对产品市场的控制，通常避免把生产过程的所有环节都放在同一个国家。它们通常在总公司保留最重要的研究与开发及其他关键环节，而把其他生产环节分散到不同国家，并通过公司内部交易等控制活动，把各国的国内生产活动联系在一起，从中获取高额利润。这种情况下，各国间的分工就反映了跨国公司的垂直一体化体系的内部分工。

（六）国家政策和国际政治经济秩序

在一定经济基础上产生的上层建筑，如国家力量、经济政策、国际组织等又能给经济基础以反作用力，促进和推动经济基础的发展。在国际分工方面也是如此。当年英国等欧洲殖民帝国为了形成有利于自己的国际分工，就运用国家的力量，强迫其殖民地按照宗主国的需要去发展单一农作物。殖民主义者还用武力打开别国大门，强迫受侵略国家接受殖民主义者的贸易条件，把别国纳入到有利于其剥削的国际分工体系中去。

第二次世界大战后的民族独立运动风起云涌，一大批殖民地国家获得了独立。它们为了摆脱殖民统治留下来的单一经济结构和对宗主国的经济依赖，纷纷提出发展民族工业的政策措施，于是这些发展中国家的制造业就获得了很大的发展。据联合国有关机构的统计，第二次世界大战后发展中国家工业生产增长速度超过了发达国家。例如，1960—1970 年，发达资本主义国家工业生产年均增长 5.3%，而发展中国家为 7.5%；1970—1980 年，这两个数字分别是 3%和 4.5%。有些发展中国家和地区通过政府指导下的工业化政策，成功地发展了制造业，进入了“新兴工业化国家”的行列。

国际的政治、经济秩序也起着延缓或推进国际分工的作用。如第二次世界大战以前，各资本主义国家为了转嫁经济危机，实行以邻为整的高关税政策，各国进行竞争性货币贬值，国与国之间的关系十分紧张，结果极大地阻碍了国际分工的发展。第二次世界大战后各国达成了《关税与贸易总协定》，建立了国际货币基金组织和世界银行。这些超国家的国际经济组织协调了各国的贸易政策，通过了多次关税和非关税减让谈判，大幅度地降低了各国的关税水平，减少了非关税壁垒，保持了汇率的稳定，推进了贸易自由化。第二次世界大战后世界国际贸易的增长速度高于世界经济的增长增速，这表明，第二次世界大战后的国际经济秩序促进了国际分工的发展。当然，第二次世界大战后兴起的地区经济一体化趋势，促使建立了一些地区性的经济贸易集团。这些集团成员国之间的部分或全部产品免除关税。欧盟从 1999 年 1 月 1 日起在统一市场内实行统一货币——欧元，必将进一步促进成员国之间的分工。

四、国际分工对国际贸易的影响

国际分工对于国际贸易的产生、发展及其演变具有十分重要的作用。众所周知，社会分工和私有制的出现是产生商品交换的两大前提条件，与此相应，国际分工和国家的形成则是国际贸易发生的两大前提条件。正是在国际分工的格局当中，国际贸易才得以形成和发展。具体地说，国际分工对国际贸易的作用可以表现在以下四个方面。

（一）国际分工影响国际贸易的发展速度

国际贸易的发展与国际分工的发展是同向的，即在国际分工发展较快的时期，国际贸易一般发展也较快；相反，在国际分工发展缓慢的时期，国际贸易发展也发展得较慢，甚至处于停滞状态。在资本主义自由竞争时期，由于以英国为中心的国际分工的形成与发展，国际贸易迅速地增长，其增长速度超过了世界生产的增长速度。1800—1913 年，世界人均生产每 10 年增长率为 7.3%，而世界人均贸易额每 10 年增长率为 33%。第二次世界大战后，随着国际分工的深化发展，国际贸易的增长率超过了世界生产的增长率。

（二）国际分工影响国际贸易的市场结构

国际贸易的市场结构涉及国际市场上商品和劳务的进口来源地和出口输往地，它表明国际贸易商品和劳务的总流向及各贸易国在国际市场上的地位。国际分工通过制约各国的对外贸易地理方向和国际贸易地区分布而影响国际贸易市场结构，一国的对外贸易地理方向与其同其他国家的分工程度有关，国际贸易的总流向与国际分工的形式、深度及广度有关。19 世纪，与殖民主义宗主国和殖民地落后国家之间的垂直式分工相对应的国际贸易关系主要是宗主国与殖民地落后国家之间的贸易。第二次世界大战后，随着国际分工由垂直型向水平型转变，发达资本主义国家间的贸易占据了主要地位，而发达资本主义国家与发展中国家的贸易退居次要地位。各贸易国在国际市场上的地位则与其在国际分工中所处的地位有关。一般在国际分工中处于中心地位的国家，在国际贸易中也占据主要地位。从 18 世纪到 19 世纪末，英国一直是国际分工的中心国家，它在资本主义对外贸易中一直独占鳌头。19 世纪末以来，发达资本主义国家成为国际分工的中心国家，其在国际贸易中也一直居于支配地位。

（三）国际分工影响国际贸易的商品结构

国际贸易商品结构即各类商品在国际贸易中的构成及其在总的商品贸易中所占的比重。由于国际分工发展的作用，国际贸易商品结构不断地发生变化，尤其是第二次世界大战后，国际分工的深化发展，使国际贸易商品结构发生了显著的变化，其变化主要表现为以下几方面：

（1）国际贸易中工业制成品所占比重超过了初级产品所占比重。第二次世界大战之前，由于国际分工主要是以宗主国与殖民地落后国家垂直型国际分工为主，故初级产品在国际贸易中一直占据着很大的比重。随着水平型国际分工的发展，从 1953 年起，工业制成品在国际贸易中所占的比重超过初级产品贸易在国际贸易中所占的比重。

（2）发展中国家出口中的工业制成品不断增加。第二次世界大战前，发展中国家处于垂直分工的下游，主要以出口农产品矿产品等初级产品为主。第二次世界大战后随着发展中国家经济水平的提高，发达国家与发展中国家的分工形式发生了变化，发展中国家出口产品中制成品的比重在不断上升，初级产品的比重在不断下降。

（3）中间型机械产品的比重不断提高。随着国际分工的深化和跨国公司在国际分工中的地位和作用的加强，产业贸易、中间性机械产品贸易比重不断提高。

（4）服务贸易发展迅速。20 世纪中叶以后，在各国的产业结构上，各经济体服务业的产值比重与就业比重逐步上升，一旦发达国家这两项指标均已超过 60%，有的甚至高达 80%，发展中国家这两项指标也有较大的提高。各国服务业比重的提高，极大地促进服务贸易的发展，服务贸易的增长速度开始超过商品贸易的增长速度。

（四）国际分工影响国际贸易的利益分配

国际分工可使参与国扬长避短，并有利于世界资源的合理配置，节约社会劳动，提高世界生产力，但国际分工的形成与发展是在资本主义生产方式内进行的，因此，一方面，它代表了生产力发展的进步过程；另一方面，也体现了资本主义社会的生产关系。传统的国际分工虽然在殖民主义国家之间的分工比较平等，但在殖民主义国家与殖民地、半殖民地、落后国家之间的分工却是不平等的中心与外围的关系。前者控制，后者被控制；前者剥削，后者被剥削。这种不平等的分工决定了殖民主义国家与殖民地、半殖民地、落后国家的不平等的贸易关系。第二次世界大战后，随着发展中国家政治上的独立和民族工业的发展，发展中国家在国际分工中的地位有所改善，贸易利益也随之增加。

【课堂思考】

国际分工与国际贸易的关系是什么？

【知识要点提醒】

国际分工是国际贸易开展的重要基础，按照参加国际分工各国的经济发展水平来分，国际分工可以分为垂直型、水平型、混合型三类。国际分工的产生和发展要受到各种因素的影响和制约。

任务二 古典国际贸易理论

【任务目标】

1. 了解重商主义的贸易思想。
2. 理解亚当·斯密的绝对优势理论。
3. 掌握大卫·李嘉图的比较优势贸易理论。

【任务引入】

国务院发展研究中心产业经济部相关人士表示，尽管目前中国制造业处在比较优势转折期，但与其他发展中国家相比，中国制造业在生产成本、市场规模、技术投入等方面仍具有比较大的优势，应加速创新，抓住未来第三次工业革命的机遇。

目前中国制造业处在比较优势转折期。总体来说，制造业存在低成本的产业集群，集中在广东做代工等加工贸易，在全球产业链处于比较低端位置，依赖低成本出口。当前首先面临劳动力成本上升比较快的问题，而且劳动力成本上升速度要快于劳动生产率，通过区域性的调查，两者相差一倍左右，劳动生产率提高7%～8%，但劳动力成本年均增长15%～20%。

而且，由于劳动力供求关系和劳动力结构转换，这个问题将长期持续。人口红利拐点可能在2013年就会出现，刘易斯拐点2004年出现；两个拐点之间，中国相差9年，而日本相差30年，韩国相差40年。这两个拐点时间高度压缩，意味着中国应对问题的难度更大。

另外，应对劳动力成本上升的主要对策是通过创新提升价值链，但中国企业整体创新能力还不足。从宏观上看，研发投入低于“十一五”预期目标，年均增长速度在20%以上，技术对经济的贡献率呈下降趋势，主要是因为技术进步能力不足，虽然有投入，但产出明显不足。

（节选自2012年9月中国证券）

讨论题：

(1) 什么是比较优势？该理论的核心内容是什么？

(2) 结合以上资料，谈谈自己家乡所在地区的比较优势。

【知识内容】

一、重商主义的贸易思想

国际贸易最早的理论——重商主义，是欧洲资本原始积累时期建立起来的代表商业资产阶级利益的一种经济学说和政策体系。它产生于15世纪，全盛于16世纪和17世纪上半叶，从17世纪下半叶开始盛极而衰。重商主义最初出现在意大利，后来流行到西班牙、葡萄牙、荷兰、英国和法国等国家。16世纪末以后，在英国和法国得到了重大的发展。

（一）重商主义产生的历史背景

地理大发现以前，欧洲的贸易活动主要是在城镇及其周边地区进行的地方性经济活动。15世纪末16世纪初的地理大发现，打开了欧洲通往东方的航线，国际贸易彻底地冲破了地域的限制。

海外贸易的大发展，给欧洲各国带来了源源不断的金银财富。因此，对外贸易被认为是财富的源泉。与此同时，社会财富的重心也由土地转向了金银货币。“金银即为财富，财富就是金银”成为了社会各阶层的普遍共识，金银货币成了财富的代表形态和国家富强的象征。这也正是当年拜金主义或曰黄金拜物教盛行的根本原因。地理大发现的先驱者克里斯托弗·哥伦布(1451—1506年)发出如下的感慨“金真是一个奇妙的东西！谁有了它，谁就成为他想要的一切东西的主人。有了金，甚至可以使灵魂升入天堂。”恩格斯在《论封建制度的解体及资产阶级的兴起》一文中也描述了当时的情景“葡萄牙人在非洲海岸、印度及整个远东地区搜寻着黄金；黄金这两个字变成了驱使西班牙人远渡大西洋的符咒；黄金也是白种人刚踏上新发现的海岸时所追求的头一项重要的东西。”

与此同时，15世纪以后，西欧封建自然经济逐渐瓦解，商品货币经济关系急剧发展，封建主阶级力量不断削弱，商业资产阶级的力量不断增强，社会经济生活对商业资本的依赖日益加深。重商主义正是在这样一个时代背景下产生和发展的。

（二）重商主义的贸易思想

重商主义所重的“商”是对外经商，重商主义学说实质上是重商主义对外贸易学说。它并不是一个正式的思想学派，而只是一些商人、政府官员、学者关于对外贸易的理论观点和政策主张。

重商主义分成早期和晚期两个阶段。早期重商主义流行于 15 世纪到 16 纪中叶，以“货币差额论”为中心，主要代表人物是英国的海尔斯和威廉·斯塔福(1554—1612 年)。晚期重商主行于 16 世纪下半期到 18 世纪，以“贸易差额论”为中心，最重要的代表人物是英国的托马斯·孟(1571—1641 年)，他在 1621 年写成但在他死后二十多年才得以出版的著作《英国得自对外贸易的财富》中，全面系统地阐述了重商主义的思想。

1. 重商主义的贸易思想

重商主义对外贸易学说以重商主义的财富观为理论基础，其主要的贸易思想如下：

(1) 金银是一国财富的根本和富强的象征，是一国财富的唯一形态。

(2) 衡量一切经济活动的标准是它是否能够获取金银并将其留在国内，获取金银的途径除了开采金银矿藏外，就是发展对外贸易，实现对外贸易顺差。

(3) 国际贸易是一种“零和”博弈，一方得益必定使另一方受损，出口者从贸易中获得财富，而进口则减少财富。

(4) 主张国家干预经济活动，鼓励本国商品输出，限制外国商品输入，“多卖少买”，追求顺差，使货币流入国内，以增加国家财富和增强国力。

2. 早、晚期重商主义贸易思想的异同点

(1) 相同点。早期和晚期重商主义者都把国际贸易作为增加国内金银存量从而增加国家财富的手段，并把是否有利于金银流入和贸易顺差作为衡量一国经济活动的主要标准。

(2) 不同点。在具体贸易理论与贸易政策上，不同时期的重商主义者的主张又有明显的区别，特别是在理论观点上有着较大的差异。

① 早期重商主义者主张多卖少买或不买，强调绝对的贸易顺差，同时要保持每一笔交易和对每一两个国家的贸易都实现顺差，并主张采取行政手段，禁止货币输出。

海尔斯和斯坦福德在《对我国同胞某些控诉的评述》一书中指出“我们必须时刻注意，从别人那里买进的不能超过我们出售给他们的；否则，我们将陷入穷困而日趋富足。”马丁·路德对法兰克福繁荣的商业贸易曾经做出评论：“我们德国人让全世界都富起来了，而我们自己却越来越穷，因为我们将越来越多的金银付给了外国人。正是法兰克福繁荣的市场交易成为了德国财宝源源外流的黑洞。”可见，早期重商主义将货币与商品绝对地对立了起来。恩格斯也曾形象地指出，这个时期的重商主义者“就像守财奴一样，双手抱住他心爱的钱袋，用嫉妒和猜疑的目光打量着自己的邻居”。由于早期重商主义特别强调金属货币余额，所以又被称为货币差额论。

② 晚期重商主义重视长期的贸易顺差和总体的贸易顺差，反对政府限制货币输出。晚期重商主义认为，从长远的观点看，在一定时期内的外贸逆差是允许的，只要最终能保证顺差，货币能流回国内。从总体的观点看，不一定要求对所有国家都保持贸易顺差，只要对外贸易的总额保持出口大于进口，可以允许对某些地区的贸易逆差。托马斯·孟认为“对外贸易是增加我们的财富和现金的通常手段，在这一点上我们必须时时谨守这一原则：在价值上，每年卖给外国人的货物，必须比我们消费他们的为多。”

晚期重商主义反对政府限制货币输出。因为国内金银太多会造成物价上涨，使消费下降，出口减少，影响贸易差额，如果出现逆差，货币自然外流。因而他们认为保存金银的最好办法是输出金银，用来从事更多的国际贸易，这不但不会使金银消失，而且使金银增加，现在的输出是为了将来更多的输入，这就是晚期重商主义“货币产生贸易，贸易增加货币”的精辟结论。而且，政府限制货币输出会使对方国家采取对等措施进行报复，使本国贸易减少甚至消失，货币积累的目的将无法实现。正如托马斯·孟所说：“凡是我们将在本国加之于外国人身上的，也会立即在他们国内制成法令加之于我们身上……因此，首先我们就将丧失我们现在享有的可以将现金带回本国的自由和便利，并且还要失掉我们输往各地许多货物的销路，我们的贸易与我们的现金将一块消失。”

由于晚期重商主义强调贸易差额甚于货币差额，所以晚期的重商主义又被称为贸易差额论。

【课堂思考】

试分析早期重商主义与晚期重商主义贸易思想的不同点。

二、亚当·斯密的绝对优势理论

传统国际贸易体系起源于绝对优势理论，这一理论为比较优势理论的创立铺平了道路。亚当·斯密(1723—1790 年)是英国著名的经济学家，资产阶级古典经济学派的主要奠基人之一，国际分工及国际贸易理论的主要创始者。

在亚当·斯密所处的时代，英国的产业规模逐渐展开，经济实力不断增强，新兴的产业资产阶级迫切要求在各个领域中迅速发展资本主义。但是，在这时期，存在于乡间的行会制度严重限制了生产者和商人的正常活动，重商主义的理论和政策占据着统治地位，极端保护主义严重阻碍了对外贸易的扩大，使新兴资产阶级从海外寻求生产所需的廉价原料，并为其产品寻求更大的海外市场的愿望难以实现。亚当·斯密站在产业资产阶级的立场上，在 1776 年发表的《国民财富的性质和原因的研究》(简称《国富论》)一书中批判了重商主义，创立了自由放任前自由主义经济理论；在国际分工和国际贸易方面，提出了主张自由贸易的绝对优势理论。

【知识链接】

关于亚当·斯密

亚当·斯密是古典政治经济学的主要代表人物之一。他生于苏格兰的一个海关职员家庭，先后就读于格拉斯哥大学和牛津大学。1723—1740 年间，亚当·斯密在家乡苏格兰求学，在格拉斯哥大学时期，亚当·斯密完成拉丁语、希腊语、数学和伦理学等课程；1740—1746 年间，赴牛津学院求学，但在牛津并未获得良好的教育，唯一收获是大量阅读许多格拉斯哥大学缺乏的书籍。1750 年后，亚当·斯密在格拉斯哥大学不仅担任过逻辑学和道德哲学教授，还兼负责学校行政事务，一直到 1764 年离开为止；这时期，亚当·斯密于 1759 年出版的《道德情操论》获得学术界极高评价。而后于 1768 年开始着手著述《国富论》。1773 年，《国富论》已基本完成，但亚当·斯密多花 3 年时间润色此书，1776 年 3 月此书出版后引起大众广泛的讨论，影响所及除了英国本地，连欧洲大陆和美洲也为之疯狂，因此世人尊称亚当·斯密为“现代经济学之父”和“自由企业的守护神”。

（一）绝对优势理论的主要论点

1. 分工可以提高劳动生产率

亚当·斯密认为，人类有一种天然的倾向，就是交换。交换是人类出于利己心并出于利己的目的而进行的活动。人们为了追求私利，便乐于进行这种交换而通过市场这只无形的手会给社会带来利益，人们为了交换自己所需的产品，就应根据自己的特点进行社会分工，然后出售彼此在优势条件下生产的产品，这样双方都会获利。

亚当·斯密非常重视分工，他认为分工可以提高劳动生产率，因而能增加国家财富。他以手工制扣针的工厂为例，在没有分工的情况下，一个粗工每天只能制造 20 枚扣针，有的甚至连 1 枚扣针也制造不出来。而在分工后，平均每人每天可制造扣针 4800 枚，每个工人的劳动生产率提高了几百倍，从而论证了分工对提高劳动效率、增加物质财富的经济作用。因此，他主张分工，认为在生产要素不变的情况下，分工可以提高劳动生产率。分工促进劳动生产率的提高主要通过 3 个途径来实现：一是分工可以提高劳动者的熟练程度；二是分工使每个人专门从事某项生产，从而节省与生产没有直接关系的时间；三是分工有利于发明创造和改进工具。

2. 分工的原则是绝对优势

亚当·斯密认为，分工既然可以极大地提高劳动生产率，那么每个人都专门从事他最有优势产品的生产，然后彼此进行交换，则每个人都可以从中获利。他指出："如果一件东西在购买时所费的代价比在家内生产时所耗费的小，就永远不会想要在家内生产，这是每一个精明的家长都知道的道理。裁缝不想制作他自己的鞋子，而是向鞋匠购买。鞋匠不想制作他自己的衣服，而是向裁缝购买。他们都感到，为了他们自身的利益，应当把他们的全部精力集中使用到比邻人处于某种有利地位前的方面，而以劳动生产物的一部分或同样的东西，即其一部分的价格购买他们所需要的任何其他物品。"

在亚当·斯密看来，适用于一国内部的不同职业之间、不同工种的职业之间的分工原则，也适用于各国之间。他认为，每个国家都有其适宜于生产某些特殊产品的绝对有利的生产条件，如果每个国家都按照其绝对有利的生产条件(即生产成本绝对低)去进行专业化生产，然后彼此进行交换，则所有参加交换的国都可以从中获利。因而他主张如果外国产品比自己国内生产的便宜，那么最好输出本国有利条件下生产的产品去交换外国的产品，而不是自己生产。他举例说在气候很冷的苏格兰，人们可以利用温室生产极好的葡萄，并酿造出与国外进口一样好的葡萄酒，但建造温室的生产成本会大大高于靠自然条件栽种葡萄的国家因而要付出 30 倍高的代价。如果真这么做，那是明显的愚蠢行为。

3. 国际分工的基础是有利的自然禀赋或后天的有利条件

亚当·斯密认为，各国的绝对优势可能来源于两个方面：一是各国固有的天然禀赋；二是后来获得的有利条件。因为这些优势可以使一个国家生产某种产品的成本绝对低于别国，所以在该产品的生产和交换上处于绝对有利地位。如果每一个国家都按照各自的有利条件进行专业化生产，然后彼此进行交换，将会使各国的资源、劳动力、资本得到最有效地利用，从而大大提高劳动生产率和增加物质财富，并使各国从交换中获益。由于这个理论是按照各国有利的生产条件进行国际分工，所以人们把他的分工理论叫“绝对优势论”。

（二）绝对优势理论的内容

为了更清楚地说明他的国际贸易理论，亚当·斯密还举例说明：假定英国、葡萄牙两国都生产葡萄酒和毛呢两种产品，生产情况见表2-1。

表2-1 绝对利益举例(分工前)

国家	酒产量	需劳动人数/人	毛呢产量/单位	需劳动人数/人
英国	1	120	1	70
葡萄牙	1	80	1	110

这种情况下进行国际分工、国际交换对两国都有利，见表2-2。

表2-2 绝对利益举例(分工后)

国家	酒产量	需劳动人数/人	毛呢产量/单位	需劳动人数/人
英国			2.7	190
葡萄牙	2.375	190		

假定分工后，英国以1单位毛呢交换1单位酒，则两国拥有产品状况见表2-3。

表2-3 毛呢与葡萄酒交换的结果

国家	酒产量/单位	毛年产量/单位
英国	1	1.7
葡萄牙	1.375	1

从这个例子可以看出，英、葡萄两国在分工的情况下产量比分工前都提高了。通过国际贸易，两国人民的消费都增加了。

建立在劳动价值基础上的绝对优势理论，在历史上第一次从生产领域出发，解释了国际贸易产生的部分原因，也首次论证了国际贸易是一种“双赢博弈”的思想，从而为科学的国际贸易理论的建立做出了可贵的贡献。从某种意义上说，这种“双赢”理念仍然是当代各国扩大开放、积极参与国际分工的指导思想。但是，亚当·斯密的绝对优势理论只能解释国际贸易中的一小部分贸易，即具有绝对优势的国家参与国际分工和国际贸易能够获利。但在现实世界中，有的国家技术先进，有可能在各种产品的生产上都处于绝对优势，而另一个国家可能没有任何一种产品处于绝对有利的地位，那是否这个国家就不能参加国际贸易呢？对于这一重要问题，斯密的绝对优势理论并未涉及。这一问题让大卫·李嘉图(1772—1823年)很好地解释了。事实上，绝对优势理论可以看做是比较优势理论的一种特殊情况。

【课堂思考】

美国生产1单位X产品要4天，生产1单位Y产品要9天；英国生产1单位X产品要5天，生产1单位Y产品要6天。按照亚当·斯密的绝对优势理论，美国应该生产哪种产品？英国呢？

三、大卫·李嘉图的比较优势理论

比较优势理论的提出是传统国际贸易理论体系建立的标志，对推动国际贸易的发展起到了积极的作用。

（一）大卫·李嘉图与比较优势理论

大卫·李嘉图是著名的英国经济学家。李嘉图所处的时代正是英国工业革命迅速发展，资本主义不断上升的时代。当时英国社会的主要矛盾是工业资产阶级同地主贵族经济的矛盾，这一矛盾由于工业革命的进展而达到异常尖锐的程度。在经济方面，它们的斗争表现在《谷物法》存废的问题上。

1815 年，英国政府为了维护土地贵族经济利益而修订实行了《谷物法》。该法令规定，只有在国内谷物价格上涨到限额以上时，才准进口而且这个价格限额不断提高。《谷物法》限制了英国对谷物的进口，使国内粮价和地租长期保持在很高的水平上。昂贵的谷物，使工人货币工资被迫提高，成本增加，利润减少，削弱了工业品的竞争力。《谷物法》的实施还招致外国以高关税阻止英国工业品对它们的出口，从而大大伤害了英国工业资产阶级的利益。于是，英国工业资产阶级处于发展资本、提高利润率的需要，迫切要求废除《谷物法》，从而与地主贵族阶级围绕《谷物法》的存废展开了激烈的斗争。

为了斗争的需要，工业资产阶级迫切需要找到谷物贸易自由化的理论依据。李嘉图适时而应，在这场斗争中站在工业资产阶级一边，他主张，英国不仅要从外国进口玉米，而且要大量进口，因为英国在纺织品上所占的优势比在玉米生产上所占的优势还大。故英国应该专门进行纺织品生产，以其出口换玉米，取得比较利益，提高商品生产数量。为此，李嘉图在《政治经济学及赋税原理》一书继承和发展了亚当·斯密的绝对优势理论，建立了以自由贸易为前提的比较优势理论，为工业资产阶级的斗争提供了有力的理论武器。

【知识链接】

关于大卫·李嘉图

大卫·李嘉图是古典经济学理论的完成者，古典学派的最后一名代表，最有影响力的古典经济学家。他生于犹太人家庭，父亲为证券交易所经纪人，12 岁到荷兰商业学校学习，14 岁随父从事证券交易。1793 年独立开展证券交易活动，25 岁时拥有 200 万英镑财产，随后钻研数学、物理学。1799 年读亚当·斯密《国富论》后开始研究经济问题，参加了当时关于黄金价格和谷物法的讨论。1817 年发表《政治经济学及赋税原理》，该书包含了他丰富的经济思想，在经济史上有着很重要的地位。1819 年，他成为下议院议员，积极参与讨论银行改革、税收提议等问题，并成为了伦敦政治经济俱乐部的奠基人。

（二）比较优势理论的模型

1. 基本假设

像其他所有的经济分析一样，在研究国际贸易时，经济学家常常假设许多变量不变，并尽可能简化相关变量。大卫·李嘉图的比较优势理论以一系列简单的假定为前提：

（1）只有两个国家，生产两种产品。

（2）自由贸易。

（3）劳动在国内可以自由流动，但在两国之间不能自由流动。

（4）每种产品的国内生产成本都是固定的。

（5）没有运输费用。

（6）不存在技术变化。

（7）贸易按物物交换方式进行。

（8）劳动价值论(the Labor Theory of Value)——劳动是唯一的生产要素：所有劳动都是同质的；每单位产品生产所需要的劳动投入维持不变。故而任一商品的价值或价格都完全取决于它的劳动成本。

2. 贸易模式

大卫·李嘉图以上述假定为前提，继承和发展了亚当·斯密的理论，提出了比较优势理论。根据亚当·斯密的观点，各国应该按绝对优势原理进行分工和交换，即一个国家出口的商品一定是生产上具有绝对优势、生产成本绝对低于他国的商品，大卫·李嘉图发展了亚当·斯密的观点，认为决定国际分工与国际贸易的一般基础不是绝对优势，而是比较优势或比较利益。也就是说，即使一国与另一国相比，在商品生产上都处于绝对劣势，但只要本国集中生产那些绝对劣势较小的商品；而另一个在所有商品生产上都处于绝对优势，但只要本国集中生产那些绝对优势最大的产品，即按照“两优取其重，两劣取其轻”的原则，进行国际分工与国际贸易，同样不仅会增加社会财富，而且交易双方都可以从中获益和实现社会劳动的节约。大卫·李嘉图在阐述比较优势理论时，同亚当·斯密一样，也采用了由个人之间的经济关系推及到国家之间的经济联系这种实证的方法。他举例说，如果两个人都能制造鞋帽，其中一个人在制鞋时强1/3，在制帽时强1/5，那么这个较强的人专门制鞋，那个较差的人专门制帽，然后进行交换，则对双方都有利。

李嘉图由一国内部个人之间分工与交换的关系，扩大到国家与国家之间的关系，认为国际间也应该按“两优取其重，两劣取其轻”的比较优势原则进行分工。如果一个国家在两种商品的生产上都处于绝对优势，只要有利的程度不同，则处于优势的国家应专门生产比较优势最大的商品，而处于劣势的国家应专门生产其不利程度最小的商品，通过对外贸易，双方都能获得比分工以前更多的商品，从而实现社会劳动的节约，给贸易双方都带来利益。

为了更清楚地说明这一理论，李嘉图沿用了英国和葡萄牙的例子，但对条件作了一些更改，见表2-4。

表2-4　分工前两国的生产情况

国家	毛呢		酒	
	劳动日/天	产量/匹	劳动日/天	产量/吨
葡萄牙	90	1	80	1
英国	100	1	120	1

从表2-4可知，葡萄牙生产毛呢的相对成本是1.125(90/80)，而英国生产毛呢的相对成本是0.83(100/120)，0.83＜1.125，英国在毛呢生产上具有比较优势。葡萄牙生产酒的

相对成本是 0.89(80/90)，而英国生产酒的相对成本是 1.2(120/100)，0.89＜1.2，葡萄牙在酒生产上具有比较优势。因此分工后葡萄牙应生产酒，英国应生产毛呢，见表 2-5。

表 2-5　分工后两国的生产情况

国家	毛呢		酒	
	劳动日/天	产量/匹	劳动日/天	产量/吨
葡萄牙	0	0	80＋90＝170	2.125(170/80)
英国	100＋120＝220	2.2(220/100)	0	0

国际分工后，两国生产两种商品投入的劳动总量并未增加，但导致劳动生产率提高，国际社会财富增加，共生产了 2.2 单位的毛呢，2.125 单位的酒。分工后毛呢和酒的总量分别比分工前增加了 0.2 和 0.125 单位。如果按 1∶1 的比率进行交换两个国家对两种商品的消费量都会增加，见表 2-6。

表 2-6　交换后两国的消费量

国家	毛呢	酒
葡萄牙	1 单位	2.125－1＝1.125 单位
英国	2.2－1＝1.2 单位	1 单位

从表中可以看出，葡萄牙生产酒和毛呢，所需劳动人数均少于英国，从而英国在这两种产品的生产上都处于劣势。根据亚当·斯密的绝对优势理论，在本例中两国之间不会进行国际分工。而李嘉图认为，葡萄牙在酒的生产上优势更大一些，虽然它在毛呢的生产上也具有优势；英国在两种产品生产上都处于劣势，但在毛呢生产上劣势更小一些。根据比较优势理论，应“两利取其重，两劣取其轻”。即英国虽然都处于绝对劣势，但应取其劣势较小的毛呢生产；葡萄牙虽然都处绝对优势，但应取优势较大的酒生产。按这种原则进行国际分工，两国产量都会增加，进行国际贸易两国都会有利。

比较优势理论的积极意义在于，它论证了无论是生产力水平高还是生产力水平低的国家，只要按照“有利取重不利择轻”的原则进行国际分工和贸易，都可以得到实际利益，即增加物质财富。这一理论为各国参加国际分工和国际贸易提供了有力的论证。然而李嘉图的比较优势理论也存在其局限性：一是为了论证其比较优势理论，李嘉图把复杂多变的国际经济情况抽象为静态的、凝固的状态，缺乏动态分析；二是比较优势理论只提出国际分工的一个依据，并未揭示出国际分工形成与发展的主要因素，即生产力发展；三是比较优势理论是以劳动价值论为基础的，但是未能解释葡萄牙 80 人一年的劳动为什么能和英国 120 人一年的劳动相交换。

【课堂思考】

假设新加坡生产手表要 8 个工作日，生产自行车要 9 个工作日；中国生产手表要 12 个工作日，生产自行车要 10 个工作日。根据比较优势理论分析，新加坡适宜生产什么？中国呢？

【知识要点提醒】

重商主义分为两个阶段，分别是“货币差额论”和“贸易差额论”。古典国际贸易理论体系的建立源于亚当·斯密绝对优势理论。大卫·李嘉图提出比较优势理论，按照“两优取其重，两劣取其轻”的原则，进行国际分工与国际贸易，同时不仅会增加社会财富，而且交易双方都可以从中获益和实现社会劳动的节约。

任务三　现代国际贸易理论

【任务目标】

1. 掌握赫-俄生产要素禀赋理论的理解及应用。
2. “里昂惕夫之谜”的理解及应用。
3. 了解当代的主要国际贸易理论。

【任务引入】

要素禀赋理论认为，一个国家的相对优势来源于它所享有的丰厚的生产要素，也就是说相对优势取决于一国最突出的生产要素。比较优势原则不仅是一国贸易活动必须遵循的基本原则，而且是一国整个经济发展必须遵循的基本原则。根据比较优势原则一国可以制定国际贸易和国际投资的发展战略，利用全球化的机遇在世界范围内利用最有利的条件进行生产和经营。

企业“走出去”开展海外投资活动的时候，必须坚持以比较优势为出发点，根据我国的劳动力成本低廉以及目前的阶段性实物相对过剩而非资金过剩、企业规模较小和经营机制与管理水平有待提高的现实，积极推动开展境外加工贸易是我们现实的正确选择，而且实践证明比较容易取得成功。20世纪90年代中期以来，我国在境外建成了一批颇具影响的项目，取得了明显的效益。像一汽、南京金城、海尔、康佳等境外加工项目，不仅扩大了市场份额，而且增强了企业的国际竞争力。

我国的国际工程承包业跻身世界十强之列，工程承包公司能有这样的优势同样离不开劳动力成本低廉这个因素。例如，国际工程承包中的工程设计部分，发达国家工程承包设计部分的费用要占总设计费用的30%以上，而我国的设计费用只占总费用的10%，这使我国的承包公司在投标中得以战胜欧美大型跨国公司，我国的劳动力资源和低廉的管理成本显示出了巨大的优势，特别是在发展中国家的工程承包竞标中优势更为明显。又如，2001年5月11日朱镕基总理代表中国与巴基斯坦最高行政长官穆沙拉夫出席签署的山达克铜金项目租赁合同，就是中冶集团击败西方国家的竞争对手后获得的。中冶集团能够竞标成功关键在于其方案合理可行，特别是报价具有竞争力。这一大型交钥匙工程每年可带动劳务、技术、设备、材料出口上千万美元。

讨论题：

(1) 为什么像一汽、南京金城、海尔、康佳等境外加工项目能取得成功？

(2) 试分析我国还有哪些产业适合进行境外加工贸易。

【知识内容】

一、要素禀赋理论

古典学派的国际分工和国际贸易理论在西方经济学界一直占支配地位。到了20世纪30年代，才受到两位瑞典经济学家的挑战，他们就是伊·菲·赫克歇尔(1879—1952年)和他的学生贝蒂·俄林(1899—1979年)。俄林的代表作是《域际和国际贸易》，他曾于1977年获诺贝尔经济学奖。由于他的理论采用了其师赫克歇尔的主要观点，创立了比较完整的生产要素禀赋学说(Factor Endowment Theory)，所以又叫做赫克歇尔-俄林原理(The Heckscher-Ohlin Theory)，简称赫-俄原理(H-O原理)。

【知识链接】

关于伊·菲·赫克歇尔

伊·菲·赫克歇尔，瑞典人，生于斯德哥尔摩的一个犹太人家庭，著名的经济学家。新古典贸易理论最重要部分——要素禀赋论就是他和他的学生贝蒂·俄林最早提出来的，并命名为赫克歇尔-俄林原理。1897年起，赫克歇尔在乌普萨拉大学师从耶尔纳学习历史，师从戴维森学习经济，并于1907年获得博士学位。毕业后，他曾任斯德哥尔摩大学商学院的临时讲师；1909—1929年任经济学和统计学教授。此后，因他在科研方面的过人天赋，学校任命他为新成立的经济史研究所所长，他成功地使经济史成为瑞典各大学的一门研究生课程。在经济史方面，赫克歇尔享有更大盛名，主要著作有《大陆系统：一个经济学的解释》、《重商主义》、《古斯塔夫王朝以来的瑞典经济史》、《历史的唯物主义解释及其他解释》、《经济史研究》等。赫克歇尔通过对史料提出更广泛的问题或假定，进行深入的批判性研究，从而在经济史和经济理论两个方面架起了桥梁，并把两者有机地结合起来。他是瑞典学派的主要人物之一。

(一) 赫-俄生产要素禀赋的假设条件

与李嘉图的比较优势理论一样，赫-俄理论也是建立在一系列的假设条件基础上，这些条件如下所述：

(1) 各个区域或国家内部，生产诸要素是完全自由流动的；但在区域或国家之间，它们是不能自由流动的。

(2) 假定货物流通中的一切性质都不存在。

(3) 假定只有商品贸易，贸易是平衡的，出口恰恰足以支付进口。

(4) 假定生产诸要素是完全可以分割的，单位生产成本不随着生产的增减而变化，因而没有规模经济的利益。

(5) 假定只有两个区域或两个国家。

(6) 假定两国技术水平相同，生产函数相同。

(二) 赫-俄生产要素禀赋的基本内容

生产要素禀赋说有狭义和广义之分。狭义的要素禀赋说是指生产要素供给比例说，它通过相互依存的价格体系的分析，用不同国家的生产诸要素的丰缺解释国际分工和国际贸易的原因和一国进出口商品结构的特点；广义的生产要素禀赋说除了生产要素供给比例说之外，还包括生产要素价格均等化说，该学说研究国际贸易对生产要素价格的反作用，说明国际贸易不仅使国际间商品价格趋于均等化，还会使各国生产要素的价格趋于均等化。

俄林的生产要素供给比例说是从商品价格的国际绝对差开始逐层展开的，其内容如下：

(1) 价格的国际绝对差。俄林认为，各国所生产的同样产品的价格绝对差是国际贸易的直接基础或直接原因，国际贸易之所以产生是由于价格的不同。当两国间的价格差别大于商品的各项运输费用时，则从价格较低的国家输出商品到价格较高的国家是有利的。在许多情况下，一些国家可以生产出与进口货物的质量同样好的货物，但必须付出昂贵代价。例如，美国可以生产咖啡、香蕉，英国也可以种植葡萄，但生产成本要比进口或高得多。另一种情况是，有一些国家缺乏资源，如日本为发展工业必须进口石油。

(2) 成本的国际绝对差。俄林认为，价格的国际绝对差来自成本的国际绝对差。同一种商品的价格，国家之间的差别主要是成本差别。所以，成本的国际绝对差是国际贸易发生的第一个原因。

(3) 不同的成本比例。俄林认为，国际贸易发生的第二个条件是在两国国内各种商品的成本比例不同。举例说明，假定只有两个国家、两种商品，成本比例见表2-7。

表2-7　两国不同成本比例

项　　目	美　　国	英　　国
小麦单位成本/美元	1.00	3.00
纺织品单位成本/美元	2.00	1.00

从表中可知，小麦和纺织品的成本比例，在美国是1∶2，在英国是3∶1。如果美国输出小麦，输入纺织品，英国输出纺织品，输入小麦，就有了相互有利的贸易关系。

(4) 相同的成本比例。俄林认为，如果两国的成本比例是相同的，一国的两种商品成本都按同一比例低于另一国，则两国间只能发生暂时的贸易关系，见表2-8。

表2-8　两国相同成本比例

项　　目	美　　国	英　　国
小麦单位成本/美元	1	2
纺织品单位成本/美元	2	4

在这种情况下，只能是美国的小麦和纺织品都单方向英国输出，而英国没有任何产品可输出，因而美国对英国贸易出超，英国入超。英国需大量买入美元来补偿，则美元汇价就会上升，英镑就会下降。美元汇价的上升意味着以英镑计价的美国商品价格的上涨，就会抑制美国的出口。在汇率达到一定水平时，双方的进口值恰好会等于出口值，这就建立了贸易平衡。但在两国比例相同时，两国间均衡汇价就会按美元(或英镑)计算，美国商品的单位成本完全等于英国的单位成本。因此，将不再会有贸易关系产生。此例中，美元汇价上涨一倍就会使两国两种商品的单位成本完全相等。由此可见，俄林认为比较成本差异是国际贸易的重要条件。

(5) 生产诸要素的不同价格比例。为什么存在着比较成本差异呢，即不同国家有不同的成本比例呢？俄林认为是因为各国国内的生产诸要素的价格比例不同。不同的商品是由不同的生产要素组合生产出来的。在每一个国家，商品的成本比例反映了它的生产诸要素的价格比例关系，也就是工资、地租、利息、利润之间的比例关系。由于各国的生产要素价格比例不同，就产生了成本比例的不同。那么，每种生产要素的价格是如何决定的呢？它们是由供给和需求决定的。对一种要素的需求是来自对其产品的需求。因此，对汽车的需求增加，对工人、原料、资本的需求也会增加。既然每种生产要素的价格是由供求决定的，那么两国的生产要素的价格的比例关系，也就是两国诸生产要素的供给与需求存在着不同的比例关系。

（6）生产诸要素的不同供求比例。各国在生产要素的供给方面是不相同的，即各国所拥有的各种要素的数量、种类和质量是不同的。国际贸易就是建立在各个国家各种生产要素的多寡不同和价格的高低不同的基础上。另外，即使生产诸要素的供给比例是相同的，对这些生产要素不同的需求也会产生生产诸要素的不同的价格比例，从而为国际贸易提供一个基础。

（7）国际分工和国际贸易的基础和利益。俄林从价格的国际绝对差出发，分析了成本的国际绝对差，又探讨了不同国家内不同的成本比例，进而探讨了生产诸要素的不同的价格比例，最后分析了生产诸要素的不同的供给和需求比例。

通过分析，赫-俄理论得出结论：一个国家生产和出口那些大量使用本国供给丰富的生产要素的产品，价格就低，因而有比较优势；相反，生产那些需大量使用本国稀缺的生产要素的产品，价格便贵，出口就不利。各国应尽可能利用供给丰富、价格便宜的生产要素，生产廉价产品输出，以交换别国价廉物美的商品。

【课堂思考】

根据 H-O 理论，对下列说法加以评价：

（1）由于发达国家工资水平高于发展中国家，所以发达国家与发展中国家进行贸易会无利可图。

（2）因为美国的工资水平很高，所以美国产品在世界市场缺乏竞争力。

（三）要素价格均衡化理论

赫克歇尔和俄林不仅认为不同国家不同的要素禀赋是国际贸易发生的原因，而且还进一步论述了国际贸易将会导致各国生产要素的相对价格和绝对价格的均等化，即所谓要素价格均等化说(Factor-Price Equalization Theory)。美国经济学家萨谬尔森(1915—2009 年)发展了这个理论。他认为，国际要素价格均等化不仅是一种趋势，而且是一种必然。由于他对赫-俄原理的引申，所以这个理论又称为赫-俄-萨原理(H-O-S Theorem)。按照这种理论，虽然生产要素在国际间不能流动，但在国际间商品的自由流动导致这两个国家的工人取得同等的实际工资、资本获取同样的利息、土地获得同等的地租。这是因为两国在实行分工发生贸易之后，各自经常大量使用本国丰裕要素进行商品生产，从而使这些价格日趋上涨；同时，由于各自不断进口本国稀缺要素生产的外国产品，将使本国这类要素价格不断下跌。这样，通过国际贸易导致了两国间的工资和利息差异的缩小，并使要素价格趋向均等化。

但是，俄林认为要素价格完全相同几乎是不可能的，要素价格均等只是一种趋势，其主要原因有以下几点：

（1）影响市场价格的因素复杂多变，而不同地区的生产又存在考别，价格水平难以一致。

（2）生产要素在国际间不能充分流动，即使在国内，生产要素从一个部门移向另一个部门，也不是充分便利的。

（3）产业对几个要素的需求往往是“联合需求”，而且它们的结合不能任意改变，这种整体性和固定性的结合，影响了要素价格的均等。

（4）集中的大规模生产必然使有些地区要素价格相对高一些，而另一些地区要素价格相对低一些，从而阻碍了生产要素价格完全均等。

然而，萨谬尔森针对这个问题作了进一步推论。他认为国际贸易将使不同国家间生产要素绝对价格和相对价格均等化。这种均等化不是一种趋势，而是一种必然。他认为，国际贸易会导致各种要素相对价格的完全均等化，是由于在多种要素相对价格有差异的情况下，贸易仍将持续扩大和发展。而贸易的扩大和发展将会减少两国间要素价格的差异，直到两国国内各种商品的相对价格完全均等化为止，这就意味着两国国内的要素相对价格也完全均等化了。他还进一步论证了两国要素的绝对价格均等化问题。在要素的相对价格均等化、商品市场和要素市场存在着完全的自由竞争以及两国使用同样的技术等条件下，两国贸易将会导致要素绝对价格完全均等化。他的这一理论企图说明，国际贸易不仅可以合理配置资源，调整贸易的经济结构，而且还可以"改善"各国收入分配不均的情况，缩小彼此经济差距。因此，这个理论又称为要素报酬均等化理论。

【课堂思考】

你认为要素价格均等化能实现吗？为什么？

二、里昂惕夫之谜

（一）里昂惕夫之谜的产生

美国经济学家华西里·里昂惕夫(1906—1999年)对赫-俄原理确信无疑，按照这个理论，一个国家拥有较多的资本，就应该生产和输出资本密集型产品，而输入在本国生产需要较多使用国内比较稀缺的劳动力要素的劳动密集型产品。基于以上的认识，他利用投入-产出分析方法对美国的对外贸易商品价格进行具体计算，其目的是对赫-俄原理进行验证。他把生产要素分为资本和劳动力两种，对200种商品进行分析，计算出每百万美元的出口商品和进口替代商品所使用的资本和劳动量，从而得出美国出口商品和进口替代商品中所含的资本和劳动的密集程度，其计算结果见表2-9。

表2-9 美国出口商品和进口替代商品对国内资本和劳动的需求量

年份	1947年		1951年	
类别	出口/美元	进口替代/美元	出口/美元	进口替代/美元
资本	2550780	3091339	2256800	2303400
劳动/(人/年)	182.313	170.004	173.91	167.81
人均年资本量	13991	18184	12977	13726

从表中可以看出，1947年平均每人进口替代商品的资本量与出口商品的资本量相比是18184/13991＝1.30，即高出30%，而1951年比率为1.06(13726/12977)，即高出6%。尽管这两年比率的具体数字不同，但结论基本相同，即这两年美国出口商品与进口替代商品相比，前者更体现为劳动密集型。据此可以明确认为美国出口商品具有劳动密集型特征，而进口替代商品具有资本密集型特征。这个验证结论正好与赫-俄生产要素禀赋得出的结论相反。

根据以上验证结果，里昂惕夫得出的结论是："这些数字表明，当我们以平均价值100万美元的国内出口去置换相同数额的竞争性进口品的时候，出口品含有的资本要少得多，而劳动则相对多些。因此，美国参与国际分工是以劳动密集型高而不是以资本密集型高的生产专业化为基础的。换句话说，这个国家进行对外贸易是为了节约它的资本并解决其劳动力过剩问题。"

这样一个根据验证资料经过数学演算得出的结论，与在逻辑上似乎十分严密的赫-俄生产要素禀赋所推导的结论大相径庭，使西方经济学界大为震惊，称它为"里昂惕夫之谜"，并掀起了一个验证、探讨和解释"里昂惕夫之谜"的热潮，相继引申出一些新的分析美国贸易结构的观点和理论。

【知识链接】

关于华西里·里昂惕夫

美国经济学家华西里·里昂惕夫 1906 年在俄国出生，1930 年定居美国，哈佛大学教授。由于他的投入-产出分析法对经济学的杰出贡献，获得了 1973 年诺贝尔经济学奖。他的主要著作有《投入-产出经济学》、《生产要素比例和美国的贸易结构：进一步的理论和经济分析》等。

（二）对里昂惕夫之谜的有关解释

对于里昂惕夫之谜，西方经济学界提出了各种各样的解释，并在一定程度上带来了第二次世界大战后国际分工和国际贸易理论的发展。有代表的学说主要有以下5种。

1. 劳动熟练说

劳动熟练说(Skilled Labor Theory)又称人类技能说(Human Skill Theory)或劳动效率说。最先是里昂惕夫自己提出，后来由美国经济学家基辛加以发展。他们用劳动效率和劳动熟练或技能的差异来解释"里昂惕夫之谜"和影响进出口商品价格的理论。里昂惕夫认为，"谜"的产生可能是由于美国工人的劳动效率比其他国家工人高所造成的。他认为美国工人的劳动生产率大约是其他国家工人的3倍。因此，在劳动以效率单位衡量的条件下，美国就成为劳动要素相对丰富、资本要素相对稀缺的国家。这是他本人对这个"谜"的解释。为什么美国工人的劳动效率比其他国家高呢？他说这是由于美国企业管理水平较高、工人所受的教育和培训较多、较好，以及美国工人进取精神较强的结果。这些论点可以看做是熟练劳动或人类技能说的雏形。但是一些人士认为里昂惕夫的解释过于武断，一些研究表明实际情况并非如此。例如，美国经济学家克雷宁经过验证，认为美国工人的效率和欧洲工人相比最多为1.2～1.5倍，因此，里昂惕夫本人的解释通常不为人们所接受。

后来，基辛对这个问题进一步加以研究，他利用美国1960年时人口普查资料，将美国企业职工区分为熟练劳动和非熟练劳动两大类，熟练劳动包括科学家、工程师、厂长或经理、技术员、制图员、机械工人、电工、办事员、推销员、其他专业人员和熟练的手工操作工人等，非熟练劳动指不熟练和半熟练工人。他还根据这两大分类对14个国家的进出口商品结构进行了分析，得出了资本较丰富的国家倾向于出口熟练劳动密集型商品。资本较缺乏的国家倾向于出口非熟练劳动密集型商品的结论，例如，在这14国家的出口商品中，美国的熟练劳动比重最高，非熟练劳动比重最低；印度的熟练劳动比重最低，非熟练劳动比重最高。在进口商品方面正好相反，美国的熟练劳动比重最低，非熟练劳动比重最高；印度的熟练劳动比重最高，非熟练劳动比重最低。这表明发达国家在生产含有较多熟练劳动的商品方面具有比较优势，而发展中国家在生产含有较少熟练劳动的商品方面具有比较优势。因此，熟练劳动程度的不同是国际分工和国际贸易发生和发展的重要因素之一。

2. 人力资本说

人力资本说(Human Capital Theory)是美国经济学家凯南等人提出的，他们以人力投资的差异来解释美国对外贸易商品结构，其结论又符合赫-俄原理生产要素禀赋的理论，他们认为劳动是不同质的，这种不同质表现为劳动效率的差异，这种差异主要是由劳动熟练程度所决定，而劳动熟练程度的高低又取决于对劳动者进行培训、教育和其他有关的开支，即决定智力开支的投资。因此，高的熟练效率和熟练劳动，归根结底是一种投资的结果，是一种资本支出的产物。凯南认为，国际贸易商品生产所需的资本应包括有形资本和无形资本，即人力资本。人力资本主要是指一国用于职业教育、技术培训等方面投入的资本。人力资本投入，可提高劳动技能和专门知识水平，促进劳动生产率的提高。由于美国投入了较多的人力资本，而拥有更多的熟练技术劳动力，所以美国出口产品含有较多的熟练技术劳动。如果把技术劳动的收入高于简单劳动的部分算作资本，并同有形资本相加，经过这样处理之后，美国仍然是出口资本密集型产品。这个结论是符合赫-俄生产要素禀赋理论的，从而把“里昂惕夫之谜”颠倒过来，这就是所谓的人力资本说。

3. 技术差距说

技术差距说(Theory of Technological Gap)又称技术间隔说，是美国经济学家波斯纳提出，格鲁伯和弗农等人进一步论证的。他们认为技术领先的国家，具有较强开发新产品和新工艺的能力，形成或扩大了国际间的技术差距，而有可能暂时享有生产和出口某类高技术产品的比较优势。波斯纳认为，人力资本是过去对教育和培训进行投资的结果，因而可以将其作为一种资本或独立的生产要素；而技术是过去对研究与发展进行投资的结果，也可以作为一种资本或独立的生产要素。但是，由于各国对技术的投资和技术革新的进展不一致，所以存在着一定的技术差距，这样就使技术资源对丰裕或者在技术发展中处于领先的国家，有可能享有生产出口技术密集型产品的比较优势。为了论证这个理论，格鲁伯和弗农等人根据1962年美国19个产业的有关资料进行了统计分析，其中5个具有高度技术水平的产业(运输、电器、工具、化学、机器制造)的科研和发展经费占19个产业全部科研和发展经费总数的89.4%，5个产业中的技术人员占19个产业总数的85.3%，5个产业的销售额占19个产业总销售额的39.1%，5个产业的出口量占19个产业总出口量的72%。这种实证研究表明，美国在上述5个技术密集型产品的生产出口方面，确实处于比较优势。因此可以认为，出口科研和技术密集型产品的国家也就是资本要素相对丰裕的国家。按照上述统计分析的结果衡量，美国就是这种国家。从这个意义上说，技术差距论是完全可以与赫-俄生产要素禀赋理论一致的。

4. 要素密集转化论

要素密集转化论(Factor Intensity Reversal)是指同一种产品在劳动丰裕的国家是劳动密

集型产品，在资本丰裕的国家又是资本密集型产品的情形。

当生产水平的投入要素之间的替代弹性(Elasticity of Substitution)较大时，生产要素之间的价格变动就会影响商品的要素密集度。例如，X商品属于劳动密集型商品，但是由于工资的上涨，资本就会替代一部分劳动，随着替代比例的增大，X商品就有可能由原来的劳动密集型商品转变为资本密集型商品。

由于每一个国家生产要素价格不同，就有可能出现这样的情况：资本丰裕而劳动稀缺的国家(如美国)，由于劳动力价格昂贵而资本便宜，往往会在劳动密集型商品(比如说玩具)生产中能够使用更多的资本而非劳动，玩具在美国就变成了资本密集型商品；而在劳动密集型国家(其他国家)由于劳动丰裕而资本相对稀缺，劳动力便宜而资本昂贵，玩具生产中仍然使用大量的劳动，属劳动密集型商品。这样一来，要素密集度就发生了逆转。一旦要素密集度发生逆转，一种商品究竟是劳动密集型商品还是资本密集型商品就没有一个绝对的标准。

在这种情况下，美国进口的商品中，在国外来说是劳动密集型产品，但若在美国生产，就有可能是资本密集型产品。由于里昂惕夫在计算美国出口商品的资本/劳动比率时，用的是美国的投入产出数据。但对于美国的进口商品，用的也是美国进口替代品的资本/劳动比率，而不是美国进口商品的资本/劳动比率。这样一来，就有可能出现美国进口资本密集型商品，出口劳动密集型商品的情况，从而使要素禀赋与比较利益的联系发生颠倒。

因为赫-俄的要素禀赋理论是建立在要素密集度不发生颠倒的条件下，即无论在A国还是B国，X产品是劳动密集型产品，Y产品是资本密集型产品。所以，一旦发生要素密集性逆转，要素禀赋理论揭示的规律便无法实现，因而出现了“谜”。例如，A国劳动丰富，出口劳动密集型的X商品，B国资本丰富，出口资本密集型的X商品，然而两国不可能同时实行这种专业化向对方出口同种产品，所以要素禀赋理论便不能指出贸易的类型。因此，要素密集性逆转发生可作为解释“谜”产生的原因之一。

生产要素密集度的逆转在现实世界里确实存在，问题是它出现的几率有多大。如果要素密集度逆转是一种普遍现象，则整个要素禀赋理论就失去了存在的意义。如果要素密集度逆转只是偶然发生，则可以保留赫-俄模型而把要素密集度逆转作为例外，而要素密集度逆转在现实世界里发生频率又是一个实证检验的问题。

经验的检验说明，在现实生活中，要素密集性逆转发生概率是极小的，里昂惕夫对他所研究的资料进行定量分析，发现要素密集性逆转发生只有1%。因此，用要素密集型逆转来解释里昂惕夫之谜在理论上可行，但由于要素密集型逆转对要素禀赋理论并无实质性的影响，所以在实践上并无实际意义。

5. 自然资源论

这一解释是美国学者凡涅克提出的，他在1959年发表的一篇论文中认为，里昂惕夫使用双要素模型(劳动和资本)来进行分析的，未考虑自然资源的投入分析。而实际上，一些产品既不是劳动密集型产品，也不属于资本密集型产品，而是自然资源密集型产品。例如，美国的进口品中初级产品占60%～70%，而且这些初级产品大部分是木材和矿产品，而这些产品的自然资源密集程度很高，把这类产品划归资本密集型产品无形中加大了美国进口品的资本与劳动的比率，使“谜”产生。

里昂惕夫曾对这个观点予以了赞许，其本人后来在对美国的贸易结构进行检验时，在投入-产出表中减去19种自然资源密集型产品，结果就成功地揭开了“谜”，取得了与要素禀赋理论相一致的结果。美国学者鲍得温也曾对这个观点进行了验证。他的研究证明，如果剔除自然资源产品，则生产进口替代品时，每个工人所需的资本数量，相对出口商品生产，由原来的127%下降到104%。虽然没有完全消除“谜”，但比例已经大大下降。这从另一方面说明，某些自然资源产品同资本密集型产品的确存在着替代的关系。美国自然资源商品进口具有资本密集型的特点，这样在美国的进口贸易中就加重了资本密集型商品的份额，从而导致“谜”的产生。

【课堂思考】

美国农业人口只占美国总人口的3%，但是生产的农产品不仅养活了美国人，而且还有大量农产品出口。为了防止农业生产过剩，美国政府还经常采用财政补贴方式安排部分农场抛荒。那么，当今美国农业的生产要素符合里昂惕夫的理论吗?

三、当代国际贸易理论

第二次世界大战后，一些经济学家针对国际贸易领域出现的新情况和新特点，相继提出了一些新的国际贸易观点，丰富和发展了国际贸易理论。

（一）产业内贸易理论

美国经济学家格鲁贝尔和克鲁格曼等人在研究共同市场成员国之间贸易量的增长时，发现发达国家之间的贸易并不是按赫-俄生产要素禀赋理论进行，即工业制成品和初级产品之间的贸易，而是产业内同类产品的相互交换。因而对产业内贸易进行研究，提出了产业内同类产品贸易增长特点和原因的理论即产业内贸易理论(Intra-industry Trade Theory)。他们认为，从当代国际贸易中的产品结构上，大致可分为产业间贸易和产业内贸易两大类。前者是指不同产业间的贸易，后者是指产业内部同类产品之间的贸易，即一个国家同时出口和进口同类产品，或者说，贸易双方交换的是同一产业所生产的产品，例如美国和日本之间相互输出汽车。一般说来，产业内贸易具有以下几个特点：

(1) 它与产业间贸易在贸易内容上有所不同。它是产业内同类产品的相互交换，而不是产业间非同类产品的交换。

(2) 产业内贸易的产品流向具有双向性。即同一产业内的产品，可以在两国之间相互进出口。

(3) 产业内贸易的产品具有多样化。这些产品中既有资本密集型产品，也有劳动密集型产品，既有高技术产品，也有标准技术产品。

(4) 产业内贸易的商品必须具备两个条件：一是在消费上能够相互替代；二是在生产中需要相近或相似的生产要素投入。

【课堂思考】

试列举产业间贸易和产业内贸易的例子。

产业内贸易形成的原因和主要制约因素比较复杂，通常用“产品的异质性”、“需求偏好相似”和“规模经济”3个原理来解释。首先，同类产品的异质性是产业内贸易的重要基础。从实物形态上，同类产品可以由于商标、牌号、款式、包装、规格等方面的差异而被视为异质产品。这种同类的异质性产品可以满足不同消费心理、消费欲望和消费层次的消费需要，从而导致不同国家之间产业内部的分工和产业内部贸易的发生与发展。其次，需求偏好相似使厂商有利于克服由于社会政治制度、政策及文化不同造成的市场隔离，便于产品进入外国的市场。如发达国家之间由于收入水平相同，消费结构相同，所以对对方的产品形成广泛的需求。最后，规模经济能让可进行大规模生产的国家在产业成本方面有竞争优势，是产业内贸易的利益来源。一国的企业可以通过大规模专业化生产，取得规模节约的经济效果，其成本随着产量的增长而递减，使生产成本具有比较优势，打破各生产企业之间原有的比较优势均衡状态，使自己的产品处于相对的竞争优势，在国际市场上具有更强竞争力，扩大了该产品的出口。这样，产业内部的分工和贸易就形成了。例如，第二次世界大战后日本汽车、彩电进入美国和欧洲国家市场，就是有力的论证。

拓展阅读

1965年以前，加拿大和美国的关税保护使加拿大成为一个汽车基本自给自足的国家，进口不多出口也很少。加拿大的汽车工业被美国汽车工业的几个大厂商所控制，这些厂商发现，在加拿大大量建立分散的生产体系比支付关税更划算。因此，加拿大的汽车工业实质上是美国汽车工业的缩版，大约为其规模的1/10。

但是，这些美国厂商在加拿大的子公司也发现小规模带来的种种不利。由于规模小，加拿大的工厂不得不生产各种不同的产品，这样就要使用各种不同的设备，从而降低了效率。当时加拿大汽车工业的劳动生产率比美国的要低大约30%。

为了消除这些问题，美国和加拿大政府通过努力在1964年同意建立一个自由贸易区(附有一些限制条件)。这一举措使汽车厂商得以重组生产：这些厂商在加拿大的子公司大力削减其产品种类。例如，通用汽车削减了其在加拿大生产的汽车型号的一半。但是，加拿大的总体生产及就业水平并没改变。加拿大一方面从美国进口自己不再生产的汽车型号，另一方面向美国出口自己仍生产的型号。在自由贸易前的1962年，加拿大出口了价值1600万美元的汽车产品然而却进口了5.19亿美元的汽车产品，但是到1968年，这两个数字已分别成为24亿美元和29亿美元。加拿大的汽车进口和出口均大幅增长。贸易所得是惊人的，到20世纪70年代初，加拿大汽车工业的生产效率已可与美国的同行相媲美。

(二) 产品生命周期理论

产品周期说又称产品生命周期说，它是由美国经济学家弗农和威尔斯将市场学的产品生命周期与国际贸易理论结合起来，使比较利益学说从静态发展为动态。它是关于产品生命不同阶段决定生产与出口该产品的国家转移理论。

(1) 新产品的技术周期。产品技术周期理论认为，一个新产品的技术发展大致有3个阶段：新产品阶段、成熟阶段和标准化阶段。

第一阶段，产品仍属新颖，技术上是新发明。除了发明国外，其他国对该项新技术知道不多，而且生产者在对市场反映的了解中，仍在对新产品技术进行不断的改进和完善。在这一阶段，需求主要来自本国市场，市场也针对本国需要，因此，基本上没有出口。

第二阶段，技术已经成熟，生产过程已经比较标准化，与此同时，他国需求也已增加。发明国开始大量生产并向其他国家出口。成熟的生产技术也随着产品的出口而开始转移出去，产品进口国能迅速地模仿并掌握技术，进而开始在本国生产。

第三阶段，技术已不再是新颖和秘密的了，甚至已经开始老化，许多技术都已包含在生产该商品的机器中了，技术本身的重要性已经逐渐消失。至此，新产品的技术也完成了其生命周期。

(2) 技术周期与比较优势的动态变化。产品技术发展的不同阶段，造成对生产要素的不同需求。即使各国仍然拥有原来的生产要素禀赋，也就是其生产和出口该商品的比较优势，也会由于产品生产要素密集性的变动而转移。

在第一阶段，技术尚处于发明创新阶段，所需的主要是先进的科学知识和大量的研究经费，新产品实际是一种科技知识密集型产品，只有少数科学研究发达的国家才拥有这些资源和条件，从而拥有开发新产品的比较优势。因此，新产品往往首先出现在少数发达工业国家。

当第二阶段技术成熟以后，大量生产成为主要目标，这时所需的是大量资本的投入，购置机械设备，掌握先进的劳动技能。产品由知识密集型变为技能密集型或资本密集型。资本和熟练工人丰裕的国家开始拥有该商品市场的比较优势，并逐渐取代发明国而成为主要生产和出口国。

到了第三阶段，不仅产品的技术已完成了其生命周期，而且生产该产品的机器本身也成为标准化的产品而变得比较便宜。因此，技术和资本也渐渐失去了重要性，而劳动力成本则成为决定产品是否具有比较优势的主要因素。这时，原来的发明国既失去了技术上的比较优势，又缺乏生产要素配置上的比较优势，不得不开始进口，而发展中国家丰裕的劳动力资源则呈现出不可比的优势。

然而，在新产品处于第二、第三阶段时，原来的发明国又开始新产品的创新、研制和生产了。新一轮的产品周期又开始了。正是在产品生命周期的不同时期，比较利益从一国转向另一国，使赫-俄静态的要素禀赋理论发展为动态的理论。

【课堂思考】

试用产品生命周期理论分析世界电视机产业从黑白电视到液晶电视发展的贸易状况。

(三) 国际竞争优势理论

长期以来，没有一个统一的理论来解释国际贸易与国内贸易的关系。全球化趋势导致一个企业不用走出国门就面临着国际竞争的挑战。在此背景之下，一些新的国际贸易理论开始注意国内贸易对国际贸易的影响，特别是注重国内市场需求状况对企业国际竞争力的影响。从 20 世纪 80—90 年代初，美国经济学家迈克尔·波特先后出版了《竞争战略》、《竞争优势》和《国家竞争优势》3 部著作，分别从微观、中观、宏观角度论述了“竞争力”的问题，对传统理论提出了挑战，提出了“具有比较优势的国家未必具有竞争优势”的观点。在《国家竞争优势》一书中，波特更着眼于全球范围，站在国家的立场上，从长远角度考虑如何将比较优势化为竞争优势，提出了国家竞争优势理论(the Theory of Competitive Advantage of Nations)。

(1) 国际竞争优势理论要旨。波特国际竞争优势理论指出，一国国内市场竞争的激烈程度同该国企业的国际竞争力成正比；如果本国市场上有关企业的产品需求大于国内市场，则拥有规模经济优势，有利于该国建立该产业的国家竞争优势；如果本国消费者需求层次高，则对相关产业取得国际竞争优势有利；如果本国的消费者向其他国家的需求攀比，本国产业及时调整产业结构，而且改进产品的能力强，则有利于该国竞争力的提高。

波特国家竞争优势理论的核心是“创新是竞争力的源泉”。波特认为，一国的竞争优势是企业、行业的竞争优势。国家的繁荣不是固有的，而是创造出来的。一国的竞争力高低取决于其产业发展和创新的能力高低。企业因为压力和挑战才能战胜世界强手而获得竞争优势，它们得益于拥有国内实力雄厚的对手、勇于进取的供应商和要求苛刻的顾客。

波特还认为，在全球性竞争日益加剧的当今世界，国家变得越来越重要，国家的作用随着竞争的基础越来越转向创造和对知识的吸收而不断增强，国家竞争优势通过高度地方化过程得以产生和保持，国民价值、文化、经济结构、制度、历史等方面的差异均有助于竞争的成功。然而，各国的竞争格局存在明显的区别，没有任何一个国家能或将能在所有产业或绝大多数产业上具有竞争力，各国至多能在一些特定的产业竞争中获胜，这些产业的国内环境往往最有动力和最富挑战性。

(2) 国际竞争优势的发展阶段。

① 要素推动阶段。该阶段的竞争优势主要取决于一国的要素禀赋优势，即拥有廉价的劳动力和丰富的资源。

② 投资推动阶段。该阶段的竞争优势主要取决于资本优势。大量的投资可更新设备、扩大规模、增强产品的竞争力。

③ 创新推动阶段。该阶段的竞争优势主要来源于研究与开发。

④ 财富推动阶段。在此阶段，创新竞争意识明显下降，经济发展缺乏强有力的推动力。

(3) 国家竞争优势理论的意义与局限性。波特提出的国家竞争优势理论超越了传统理论对国家优势地位的认识，首先从多角度、多层次阐明了国际竞争优势理论的确切内涵，指出国家竞争优势形成的根本点在于竞争，在于优势产业的确定，而这一些是由 4 个基本原则和两个辅助因素协同作用的结果。这一理论对于解释第二次世界大战以后，特别是 20 世纪 80 年代以后的国际贸易新格局、新现象具有很大的说服力，对于一国提高国际竞争力，取得和保持竞争优势有重大借鉴意义。随着全球经济一体化的展开，国家生产要素的流动日益频繁，每个国家都逐步纳入以国际分工为基础的全球网络中，这使国际竞争日益激烈。在这种竞争环境中，任何一个国家不再可能依靠基于要素禀赋上的比较优势来进行分工与贸易，而只是通过竞争优势的创造，才能提高自己的竞争力，增进本国的福利水平。一国要提高经济实力和竞争力，必须创造公平竞争的环境，重视国内市场的需求，重视企业的创新机制和创新能力。这些观点对所有国家特别是落后的发展中国家具有重要的启发性意义。

但是，波特的理论也存在一些局限性，他过于强调企业和市场的作用，而低估了政府的作用。在波特看来，一个国家要具备竞争优势，主要依赖企业的创新，政府的作用只是创造公平竞争环境，是辅助性的。

【知识要点提醒】

赫-俄认为生产要素的禀赋差异是国际贸易发生的根本原因。里昂惕夫通过研究，发现赫-俄的要素禀赋理论与事实不符，这就是里昂惕夫之谜。当代国际贸易理论包括产业内贸易理论、产品生命周期理论以及国际竞争理论。

【项目小结】

1. 国际分工是指世界各国之间的劳动分工。影响国际分工发展的因素是多方面的，既有社会经济方面的条件，包括各国的科学技术水平、生产力的发展水平、国内市场的大小，也有国际政治方面的条件。

2. 亚当·斯密之前的贸易思想以重商主义为主。他们认为，国际贸易是一种“零和”博弈，一方得益必定使另一方受损，出口者从贸易中获得财富，而进口者则减少财富。重商主义对后来的国际贸易理论和政策发展有很大影响。

3. 亚当·斯密绝对优势理论认为各国应该集中生产并出口具有劳动生产率和生产成本“绝对优势”的产品，进口其不具有“绝对优势”的产品，这样贸易双方都会从交易中获益。

4. 大卫·李嘉图提出比较优势理论，按照“两优取其重，两劣取其轻”的原则，每个国家集中生产出口具有“比较优势”的产品，进口其具有“比较劣势”的产品。

5. 赫克歇尔和俄林的要素禀赋理论认为，各国应集中生产和出口那些密集使用本国充裕资源的产品，以换取那些需要密集使用本国稀缺资源的产品。

6. 里昂惕夫用投入-产出分析法得出了与要素禀赋理论相反的理论。为了解释里昂惕夫之谜，各种学说纷纷产生，主要有劳动熟练说、人力资本说、技术差距说、要素密集转化论和自然资源论等。

7. 产业内贸易是指产业内部同类产品之间的贸易，即一个国家同时出口和进口同类产品，产业内贸易形成的原因和主要制约因素通常用“产品的异质性”、“需求偏好相似”和“规模经济”3 个原理来解释。

8. 产品技术周期理论认为，一个新产品的技术发展大致有 3 个阶段：新产品阶段、成熟阶段和标准化阶段。产品技术发展的不同阶段，造成对生产要素的不同需求。

9. 波特国际竞争优势理论指出，一国国内市场竞争的激烈程度同该国企业的国际竞争力成正比。一国竞争优势的发展可分为 4 个阶段，即要素推动阶段、投资推动阶段、创新推动阶段和财富推动阶段。

【项目演练】

一、判断题

1. 按照“两优取其重，两劣取其轻”的办法进行分工是绝对优势理论的基本观点。

（　）

2. 大卫·李嘉图是最早提出自由贸易思想的经济学家。（ ）
3. 如果一个国家生产一种产品的平均成本低于另一个国家，则表明该国拥有比较优势。（ ）
4. 绝对优势理论可以解释发达国家与发展中国家的贸易。（ ）
5. 早期重商主义以“货币差额论”为中心。（ ）
6. 依据赫-俄原理，国家倾向于出口那些使用其充裕要素所生产的产品。（ ）
7. 当规模经济发生在单个企业水平而非行业水平时，这种规模经济被称为内部规模经济。（ ）
8. 汽车换食品的贸易被称为部门内贸易。（ ）

二、单项选择题

1. 重商主义的基本观点是一种（ ）。
A. 国际金融的“乘数理论” B. 国际贸易的“零和理论”
C. 国际贸易的“杠杆原理” D. 国际贸易的“绝对优势理论”

2. 按照比较成本理论，一国应该出口（ ）。
A. 绝对成本低的商品 B. 比较成本高的商品
C. 相对成本低的商品 D. 丰裕要素密集的商品

3. 一国拥有的劳动力充裕，故它应专门生产劳动密集型产品对外进行交换，这种说法是根据（ ）。
A. 亚当·斯密的绝对成本说 B. 大卫·李嘉图的比较成本说
C. 赫克歇尔-俄林的要素禀赋学说 D. 波斯纳的技术差距说

4. 晚期重商主义的主要政策主张是（ ）。
A. 奖出限入，保证贸易顺差 B. 国家不要干预对外贸易
C. 保护幼稚工业 D. 保护国内垄断行业

5. 从15世纪到18世纪中叶，在国际贸易和国际收支理论方面占主导地位的是（ ）。
A. 重商主义 B. 重农主义 C. 重金主义 D. 自由放任主义

6. 绝对成本学说是相对成本学说的（ ）。
A. 统一形式 B. 发展形式 C. 特殊形式 D. 理论形式

7. 在今天，部门间贸易在（ ）国家间占主导地位。
A. 欧盟 B. 欧亚 C. 北美 D. 北欧

8. （ ）理论认为，国家间收入的相似性越大，贸易的可能性越高。
A. 引力模型 B. 偏好形似论 C. 比较优势理论 D. 产品生命周期论

三、多项选择题

1. 根据西方的国际分工理论，一国应该出口本国（ ）。
A. 比较成本低的产品 B. 比较成本高的产品
C. 稀缺要素密集型的产品 D. 丰裕要素密集型产品
E. 绝对成本低的产品

2. 中国生产手表花 8 个劳动日，生产自行车花 9 个劳动日，印度生产这两种产品分别为 12 和 10 个劳动日，因此(　　)。

A. 中国生产和出口手表有比较利益　　B. 印度生产和出口手表有比较利益

C. 中国生产和出口自行车有比较利益　　D. 印度生产和出口自行车有比较利益

E. 中国生产两种产品都有比较优势

3. 赫克歇尔-俄林的要素禀赋学说设立的假设条件包括(　　)。

A. 生产要素在国内是完全自由流动的

B. 生产要素在国与国之间是完全自由流动的

C. 贸易是平衡的

D. 没有规模经济

E. 两国生产函数不同

4. 根据新产品生命周期理论，下列关于新产品出口垄断时期的正确说法有(　　)。

A. 企业竞争的关键是成本　　B. 生产的产品主要用于满足国内需求

C. 创新企业垄断产品的生产和销售　　D. 国外开始仿制新产品

E. 创新企业主要通过对外直接投资扩大产品出口

5. 产业内贸易理论解释主要包括(　　)。

A. 产品差异性　　B. 规模经济

C. 产品周期论　　D. 偏好相似说

E. 不完全竞争

6. 规模经济分为(　　)。

A. 企业规模经济　　B. 内部规模经济

C. 国家规模经济　　D. 外部规模经济

7. 规模经济通常可以分为内部规模经济和外部规模经济，问如下几种情况中，属于内部规模经济的有(　　)。

A. 美国印第安纳州艾克哈特的十几家工厂生产了美国大多数的管乐器

B. 在美国销售的所有本田车要么是从日本进口的，要么是从俄亥俄州生产的

C. 欧洲唯一的大型客机生产商——空中客车公司的所有飞机都在法国的土鲁斯组装

D. 康涅狄克州的哈特福特成为美国东北部的保险业中心

四、实务操作题

表 2-10 列出了美国和泰国生产一单位计算机和一单位小麦所需的劳动时间。假定生产计算机和小麦都只用劳动，美国的总劳动为 600 小时，泰国总劳动为 800 小时。

表 2-10　美、泰两国生产计算机和小麦的劳动时间情况

国家	计算机(1 单位)	小麦(1 单位)
泰国	100 小时	4 小时
美国	60 小时	3 小时

（1）哪个国家具有生产计算机的比较优势？哪个国家具有生产小麦的比较优势？

（2）如果国际市场 1 单位计算机交换 24 单位的小麦，问美国参与贸易可以从每单位产品的进口中节省多少劳动时间？泰国可以从每单位进口中节省多少劳动时间？

（3）在自由贸易的情况下，各国应生产什么产品，数量是多少？

项目三

国际贸易政策与措施

GUOJI MAOYI ZHENGCE YU CUOSHI

【项目导读】

国际贸易政策与措施是一国经济政策和外交政策的重要组成部分，在各国经济增长和经济发展中起着重要作用，对国际贸易的货物结构以及贸易流向产生着极为重要的影响。了解国际贸易政策的基本内容，掌握国际贸易政策的基本走势，熟悉各国对外贸易政策和措施的主要内容和具体做法，已成为企业参与国际分工，立足国际市场的关键。本项目主要介绍对外贸易政策、关税措施、非关税措施、鼓励出口的政策与措施、出口管制的政策与措施等。

任务一 对外贸易政策概述

【任务目标】

1. 掌握对外贸易政策的含义及构成。
2. 了解对外贸易政策制定的主要依据。
3. 掌握对外贸易政策的主要类型。

【任务引入】

1929年10月12日，华尔街上的一条爆炸性新闻震撼了美国，震撼了欧洲，也震撼了全世界。从华尔街股票暴跌开始，美国跌进了深渊，欧洲跌进了深渊，几乎全世界都跌进了灾难的深渊——这就是历史上最大的经济危机。

在这次经济危机的冲击下，西方国家之间的经济斗争、经济冲突空前加剧，展开了空前激烈的经济大战。救命稻草人人都想抓，可是救命稻草毕竟有限，抓不到就抢，你争我夺，你有你的法宝，我有我的“护身符”，各不相让，于是乱成一团。

关税历来是西方国家保护本国市场、打击外来竞争对手的惯用手段，各国无不视之为护宝法衣。危机爆发前，随着各国工业、农业生产的恢复和发展，关税斗争已经相当激烈。1925—1929年，德国关税提高了29%，法国提高了38%，比利时提高了50%。经济危机爆发后，关税战更是激化到了无以复加的地步。美国第一个投下新关税战的炸弹。1930年5月19日，美国国会通过了《霍利-斯穆特关税法》。根据这项法令，约有75种农产品和925种工业品提高了关税税率，其中农产品关税的平均水平从20%提高到34%，全部关税的总平均水平从33%提高到40%。美国率先筑起了高关税壁垒，其税率创历史最高纪录。美国的这一记“杀手锏”着实厉害，直杀得各国叫苦不迭。该法令对英国、法国、日本的丝绵、毛织品，德国的化学制品，瑞士的钟表，比利时的水泥、玻璃，加拿大的木材等传统出口商品打击沉重。

美国的这一行动使得各国怨声载道，马上招致了33个国家的严重抗议，并有7个国家对美国采取了报复性措施。加拿大决定大幅度提高对美国商品的征税率。法国对进口的美国小汽车征收关税60%。英国于1931年制定《紧急关税法》，对棉纱和棉织品征收50%的重税。德国1932年推行新税法，对许多进口商品征收100%的重关税。日本和欧洲其他国家也纷纷效仿，高筑关税壁垒。于是乎，关税大战越演越烈，直杀得难解难分。

讨论题：

(1) 什么是保护贸易政策？贸易保护对一国的发展有何利与弊？

(2) 一国对外贸易政策的制定主要依据是什么？

【知识内容】

一、对外贸易政策的含义与构成

国际贸易是一项涉及各国物质利益重新分割和分配的经济活动。因此，每个国家或地区政府都会采取一系列有关政策和措施来推进本国或本地区的外贸发展，以期在其中获得更大的经济利益。

所谓对外贸易政策，即指一国政府为了某种目的而制定的对进出口贸易活动进行管理的有关方针和法规。一般情况下，各国制定对外贸易政策的目的在于：其一，保护本国市场，发展民族工业；其二，扩大商品或劳务出口，占领国际市场；其三，推进本国产业结构的改善与升级；其四，积累资本或资金，缩小和弥补经济发展过程中的资金缺口；其五，维护本国或地区的对外政治关系。

一项完整的贸易政策，应包括政策主体、政策客体、政策目标、政策内容和政策手段 5 个方面。其中，政策主体是指政策的制定者和实施者，一般来说就是各国或地区的政府；政策客体是指贸易政策所规划和指导的贸易活动以及从事贸易活动的企业、机构或个人，政策目标是指贸易政策所要达到的目的；政策内容是指贸易政策的具体指向，它反映了贸易政策的倾向、性质、种类和结构等；政策手段则是为了实现政策目标而采取的具体管理措施。

从内部构成来看，一国的对外贸易政策一般应包括以下 3 个层次的内容。

(1) 对外贸易总政策。对外贸易总政策是指一国从整体经济出发，在一个较长时期内实行的政策。它通常与本国的经济发展战略相联系，因而对外贸活动具有方向性的指导意义。

(2) 进出口商品政策。它是在对外贸易总政策的指导下，根据本国的经济结构及市场状况等而分别制定的进口与出口政策。

(3) 国别贸易政策。它是一国根据有关国际经济格局及政治社会关系等情况，对不同的国家或地区所采取的不同贸易政策。

在现实经济生活中，这 3 个层次的内容并不是截然分开和完全独立的，而是互相交融，相辅相成的。

【课堂思考】

中国对外贸易政策总的指导思想是什么?

二、对外贸易政策制定的主要依据

贸易政策一般可划分为自由贸易政策和保护贸易政策两类。所谓自由贸易政策，是指国家对进出口贸易不加干涉和限制，也不给予任何补贴和优惠，允许产品自由输出和输入的贸易政策；所谓保护贸易政策，则是指国家采取各种措施干预外贸活动，限制大部分商品的进口，同时对本国出口产品予以鼓励和支持的贸易政策。当然，两者并不是完全对立的。事实上，一国实行自由贸易政策，并不意味着完全的自由；同样，实行保护贸易政策，也并不是完全闭关自守。两者的主要区别在于在贸易政策中是自由的成分更多，还是保护的成分更多。

一个国家在一定时期内是采取自由贸易政策还是推行保护贸易政策，一般要取决于下列因素的综合作用。

(一) 经济发展水平和产品竞争能力

一般来说，如果一个国家的经济发展水平较高，技术较为先进，资金较为充裕，产品竞争力较强，就会倾向于推行自由贸易政策，以期在国际市场的自由竞争中获得更大的经济利益；反之，如果一个国家的经济发展水平较低，资金和技术等生产要素处于劣势，其产品在国际市场上缺乏竞争能力，就会倾向于实行保护贸易政策，以避免在国际市场上遭受更大损失。

（二）经济结构与产业结构

在传统产业占主导地位，现代工业尚未得以成长的国家，为保护传统产业免遭国外竞争的冲击，同时促进幼稚工业的发展，往往会推行保护贸易政策；相反，经济结构和产业结构已高度现代化的国家则一般通过推行自由贸易政策来获得更多的外部市场。

（三）经济发展战略

一般来说，采取外向型经济发展战略的国家，就会制定较开放和自由的外贸政策。因为对外贸易对一个国家的经济发展越是重要，它就越会主张在世界范围内实行竞争和合作；相反，采取内向型经济发展战略的国家则对世界范围内的贸易竞争和合作缺乏紧迫感，不仅如此，为了保护本国产业的成长，它们还往往会采取较为强硬的贸易保护政策。

（四）国内经济状况

当一国国内经济发展滞缓，尤其出现经济萧条，进而失业增加，国际收支失衡，外贸逆差扩大，产品竞争力下降时，就倾向于阻碍和排挤外来商品的输入，实行贸易保护主义政策；反之，如果一国国内经济发展势头良好，兴旺繁荣，国际竞争力上升时，其对外贸易政策中的自由主义成分就会增加。

（五）各种利益集团力量的对比

不同的贸易政策对本国不同的利益集团会产生不同的利益影响。例如，自由贸易政策有利于出口集团、进出口贸易商和消费者，但不利于进口竞争集团，因为在实行自由贸易政策的条件下，这个集团生产的商品面临着进口产品的有效竞争。

因此，一般来说，那些同进口商品发生竞争关系的行业及其外围组织，是推行贸易保护主义的中坚力量，而以出口商品生产部门为中心的参与许多国际经济活动的各种经济力量，则是自由贸易的推崇者。这两股势力的力量对比，有时也会影响到政府的政策取向。

【知识链接】

美国反对给予中国最惠国待遇的部分游说团体

劳工集团、劳动密集型产业	人权组织	政治保守主义组织
劳联—产联	律师人权协会	美国关心妇女联盟
国际女装工人联盟（劳联—产联团体会员）	国际人权法组织劳改研究基金会	美国保守派联合会
全国成衣及纺织协会		家庭问题研究会
美国商业与产业理事会		
1996 年停止对华最惠国待遇联盟		

美国反对给予中国最惠国待遇的部分协会和企业

综合会	同业公会	主要企业
美国在港公民协会	北美谷物出口商协会	波音公司
香港美国商会	全国小麦种植者协会	麦道飞机公司
美国商会	美国玩具制造商协会	美国电话电报公司
全国制造商协会	零售行业贸易行动联盟	国际商用机器公司
美国对外贸易紧急委员会	美国鞋批发商与零售商协会	三大汽车公司
美国国际商会	美国滑翔协会	通用电器公司
美中贸易商界联盟	明尼苏达州皮革业主联盟	联合技术公司
美中贸易全国委员会		大陆谷物公司
美国进出口商协会		
国际贸易协会		
全国对外贸易委员会		
华盛顿州对华关系委员会		
加利福尼亚州美中关系联盟		

（六）政府领导人的经济理论与贸易思想

虽然各国对外贸易政策的制定与修改是由国家立法机构来进行的，但是政府机构尤其是政府领导人往往拥有某些特殊的合法权利，如美国国会通常授予美国总统在一定范围内制定某些对外贸易法令、进行对外贸易谈判、签订贸易协定、增减关税和确定进口商品数量限额等权力。因此，政府领导人的经济贸易思想也是影响一国贸易政策取向的重要因素之一。

（七）本国与他国的政治经济关系

一般情况下，一国往往对那些政治外交关系友好、经济上不与自身构成威胁的国家开放国内市场，扩大商品和技术的出口，而对那些政治上或经济上的敌对国家，则倾向于采取保护贸易政策。

总之，一国倾向于选择哪种类型的外贸政策，将主要取决于本国的具体情况和当时所处的国际环境，既要积极参与国际贸易分工，又要使在这个过程中获取的贸易分工利益最大化；或者说，把获取贸易分工利益的代价降低到最低限度，是各国制定对外贸易政策的基本出发点。

三、对外贸易政策的类型

对外贸易政策是对各国在一定时期对进出口贸易进行管理的原则、方针和措施手段的总称。对外贸易政策是一国政府在其社会经济发展战略的总目标下，运用经济、法律和行政手段，对对外贸易活动进行的有组织的管理和调节的行为。它是一国对外经济和政治关系政策和措施的总体，属于上层建筑的一部分。对外，它服务于一国的对外经济和政治的总政策；

对内，它为发展经济服务，并随着国内外的经济基础和政治关系的变化而变化。

通过考察世界市场经济发展的历程，贸易自由化与贸易保护主义一直交错存在，各个国家总会自觉或不自觉地采取保护本国贸易的措施，只不过两种力量对比的不同可能导致在一定时期更倾向于一个方面。以国家对外贸的干预与否为标准，可以把对外贸易政策归纳为 3 种基本类型：自由贸易政策、保护贸易政策和管理贸易政策。

(一) 自由贸易政策

自由贸易政策是指国家对商品进出口不加干预，对进口商品不加限制，不设障碍；对出口商品也不给以特权和优惠，放任自由，使商品在国内外市场上自由竞争。

自由贸易政策是以自由贸易理论为基础的，其主要代表人物有亚当·斯密、大卫·李嘉图，赫克歇尔和俄林后来又做了进一步阐述。自由贸易理论主要包括以下要点：

(1) 自由贸易可形成互相有利的国际分工。在自由贸易下，各国可按照自然条件，比较利益和要素丰缺状况，专门生产其有利较大或不利较小的产品，这种国际分工可带来很多利益，如专业化的好处、要素的最优配置、社会资源的节约以及技术创新等。

(2) 真实国民收入。各国根据自己的禀赋条件发展具备比较优势的部门，要素就会得到合理有效扩大的分配和运用，再通过贸易以较少的花费换回更多的东西，从而增加国民财富。

(3) 自由贸易可加强竞争，减少垄断，提高经济效益。企业在自由贸易条件下，要与外国同行进行竞争，这样就会消除或削弱垄断势力，从长远看，能促进一国经济增长。

(4) 自由贸易有利于提高利润率，促进资本积累。对外贸易可阻止国内利润率下降的趋势，通过商品进出口的调节，可以降低成本，提高收入水平，增加资本积累，使经济得以不断发展。

【课堂思考】

既然自由贸易有如此多的好处，为什么到目前为止，没有一个国家实现完全的自由贸易？

(二) 保护贸易政策

保护贸易政策是指国家对商品进出口积极加以干预，利用各种措施限制商品进口，保护国内市场和国内生产，使之免受国外商品竞争；对本国出口商品给予优待和补贴，鼓励扩大出口。

保护贸易政策最早开始于重商主义，之后经过汉密尔顿、李斯特、凯恩斯等人的发展，形成了一个和自由贸易理论相对立的贸易理论。

1. 重商主义贸易政策

从 15 世纪初到 18 世纪中叶，在国际贸易和国际收支理论方面占据主导地位的是重商主义。重商主义是在西欧资本原始积累时期，反映商业资产阶级利益的经济理论和政策体系。其主要内容是：一个国家的财富必不可少的是贵金属，如金银等；这个国家如果没有贵金属矿藏，就要通过贸易来取得；对外贸易必须保持顺差，即出口必须超过进口。

为了达到上述目的，当时西欧各国一般都采取了两项措施：一是禁止货币出口，由国家垄断全部货币交易；二是为了吸引国外的货币，外国人在进入本国进行贸易时，必须将其销售货物得到的全部货币用于购买本国的货物。从各国执行重商主义的保护贸易政策的情况看，英国执行的最为典型。从重商主义的发展历史来看，可以分为早期和晚期，其相应的对外贸易政策也具有不同的特征。

（1）早期重商主义贸易政策。在早期重商主义时期，英国对其进出口贸易进行了极为严格的控制。英国规定每次出售英国商品所得到的货币，包括一部分外国货币或金银，都要运回英国；对于到英国来做生意的外国商人则要遵守两条规定：一是把其所携带的外国货币兑换成英国货币，其目的是把分量足的外国货币换成分量不足的英国货币；二是外国商人在英国销售货物所得到的货币，必须全部花费在英国，购买英国的货物。这些早期重商主义保护贸易政策，带有浓厚的重金主义色彩。

（2）晚期重商主义贸易政策。在晚期重商主义时期，商业资本主义高度发展，工场手工业也已产生，国内外市场逐渐扩大。这时，封建王朝和商业资本家对货币的追求较以前更为迫切，他们意识到只有把金银投入流通才能不断增值。于是，对货币的管理就由过去的限制金银流通转变为保护关税。晚期重商主义政策的目的仍在于积累金银，但采取的措施不是管制金银的进出口，而是采取保护关税的办法管制货物的进出口，力图通过奖出限入，以保护贸易出超，从而达到金银流入的目的。

2. 汉密尔顿的关税保护理论

汉密尔顿(1757—1804 年)是美国独立运动时期的政治家、经济学家，也是美国独立后的第一任财政部长。汉密尔顿代表工业资产阶级的利益，在 1791 年向国会提交《保护制造业的报告》中，极力主张以较高的关税保护美国的制造业。该报告被视为保护贸易理论的第一份重要的经典文献。

汉密尔顿认为，亚当·斯密的自由贸易理论不适用于美国，美国的经济情况不同于欧洲先进国家，其工业基础薄弱，技术水平落后，工业生产成本高，实行自由贸易政策，将断送美国工业的地位，进而威胁美国经济和政治上的独立地位。因此，必须采取关税措施保护美国的工业特别是制造业，使之生存、发展和壮大。

美国于 1789 年通过第一个关税法案，大多数货物的税率只有 5%，最高的也不过 15%，不足以保护国内幼稚的工业。从 19 世纪初期，美国开始不断提高关税。1816 年，美国关税增为 7.5%～30%，1824 年的关税法案，把平均税率提高到 40%，1828 年再提高到 45%。保护关税给资产阶级政府带来巨额的财政收入，同时也使得美国工业得以避免外国竞争而顺利发展，并很快赶上了英国。至 19 世纪 80 年代，美国的工业产值跃居世界首位。

3. 李斯特的幼稚产业保护论

李斯特(1789—1846 年)是 19 世纪德国著名的经济学家，其幼稚产业保护理论受启于汉密尔顿，但较之更加系统和深刻。他于 1841 年出版了《政治经济学的国民体系》，该书是幼稚产业保护论的代表作，书中系统地阐述了这一学说。

李斯特的幼稚产业说建立在三大理论基础上：国家经济学、社会经济发展 5 个阶段论及生产力理论。其中生产力理论是核心，要点如下：

（1）国民经济发展阶段论。每个国家都有其发展的特殊道路，从历史学角度来看，各国的经济发展分为 5 个阶段：原始未开化时期、畜牧时期、农业时期、农工业时期、农工商业时期。各国在不同的发展阶段，应采取不同的贸易政策，在经济发展的前 3 个阶段必须实行自由贸易；当处于农工业时期时，必须将贸易政策转变为保护主义；而经济进入发展的最高阶段，即农工商业时期时，则应再次实行自由贸易政策。只有这样才可能有利于经济的发展，否则将不利于相对落后国家的经济发展。

【课堂思考】

根据李斯特的观点，你认为中国处于哪个经济发展阶段?

(2) 生产力论。生产力是创造财富的能力，一个国家的财富和力量来源于本国社会生产力的发展，提高生产力是国家强盛的基础。李斯特认为“财富的生产力，比之财富本身不知要重要多少倍；它不但可以使原有的和已经增加的财富获得保障，而且可以使已经消失的财富获得补偿”。正是从保护和发展生产力的角度出发，他主张在农工业时期的国家必须采取保护贸易的政策。

(3) 主张国家干预经济。要想发展生产力，必须借助国家力量，而不能听任经济自发地实现其转变和增长。主张通过保护关税政策发展生产力，特别是工业生产力。工业发展以后，农业自然跟着发展。因此，保护对象须满足这些条件：其一，幼稚工业才需保护；其二，在被保护的工业得到发展，其产品价格低于进口同类产品并能与外国竞争时，就无须再保护，或者被保护工业在适当时期(如 30 年)内还不能扶植起来时，也就不需再保护；其三，一国工业虽然幼稚，但如果没有强有力的竞争者，也不需要保护；其四，农业不需要保护。

李斯特的保护贸易学说对德国资本主义的发展起到了积极的作用，有利于资产阶级反对封建主义的斗争。他的理论对经济不发达国家制定对外贸易政策有积极的参考价值。

【课堂思考】

现阶段中国的幼稚工业包括哪些产业?

4. 凯恩斯的超保护贸易政策

凯恩斯(1883—1946 年)是英国资产阶级经济学家，其代表作是 1936 年出版的《就业、利息和货币通论》。超保护贸易政策在第一次世界大战和第二次世界大战之间盛行，其主要内容是：对进出口贸易实行许可证制及外汇管制；对进出口商品规定进口限额，征收高额关税或禁止进口；对出口商品予以补贴或关税减免。

超保护贸易主义内容要点如下：

(1) 保护的对象扩大了。超保护贸易不但保护幼稚工业，而且更多地保护国内高度发达或出现衰落的垄断工业。

(2) 保护的目的变了。超保护贸易不再是培养自由竞争的能力，而是巩固和加强对国内外市场的垄断。

(3) 保护转入进攻性。以前贸易保护主义是防御性地限制进口，超保护贸易主义是要在垄断国内市场的基础上对国内外市场进行进攻性的扩张。

(4) 保护的阶级利益从一般的工业资产阶级转向保护大垄断资产阶级。

(5) 保护的措施多样化。保护的措施不仅有关税，还有其他各种各样的奖出限入的措施。

【知识链接】

关于对外贸易乘数理论

对外贸易乘数理论是凯恩斯投资乘数在贸易方面的应用。凯恩斯认为投资的增加对国民收入的影响有乘数作用，即增加投资所导致的国民收入的增加是投资增加的若干倍。若用 ΔY 表示国民收入的增加，K 表示乘数，ΔI 表示投资的增加，则：

$$Y = K \times \Delta I$$

乘数取决于边际消费倾向，即增加的收入中用于消费的比例。如果人们增加的收入全部用于储蓄，一点也不消费，那么国民总收入就不会增加；如果该倾向为 1，即人们把增加的收入全部用于消费，国民收入增加的倍数将无限大；如果该倾向介于 0 与 1 之间，则国民收入增加的倍数将在 1 和无限大之间。即

$$K = 1/(1 - \text{边际消费倾向})$$

在国内投资乘数理论的基础上，凯恩斯的追随者们引申出对外贸易乘数理论。他们认为，一国的出口和国内投资一样，有增加国民收入的作用；一国的进口，则与国内储蓄一样，有减少国民收入的作用，当商品劳务出口时，从外国得到的货币收入，会使出口产业部门收入增加，消费也增加，它必然引起其他产业部门生产增加，就业增多，收入增加……如此反复下去，收入增加量将为出口增加量的若干倍。当商品劳务进口时，必然向国外支付货币，于是收入减少，消费随之下降，与储蓄一样，成为国民收入的漏出量。他们得出结论，只有当边际进口倾向小于 1 时，对外贸易才有利于增加一国就业量，提高国民的收入；边际进口倾向越小，外贸乘数越大。此时，国民收入的增加量将为出口增量的若干倍。因此，一国越是扩大出口，减少进口，贸易顺差越大，对本国经济发展作用越大。这就是对外贸易乘数理论的涵义。由此，凯恩斯和其追随者的对外贸易乘数理论为超贸易保护政策提供了理论根据。

5. 新贸易保护主义

新贸易保护主义又被称为“超贸易保护主义”或“新重商主义”，是 20 世纪 80 年代初才兴起的，以绿色壁垒、技术壁垒、反倾销和知识产权保护等非关税壁垒措施为主要表现形式。它的理论依据、政策手段、目标对象和实施效果都与传统的贸易保护主义有着显著的区别，其表现形式如下：

(1) 利用 WTO 规则，实行贸易保护。总体来看，在 WTO 规则的约束下，大多数国家都在向自由贸易的方向迈进，但由于现行多边贸易体制并非无懈可击，所以保护主义总是千方百计从中寻找“合法”的生存土壤。WTO 允许成员国利用其有关协议保护本国的利益，反击遭到的不公平待遇。这就为各国以“公平贸易”为口号实行贸易保护留下了空间。WTO 规则并不排斥各成员国的经济自主性。目前，保留本国经济自主性的要求不仅来自发达国家，而且还来自发展中国家。因此，采取与 WTO 不直接冲突的各种保护措施，已成为经济全球化过程中贸易保护主义的普遍形态。

(2) 依据国内法履行国际条约。一般意义上讲，国际条约高于国内法。但现阶段由于各国对如何处理国际法与国内法的关系缺乏统一标准，所以如何对待已承诺的国际条约及其在国内的适用程度，各国仍存在一定差异。一些国家只执行符合自己国家利益的国际条约，很多时候将国内法凌驾于国际条约之上。如根据美国贸易法案中的“301 条款”，美国可以对来自国外的“不公平”和“不合理”的贸易活动采取单边贸易制裁。近年来，为维护本国的贸易利益，美国多次启动或威胁启动该条款处理贸易纠纷，公开向 WTO 的有关规则挑战，严重损害了 WTO 的权威性，并为其他国家处理国内法与国际法的关系产生了负面影响。

（3）利用区域贸易组织保护成员国利益。区域一体化组织具有的排他性特征被视为对成员国的一种贸易保护。通过“内外有别”的政策和集体谈判的方式，区域一体化协定在为成员国创造更有利贸易条件的同时，却往往对非成员构成了歧视。区域一体化组织具有的这种排他性特征，实际上起到了对成员国进行贸易保护的作用。

（4）保护手段更趋多样化。首先，反倾销、反补贴、保障措施等传统保护手段仍被频繁应用。其次，技术壁垒、绿色壁垒、知识产权保护、劳工标准等贸易壁垒花样翻新，应用范围更加广泛。发达国家利用自身在环保和科技方面的优势，制定更高的环保、技术、商品和劳工标准，以削弱发展中国家凭借低廉的劳动力成本而获得的出口竞争力。由于这些新型贸易保护手段具有良好的定向性、隐蔽性和灵活性，其中一些技术和环保方面的要求以提升技术水平、维护消费者利益为出发点，甚至可以视为中性的贸易标准，加之WTO对这些贸易措施应用的限制并不统一，所以其保护效果更为突出，进一步加剧了世界范围内的贸易摩擦。

（5）制定实施战略性贸易政策。所谓战略性贸易政策，是指国家从战略高度，运用关税、出口补贴等措施，对战略性部门、产业进行支持和资助，使其取得竞争优势，从而达到提高经济效益和增加国民福利的目标。战略性贸易政策强调了国际贸易中的国家利益，政府通过确立战略性产业（主要是高技术产业），并对这些产业实行适当的保护和促进，使其在较短时间内形成国际竞争力。随着国标竞争的加剧，特别是发达国家在高技术领域的较量不断升级，战略性贸易政策被越来越多的发达国家和新兴工业化国家的政府所接受，成为新贸易保护主义的核心政策。

【课堂思考】

新贸易保护主义的“新”体现在哪些方面？

拓展阅读

由于金融危机的影响，欧美一些国家不断推出贸易保护主义的新措施，比较突出的案例就是2009年末美国对中国发起的轮胎特保案。这种行为违反了自由贸易的宗旨，也违反了世贸组织的普遍规则，是明显的贸易保护主义行为。

在金融危机的影响下，新贸易保护主义有趋于严重之势。在一些欧美国家，甚至出现“只买本国货”、“只裁外国人”的口号。新贸易保护主义着重限制发展中国家和“非市场经济国家”的生命型产业，从而导致它们原有的比较优势丧失。

长期以来，我国出口产品中比重较大的是劳动密集型产品，主要靠廉价劳动力带来的价格优势抢占世界市场。因此，我国的出口产品往往成为各国反倾销的重点目标。推行新贸易保护主义的国家专门针对我国而实行的反倾销和保障措施愈演愈烈。世界上平均每7起反倾销和保障措施案中，就有1起是针对我国产品，严重影响了我国出口外贸的发展。

新贸易保护主义国家基本是我国的主要贸易合作伙伴，所以这些国家采取的种种打压及变相打压措施增加了我国产品在这些市场的竞争难度，反倾销及特保措施严重打击了我国产品的低价优势。

（三）管理贸易政策

管理贸易政策又称协调贸易政策，是指国家对内制定一系列的贸易政策、法规，加强对外贸易的管理，实现一国对外贸易的有秩序、健康的发展；对外通过谈判签订双边、区域及多边贸易条约或协定，协调与其他贸易伙伴在经济贸易方面的权利与义务。

管理贸易政策是20世纪80年代以来，在国际经济联系日益加强而新贸易保护主义重新抬头的双重背景下逐步形成的。在这种背景下，为了既保护本国市场，又不伤害国际贸易秩序，保证世界经济的正常发展，各国政府纷纷加强了对外贸易的管理和协调，从而逐步形成了管理贸易政策或者说协调贸易政策。

管理贸易是介于自由贸易和保护贸易之间的一种对外贸易政策，是一种协调和管理兼顾的国际贸易体制，是各国对外贸易政策发展的方向。

【知识要点提醒】

根据各国对进出口贸易实施的措施不同，对外贸易政策可以分为3种类型：自由贸易政策、保护贸易政策及管理贸易政策。纵观世界市场经济的发展，贸易自由化与贸易保护主义一直交错存在。

任务二　关税措施

【任务目标】

1. 掌握关税的概念及特点。
2. 掌握关税的种类。
3. 了解海关税则及关税的计征。

【任务引入】

美国的《税务豁免及保健法》规定，来自印度及泰国的若干类金饰品进口均应达到至少其中被撤销豁免措施的一个门槛水平。假如美国取消印度和泰国金饰的普惠税优惠，将即时对有关产品征收5.5%最惠国关税率，此举无疑将增加中国产品在美国珠宝市场的竞争力。根据2006年美国进口数据，其他数类产品的竞争需要限制豁免措施，也达到至少其中一个门槛水平，包括巴西的制动器、制动器部件，哥伦比亚的新鲜迷你康乃馨，印度的黄铜灯，菲律宾的电线束及委内瑞拉的甲醇等。虽然较难确定这些产品被剔出普惠制计划将会带来什么影响，但假如取消这些产品的普惠制，中国供应商可受惠。然而，不论该等豁免措施是否取消，数个免税进入美国市场的西半球国家将仍然是美国的主要供应地，其中在制动器方面，加拿大和墨西哥是主要供应地；在点火系统方面，墨西哥是主要供应地。

此外，美国政府正继续研究是否限制、暂停或撤销以下受惠国的资格：在普惠制下，2005年对美国出口总值超过1亿美元，以及于2005年被世界银行归为中上收入经济体系，或于2006年占全球货物出口超过0.25%的受惠国。符合这些准则的国家有阿根廷、巴西、克罗地亚、印度、印尼、哈萨克、菲律宾、罗马尼亚、俄罗斯、南非、泰国、土耳其及委内瑞拉。

讨论题：

（1）什么类别的产品可以享受特殊的优惠关税进口？在什么情况下便不能再享受此项政策？

（2）一国如何通过是否给予优惠的关税政策来限制或者鼓励外国产品进入本国？

【知识内容】

一、关税的概念

关税(Tariff)是进出口商品经过一国关境时，由该国政府所设置的海关向本国进出口商所征收的一种税。

关税是通过海关征收的。海关是设在关境上的国家行政管理机构，是贯彻执行本国有关进出口政策、法令和规章的重要工具。其任务是根据这些政策、法令和规章对进出口货物、货币、金银、行李、邮件、运输工具等实行监督管理、征收关税、查禁走私货物、临时保管通关货物和统计进出口商品等。海关还有权对不符合国家规定的进出口货物不予放行，罚款，甚至没收或销毁。

关境是海关所管辖和执行有关海关各项法令和规章制度以及海关征收关税的领域，它又称关税领域。一般情况下，关境与国境是一致的，但在下面两种情况下关境与国境就不一致。

(1) 当一个国家设有自由贸易区、自由港、海关保税仓库或其他经济特区时，其关境就比国境小。

(2) 当有些国家缔结成关税同盟对外来商品按同一税率征收一次性关税时，这些国家的关境就大于其国境。

【课堂思考】

请比较关境与国境的关系。

【知识链接】

关税的起源

随着社会生产力的发展，出现了商品的生产和交换，关税正是随着商品交换和商品流通领域的不断扩大，以及国际贸易的不断发展而产生和逐步发展的。

在我国，西周时期就在边境设立关卡(最初主要是为了防卫)。《周礼·地官》中有了“关市之征”的记载，春秋时期以后，诸侯割据，纷纷在各自领地边界设立关卡，“关市之征”的记载也多起来。关税从其本来意义上是对进出关卡的物品征税；市税是在领地内商品聚散集市上对进出集市的商品征税。征税的目的是“关市之赋以待王之膳服”。据《周礼·天官》记载，周朝中央征收 9 种赋税，关市税是其中一种，直接归王室使用，关和市是相提并论的。边界关卡之处也可能是商品的交换集市。关税和市税都是对商品在流通环节中征税。《管子·问篇》曾提到“征于关者勿征于市，征于市者勿征于关”，对同一商品不主张重复征税，以减轻商人负担。关市之征是我国关税的雏形，我国的“关税”的名称也是由此演进而来的。

在国外，关税也是一种古老的税种，最早发生在欧洲。据《大英百科全书》对“customs”一词的来源解释，古时在商人进入市场交易时要向当地领主要交纳一种例行的、常规的入市税“Customary Tolls”，后来就把“Customs”和“Customs Duty”作为海关和关税的英文名称。关税在英文中还有一个术语名称是“Tariff”。据传说，在地中海西口，距直布罗陀 21 英里处，古时有一个海盗盘踞的港口名叫塔利法(Tariff)。当时，进出地中海的商船为了避免被抢劫，被迫向塔利法港口的海盗缴纳一笔买路费。以后 Tariff 就成为关税的另一通用名称，泛指关税、关税税则或关税制度等义。

二、关税的特点

（一）关税具有强制性、无偿性和预定性

关税是税收的一种，是国家财政收入的来源之一，具有强制性、无偿性和预定性，由海关总署及所属机构具体管理和征收。强制性是指国家凭借政治权力和法律征收，任何纳税人不管是否自愿，都必须依法纳税，否则将要受到法律的制裁；无偿性是指国家征税后，其获取的收入就归国家所有，不再归还纳税人，也不给纳税人支付任何代价或报酬；预定性是指国家通过法律形式，预先规定实施征税的标准，海关和纳税人均不得随便变动。

（二）关税的税收主体和客体是进出口商人和进出口货物

按纳税人与课税货物的标准，税收可分为税收主体和税收客体。税收主体（Subject of Taxation）是指在法律上根据税法规定，负担纳税的自然人或法人，也称纳税人（Taxpayer）；税收客体（Object of Taxation）是指被消费者和生产者消费或使用的物品，也称课税对象。

关税与国内税不同，关税的税收主体是本国进出口贸易商，当商品进出国境或关境时，进出口商根据海关法规定向当地海关交纳关税，他们是税收主体，即关税的纳税人。关税的税收客体是进出国或关境的货物和物品。根据《中华人民共和国海关法》规定，对各种进出口商品制定不同税目和税率，征收不同的关税。

（三）关税是一种间接税

关税属于间接税，因为关税主要是对进出口商品征税，其税负由进出口贸易商垫付税款，然后把它作为成本的一部分加在货价上，在货物出售给买方时收回这笔垫款。这样，关税负担最后便转由买方或消费者承担。

三、关税的作用

（一）关税是各国对外贸易政策的重要措施

（1）关税设置影响到国家之间政治与经济关系。如一国随意设置不合理的关税，容易导致国家之间发生贸易战；如设置合理，则能改善国家之间的经贸和政治关系。

（2）合理的关税设置有利于国家之间比较优势的发挥，形成相互有利的国际分工。

（3）关税的高低影响经贸集团之间的贸易创造、贸易转移、市场的统一和资源的流向与配置。

（二）关税是国家财政收入的一部分

关税是各国国家财政收入的一部分，但比重在下降。由于发达国家国内市场发达程度高于发展中国家，所以关税在国家财政收入中的比重比较低，而发展中国家则比较高。

（三）关税可以调节进出口贸易

许多国家通过制定和调整关税税率来调节进出口贸易。在出口方面，通过低税、免税和

返税来鼓励商品出口；在进口方面，通过税率的高低和减免来调节和控制商品的进口。关税对进口商品的调节作用，主要表现在以下几个方面：

（1）对于国内能大量生产或者暂时不能大量生产但将来可能发展的产品，规定较高的进口关税，以削弱进口商品的竞争能力，保护国内同类产品的生产和发展。

（2）对于非必需品或奢侈品的进口制定更高的关税，达到限制甚至禁止进口这些商品的目的。

（3）对于本国不能生产或生产不足的原料、半制成品、生活必需品或生产上急需品的进口，制定较低税率或免税，以鼓励进口，满足国内的生产和生活需要。

（4）通过关税调整贸易差额，当贸易逆差过大时，提高关税或征收进口附加税以限制商品进口，缩小贸易逆差；当贸易顺差过大时，通过减免关税扩大进口，缩小贸易顺差，以减缓与有关国家的贸易摩擦与矛盾。

（四）关税调节生产领域的发展方向

在生产领域，对不同产业进出口货物给予不同的关税待遇，调节生产要素的流动方向，实现合理的产业布局。在商品流通领域，运用关税调节进出口商品的流量；在消费领域，通过关税调整进口与出口货物的类别，以满足国内不同阶层的需要。

当然，关税如果设置不合理，假如进口关税设置过高，对国内各领域的发展也会带来副作用（如刺激走私活动），使被保护的产业受到冲击，还会造成关税流失；如关税太高，保护过分，也会使被保护的产业和企业产生依赖性，影响竞争力的培育和提高。

四、关税的种类

（一）按照征税商品的流向分类

1. 进口税

进口税（Import Duties）是进口国家的海关在外国商品输入本国关境时，根据海关税则对本国进口商所征收的关税。它一般在外国货物进入关境、办理进口海关手续时征收，或者外国货物从自由港、自由贸易区、海关保税仓库等提出，运往进口国的国内市场销售时，由海关征收。

进口税又可以分为最惠国税和普通税两种。如果某个国家或地区与本国签订有最惠国待遇条款的贸易协定，则从该国家或地区进口的商品适用于最惠国税；否则，适用普通税。最惠国税率比普通税率低，二者的差幅一般很大。例如，美国对玩具的进口征收最惠国税率为6.8%，普通税率为70%。

2. 出口税

出口税（Export Duties）是出口国家的海关在本国商品输出本国关境时，对本国出口商所征收的关税。由于征收出口税不利于扩大本国商品的出口，所以目前大多数国家对绝大部分出口商品都不征收出口税。例如，第二次世界大战后，征收出口税的国家主要是发展中国家。

【课堂思考】

一国对出口产品征收关税是因为什么原因？

3. 过境税

过境税(Transit Duties)又称通过税，是一国对通过其关境的外国货物所征收的关税。这种税产生于资本主义生产方式准备时期，1880 年后相继废止。根据关税与贸易总协定的规定，缔约国对于通过其领土的过境运输，不应该有不必要的耽延或限制，并应对它免征关税、过境税和有关过境的其他费用，但运费和相当于因过境而支出的行政费用或提供服务的成本费用，不在此限。目前，大多数国家在外国商品通过其领土时只征收少量的准许费、印花税、登记费和统计费等，而不征收过境税。

（二）按照征税的目的分类

1. 财政关税

财政关税(Revenue Tariff)是以增加国家的财政收入为主要目的而征收的关税，又称为收入关税。早期征收关税的目的是为了获取财政收入。随着一国经济的发展，由于其税源的增加，关税收入在国家财政收入中所占的比重相对下降，财政关税的重要性也相对下降，但对于目前一些发展水平较低的国家来说，关税仍然是国家财政收入的主要来源。征收财政关税必须具备以下 3 个条件：

(1) 征税的进口货物必须是国内不能生产或无代用品而必须从国外输入的商品。

(2) 征税的进口货物，在国内必须有大量消费。

(3) 关税税率要适中或较低，如税率过高，将阻碍进口，达不到增加财政收入的目的。

2. 保护关税

保护关税(Protective Tariff)是以保护本国某些商品市场、促进有关产业及科学技术的发展为主要目的而征收的关税。保护关税税率越高，越能达到保护的目的，有时保护关税税率高达 100%以上。相当高的关税税率起到了禁止进口的作用，称为禁止关税(Prohibited Duty)。保护关税是国际贸易战中的重要手段。一些国家对于对国内工业威胁较大的进口商品，往往征收很高的进口税。

（三）按照差别待遇和特定的情况分类

1. 特惠税

特惠税(Preferential Duty)又称优惠税，它是指对从某个国家或地区进口的全部商品或部分商品，给予特别优惠的低关税或免税待遇，而其他非优惠国家或地区不得根据最惠国待遇原则要求享受这种优惠待遇。特惠税有的是互惠的，有的是非互惠的。

特惠税是殖民主义的产物，开始于宗主国与殖民地附属国之间的贸易。早期的特惠税是非互惠的，后来才逐步改为互惠的。英国、法国、葡萄牙、荷兰、比利时和美国等国与其殖民地附属国之间都曾实行过特惠税。最有名的特惠税是 1932 年英联邦国家在渥太华会议上建立的英联邦特惠税。1973 年 1 月英国正式加入西欧共同市场后，英联邦特惠税自 1974 年

1月起到1977年7月1日逐步取消。此后，英国实行西欧共同市场的共同对外关税。

2. 普遍优惠制

普遍优惠制(Generalized System of Preferences)简称普惠制，它是发展中国家在联合国贸易与发展会议上经过长期斗争，在1968年通过建立普惠制决议而取得的。在该决议中发达国家承诺对从发展中国家或地区输入的商品，特别是制成品和半制成品，给予普遍的、非歧视的和非互惠的优惠关税待遇。建立普惠制的目的是为了增加发展中国家或地区的外汇收入，促进发展中国家或地区的工业化，加速发展中国家或地区的经济增长率。

普惠制的主要原则是普遍的、非歧视的、非互惠的。所谓普遍的，是指发达国家应对发展中国家或地区的制成品和半制成品给予普遍的优惠待遇；所谓非歧视的，是指应使所有发展中国家或地区不受歧视、无例外地享受普惠制的待遇；所谓非互惠的，是指发达国家应单方面给予发展中国家或地区关税优惠，而不是要求发展中国家或地区提供反向优惠。

实行普惠制的国家在提供普惠制待遇时都作了一些规定，主要有：对受惠国家或地区的规定；对受惠商品范围的规定；对受惠商品减税幅度的规定；对给惠国实行保护措施的规定，这些保护措施主要有免责条款、预定限额和竞争需要标准3种规定；对商品原产地的规定。

普惠制的施行是发展中国家长期斗争的结果。1968年联合国贸易与发展会议上，发展中国家团结一致，促进会议做出了普惠制决议。1976年第四届联合国贸易与发展会议上，南北国家达成协议，决定由每个发达国家分别制定和执行各自普惠制方案。表3-1所示为欧盟部分商品进口税。

表3-1 欧盟部分商品进口税

商品名称	普通税率	最惠国税率	普惠制税率
男衬衫	20%	1.3%	免税
地毯	40%	8.9%	免税
家具	18%	5.6%	免税

【知识链接】

关于普惠制

普惠制不是永恒的。当发展中国家或地区的产品在优惠政策下出口越来越多，经济增长速度相应加快并达到一定程度时，发达国家认为这些国家或地区可以毕业，就会取消此种优惠。毕业制度包括国家毕业制和产品毕业制，前者意为取消国家受惠资格，后者意为取消某项产品受惠资格。

3. 差价税

差价税(Variable Levy)又称差额税，它是指当某种本国生产的产品国内价格高于同类的进口商品价格时，为了削弱进口商品的竞争能力，保护国内生产和国内市场，按国内价格与进口价格之间的差额征收的关税。由于差价税是随着国内外价格差额的变化而变动的，所以它是一种活动关税。对于征收差价税的商品，有的规定按价格差额征收，有的规定在征收一般关税之外另行征收，这种差价税实际上属于进口附加税。例如，欧洲联盟对冻牛肉进口首先征收20%的一般进口税，然后根据每周进口价格与欧盟的内部价格变动情况征收变动不定的差额税。

4. 进口附加税

进口附加税(Import Surtax)是指对进口商品除了征收一般进口关税外，还往往根据某种目的再额外加征的关税。征收进口附加税通常是一种特定的临时性措施，其目的主要有：应付国际收支危机，维持进出口平衡；防止外国商品低价倾销；对国外某个国家实行歧视或报复等。因此，进口附加税又称特别关税。进口附加税是限制商品进口的重要手段。许多国家除了针对所有商品征收进口附加税以外，有时还针对个别国家和个别商品征收进口附加税，这种进口附加税主要有以下两种：

(1) 反补贴税。反补贴税(Counter-vailing Duty)又称抵消税或补偿税，它是对于直接或间接接受奖金或补贴的外国商品进口所征收的一种附加税。凡进口商品在生产、制造、加工、买卖、输出过程中所接受的直接或间接的奖金或补贴均构成征收反补贴税的条件，不管这种奖金或补贴是来自政府还是同业工会。

如果出口国对某种出口产品实施补贴的行为对进口国国内某项已建的工业造成重大损害或产生重大威胁，或严重阻碍国内某一工业的新建时，进口国可以对该种产品征收反补贴税。对某种进口商品征收反补贴税有3个必要条件：补贴存在；补贴对进口国国内已建立的某项产业造成重大损害或产生严重威胁，或者对某一国内产业的新建产生严重阻碍；进行补贴的进口商品与所称损害之间存在因果关系。进口国只有经过充分调查，确定某种进口商品符合上述征收反补贴税的条件，方可征收反补贴税。

反补贴税的税额一般按其所享受的奖金和补贴税款的多少来征收，不得超过该产品接受补贴的净额，且征税期限不得超过5年。对于进行倾销的接受补贴的产品，不能既征收反倾销税，又征收反补贴税。征收反补贴税的目的在于提高进口商品的价格，抵消其所享受的补贴金额，削弱其竞争能力，使它不能在进口国的国内市场上进行低价竞争和倾销。

拓展阅读

2011年5月16日，中国商务部发布2011年第19号公告，公布对原产于欧盟的进口马铃薯淀粉反补贴调查的初步裁定。该案是中国对欧盟进口产品的首起反补贴调查。

公告称，自2011年5月19日起，进口经营者在进口原产于欧盟的马铃薯淀粉时，将依据本案初裁确定的各公司的从价补贴率向海关提供临时反补贴税保证金。其中，法国罗盖特公司的从价补贴率为7.70%，荷兰艾维贝公司和德国艾维贝马铃薯淀粉工厂的从价补贴率为11.19%，其他欧盟公司的从价补贴率为11.19%。此外，中国商务部已于2011年4月19日开始对原产于欧盟的进口马铃薯淀粉征收12.6%～56.7%的反倾销税。

(2) 反倾销税。反倾销税(Anti-dumping Duty)是指对实行倾销的进口商品所征收的一种进口附加税。征收反倾销税的目的在于抵制商品倾销，保护本国的国内市场和产业。根据关贸总协定《反倾销守则》的规定，倾销是指进口商品以低于正常价值的价格向另一国销售的行为。倾销的目的大多数在于打击对手，占领外国市场，这样会使进口国厂商面临不平等的竞争地位而受到冲击。为了抵制商品倾销，保护本国产品的国内市场，很多国家都对实行倾销的外国商品征收反倾销税。

按《反倾销守则》的规定，对某种进口商品征收反倾销税有 3 个必要条件：倾销存在；倾销对进口国国内已建立的某项工业造成重大损害或产生严重威胁，或者对某一国内工业的新建产生严重阻碍；实行倾销的进口商品与所称损害之间存在因果关系。进口国只有经过充分调查，确定某种进口商品符合上述征收反倾销税的条件，方可征收反倾销税。

确定倾销对进口国国内工业的损害要从 3 个方面来认定：产品在进口国的数量相对或绝对增长；产品价格对国内相似产品价格的影响；对产业的潜在威胁和对建立新产业的阻碍。此外，还要确定上述损害是否为倾销所致。若由于其他因素(如需求萎缩或消费格局改变等)造成的损害则不应归咎于倾销性进口。

正常价格是指相同产品在出口国用于国内消费时在正常情况下的可比价格；如果没有这种国内价格，则是相同产品在正常贸易情况下向第三国出口的最高可比价格；或产品在原产国的生产成本加合理的推销费用和利润。这 3 种确定正常价格的方法是依次采用的。另外，这 3 种正常价格的确定方法仅适用于来自市场经济国家的产品；对于来自非市场经济国家的产品，应该选用替代国价格，即以一个属于市场经济的第三国所生产的相似产品的成本或出售的价格作为基础，来确定其正常价格。

因此，反倾销税税额一般按倾销差额征收，由此抵消低价倾销商品价格与该商品正常价格之间的差额；但是不得因低价倾销和出口补贴，而同时对它既征收反倾销税又征收反补贴税。征收反倾销税的期限也不得超过为抵消倾销所造成的损害必需的期限，一旦损害得到弥补，进口国应立即停止征收反倾销税。

【课堂思考】

征收反倾销税的条件是什么?

【知识链接】

中国近年遭受反倾销的部分行业和产品

(1) 彩电。1988 年和 1992 年，欧盟两次受理对中国彩电的反倾销案，由于中国企业不应诉，中国彩电基本上被赶出欧盟市场。

(2) 自行车。1992 年，欧共体诉讼 ST 中华反倾销，败诉后的 ST 中华被苛以 30.6%的反倾销税，导致其在欧洲的市场急剧萎缩，中华牌自行车在欧洲销量一落千丈，从 90 多万辆狂跌到 20 多万辆，最终痛失欧洲市场。

(3) 大蒜。1994 年，美国对中国大蒜征收 376.67%的高额反倾销税后，中国大蒜从此退出了美国市场。

(4) 一次性打火机。1994 年，中国一次性打火机制造企业遭美国反倾销，57 家企业只有 3 家应诉，结果有 2 家应诉企业的反倾销税降到 0，一家企业降到 20%，而其余没有应诉的 54 家企业，都因被征收 197.85%的反倾销税而失去了市场。

(5) 纺织业。1994 年，墨西哥对原产地为中国的棉纱、棉布征收高达 331%的反倾销税，服装征收 537%，鞋类征收的反倾销税高达 1105%。

(6) 水产业。1997 年 7 月，美国对中国出口的小龙虾征收反倾销税，终裁征收的反倾销税率平均是 122.92%，最低 91.5%，最高 156.77%。

(7) 钢铁业。2001年，加拿大对13个国家的钢铁产品下达了终裁，中国宝钢仅被征税2.8%，在所有应诉企业中最低，而乌克兰一家企业则被征收169%的税率。此前的初裁判定：今后宝钢产品要进入加拿大市场，必须缴纳49%的反倾销税。

(8) 轴承业。2002年2月13日，美国轴承协会向美国国际贸易委员会对中国输美轴承提起反倾销申诉。这是中国加入世贸组织后，美国轴承协会第一次利用“反倾销”这一世贸规则允许的贸易保护措施，试图对中国产品进行制裁。

(9) 家具业。2004年10月，美国国际贸易委员会做出自中国进口的木制卧室家具对美国产业造成实质性损害的肯定性终裁。据此，美国商务部于12月27日对自中国进口的涉案产品发布反倾销令。终裁结果较初裁有部分修改，7家中国强制应诉企业中，除1家企业依旧被裁定惩罚性税率外，其余6家企业的单独税率有不同程度的上下调整，但总体呈下降的趋势。

【案例讨论】

温州企业于20世纪80年代中后期进入世界金属外壳打火机市场后，迅速改变了该市场主要由日本、韩国和中国台湾地区垄断的格局。到2002年，温州金属外壳打火机生产企业已达到500多家，年产金属外壳打火机5亿多只，年产值为25亿元人民币，出口数量占总产量的80%，占有世界市场的份额为70%，占有国内市场份额为95%，温州已成为世界金属外壳打火机的生产中心，而与此同时，日本和韩国原来的打火机企业90%以上已经停止生产。

2002年6月28日，欧盟发出公告，决定对中国出口欧盟的打火机(包括一次性打火机、金属外壳打火机和汽油打火机)进行反倾销立案调查。按照WTO的规定，反倾销所涉及的出口商必须在15天内做出应诉反应，否则将作为自动放弃论，这可能导致我国出口到欧盟各国的打火机被征收高额反倾销税。

经过紧急磋商，温州烟具协会决定选取15家打火机企业进行损害抗辩，1家进行市场经济地位抗辩(即低于成本价)。2002年9月11日，欧盟反倾销委员会的几位官员两次到温州进行实地调查，对温州应诉企业的产品、销售、财务等方面进行了严格的核查，对应诉企业提出的意见和事实予以理解和认可。2002年10月8日，温州东方打火机厂获得欧盟的市场经济地位确认；2003年2月，欧盟有关方面决定不进行初裁，2003年7月14日，欧洲打火机制造商联合会撤回了对产自中国打火机的反倾销诉讼，反倾销程序自动终止。

历时1年零1个月的温州烟具协会应对欧盟打火机反倾销诉讼事件是中国正式加入WTO之后遭受的第一起反倾销诉讼，引起各界高度关注。该事件的意义不仅在于为中国企业应对反倾销诉讼提供了宝贵的经验，而且在于中国的民间组织第一次充当了处理国际贸易纠纷的主角，为考察中国转轨时期行业协会的治理机制、协调机制及其发展提供了一个非常好的案例。

试分析欧盟实施的反倾销对我国出口有什么影响？中国应该如何应对反倾销？

(四) 按照征税的计算方法分类

1. 从量税

从量税(Specific Duties)是以商品的重量、数量、容量、长度和面积等计量单位为标准计征的关税。例如，美国对薄荷脑的进口征收从量税，普通税率每磅征50美分，最惠国税率每磅征17美分。

从量税的计算公式为

$$从量税额=商品数量\times 每单位从量税$$

采用从量税计征关税有以下特点：一是手续简便。不需审定货物的规格、品质、价格，便于计算。二是税负并不合理。同一税目的货物，不管质量好坏、价格高低，均按同一税率征税，税负相同。三是不能随价格变动做出调整。当国内物价上涨时，税额不能随之变动，使税收相对减少，保护作用削弱；物价回落时，税负又相对增高，不仅影响财政收入，而且影响关税的调控作用。四是难以普遍采用。税收对象一般是谷物、棉花等大宗产品和标准产品，对某些商品如艺术品及贵重物品(古玩、字画、雕刻、宝石等)不便使用。

2. 从价税

从价税(Ad Valorem Duties)是以进口商品的完税价格为标准计征的关税，其税率表现为货物价格的百分率。例如，美国对羽毛制品的进口征收从价税，普通税率为60%，最惠国税率为4.7%。

从价税的计算公式为

从价税额＝商品总值×从价税率

征收从价税的一个重要问题是确定进口商品的完税价格(Dutiable Value)。所谓完税价格，是指经海关审定的作为计征关税依据的货物价格，货物按此价格照章征税。各国规定了不同的海关估价确定完税价格，目前大致有以下3种：出口国离岸价(FOB)、进口国到岸价(CIF)和进口国的官方价格。美国、加拿大等国采用离案价格来估价，而西欧等国采用到岸价格作为完税价格，不少国家甚至故意抬高进口商品完税价格，以此增加进口商品成本，把海关估价变成一种阻碍进口的非关税壁垒措施。

征收从价税有以下特点：一是税负合理。同类商品质高价高，税额也高；质次价低，税额也低。加工程度高的商品和奢侈品价高，税额较高，相应的保护作用较大。二是物价上涨时，税款相应增加，财政收入和保护作用均不受影响。但在商品价格下跌或者别国蓄意对进口国进行低价倾销时，财政收入就会减少，保护作用也会明显减弱。三是各种商品均可使用。四是从价税率按百分数表示，便于与别国进行比较。五是完税价格不易掌握，征税手续复杂，大大增加了海关的工作负荷。

3. 混合税

混合税(Mixed or Compound Duties)又称复合税，是对某种进口商品，采用从量税和从价税同时征收的一种方法。

混合税的计算公式为

混合税额＝从量税额＋从价税额

混合税可以分为两种：一种是以从量税为主加征从价税，如美国对男式开司米羊绒衫(每磅价格在18美元以上者)征收混合税，每磅征收从量税37.5美分，加征从价税15.5%；另一种是以从价税为主加征从量税，如日本对手表向每只价格在6000日元以下的进口，从价税15%，加征每只150日元的从量税。

混合税结合使用了从量税和从价税，无论进口商品价格高低，都可起到一定的保护作用。目前世界上大多数国家都使用混合税，如美国、欧盟、加拿大、澳大利亚、日本，以及一些发展中国家如印度、巴拿马等。我国也对一些税目适用混合税。

4. 选择税

选择税(Alternative Duties)是对于一种进口商品同时定有从价税和从量税两种税率，在贸易保护主义情况下，征税时选择其税额较高的一种征税。例如，日本对坯布的进口征收协定税率7.5%或每平方米2.6日元，征收其最高者。但有时为了鼓励某种商品进口，也会选择其中税额较低者征收。

【课堂思考】

说说混合税与选择税的区别。

五、关税征收

(一) 海关税则

海关税则(Customs Tariff)又称关税税则，它是一国进出口商品计征关税的规章和对进口、出口的应税与免税商品加以系统分类的一览表。它是关税政策的具体体现，海关凭它征收关税。

海关税则一般包括两个部分：一部分是海关课征关税的规章条例，另一部分是关税税率表。关税税率表的主要内容包括：税则号列(Tariff No.，Heading No. 或 Tariff Item)，简称税号；货物分类目录(Description of Goods)；税率(Rate of Duty)。

海关税则主要分为单式税则(Single Tariff)(又称一栏税则)和复式税则(Complex Tariff)(又称多栏税则)两类。在单式税则中，一个税目只有一个税率，适用于来自任何国家的商品，是没有差别待遇的税则，如委内瑞拉、巴拿马等仍实行单式税则。在复式税则中，一个税目下定有两个或两个以上的税率，对来自不同国家的进口商品使用不同的税率。如日本的关税税则有四栏，第一栏为基本税率，第二栏为协定税率，第三栏为特惠税税率，第四栏为暂定税率。前三栏的税率依次降低，第四栏适用于同日本未签订贸易协定但与日本友好的国家。现在世界上大多数国家都实行复式税则，通过复式税则可以实施差别待遇和贸易歧视政策，例如，我国进口对虾的进口关税见表3-2。

表3-2　我国进口对虾的进口关税

税则序号	货品名称	普通税率(%)	最惠国税(%)	协定税率(%)	特惠税率(%)
0306.2391	带壳或去壳的甲壳动物，活、鲜、冷、冻、盐腌或盐渍的；蒸过或用水煮过的带壳或去壳的甲壳动物，不论是否活、鲜、冷、冻、盐腌或盐渍的；适合供人食用的带壳或去壳的甲壳动物的细粉、粗粉及团粒： —未冻的； ——小虾及对虾； ——其他； ——鲜、冷对虾	70	18		
1605.2000	制作或保藏的甲壳动物、软体动物及奇特水生无脊椎动物： ——小虾及对虾	90	9		

（二）关税的征收

关税是由本国海关在本国进出口商办理通关手续的过程中征收的。通关手续是指出口商或进口商向海关申报出口或进口，接受海关的监督和检查，履行海关规定的手续。办完海关手续，结清应付的税款和其他费用，经海关放行，出口货物才能装运，进口货物才能提货。通关手续一般包括申报、验货、缴税和放行4个基本环节。

通关手续必须按照海关的法令和规定办理。以进口为例，货物运抵目的港口、车站或机场时，进口商应向海关提交有关单证和填写由海关发出的表格。一般来说，进口商除提交进口货物报关单、提单、商业发票或海关发票以外，还往往根据海关的特殊规定，提交原产地证书或配额证书、商检证书等单证。当进口商填写和提交有关单证后，海关按规定查审核对有关单证和查验货物，计算进口税额，结清税款，放行，即办完通关手续。

【知识要点提醒】

关税是进出口商品经过一国关境时，由该国政府所设置的海关向进出口商所征收的税收，是国家财政收入来源之一，具有强制性、无偿性和固定性。关税的种类繁多，可以根据不同的标准从不同角度进行分类，最常见的关税是进口税。海关征收的依据是关税税则。

任务三 非关税措施

【任务目标】

1. 掌握非关税壁垒的概念及特点。
2. 掌握非关税壁垒的种类。

【任务引入】

2011年7月20日，酝酿了多时的《欧盟玩具安全新指令》正式实施。这个号称史上最严厉的安全技术标准，标准条数由此前的16条大幅增加到了57条，其中，仅重金属的限制就由原来的8种增加到19种，并首次禁止玩具使用66种过敏性香味剂。这一安全标准的实施，势必要求玩具生产企业大幅增加对检测仪器的投入，并在产品的原材料采购、生产环境、包装、材质等方面增加投入。据广东美业电子科技有限公司营销总监吴迪非透露，仅这一块，就使得企业增加15%的成本。

不到一个月，美国消费品安全委员会也决定：从8月14日起，美国市场上制造、销售的儿童产品铅含量必须符合100ppm的限量规定。但在2011年12月31日之前，美国消费品安全委员会暂不会执行强制性第三方测试要求。新的限量值规定在原料采购、工艺设计、生产流程、仓储、管理等环节，对玩具生产企业提出了更高、更精细化的要求。含铅油漆具有色彩鲜亮、耐久、干燥快、价格低廉(含铅油漆的市场价格远远低于其替代品——有机颜料的价格)等一系列优点，长期以来，含铅油漆被广泛应用在玩具、家具生产上。但含铅油漆在具有一系列优点的同时，也具有危害性。这也是美国不断提高玩具、家具等产品铅含量标准上限的原因所在。

每年的8月中下旬开始，将是欧美圣诞季玩具礼品向中国企业下单的高峰期。然而，这两大标准的实施，使得中国玩具业面临2008年金融危机以来再一次的生死劫。2011年以来，原材料、劳动力成本飙升，人民币兑美元汇率也不断创出新高，使得原本就利润微薄的玩具业雪上加霜。

讨论题：

(1) 案例中所提到的是一种什么贸易壁垒？相比关税壁垒，它有什么特点？

(2) 中国玩具业应如何面对这种贸易壁垒呢？

【知识内容】

一、非关税壁垒的概念

非关税壁(Non-Tariff Barriers，NTBs)是指关税以外的一切限制进口的各种措施，它和关税壁垒一起成为政府干预贸易的政策工具。

20世纪30年代世界性经济危机爆发时，非关税壁垒曾作为贸易壁垒的重要组成部分广泛地盛行。第二次世界大战后初期，许多工业国家仍然实行严格的限制进口措施，但从20世纪50年代到70年代初，发达国家在大幅度下调关税的同时，放宽和取消了非关税壁垒，实行贸易自由化。然而从20世纪70年代中期以来，在两次世界性经济危机的冲击下，发达国家的贸易战愈演愈烈，竞相采取非关税壁垒限制商品进口，以抵消由于关税大幅度下降所造成的不利影响，出现了以非关税壁垒为主、关税壁垒为辅的新贸易保护主义。在整个世界范围内，随着关税壁垒的下降，非关税壁垒对限制进口、保护国内市场的作用不断加强，成为多边贸易体制关注的焦点之一。

二、非关税壁垒的特点

虽然非关税壁垒与关税壁垒一样可以限制外国商品进口，但与关税壁垒措施相比，非关税壁垒具有以下3个特点。

(一) 非关税壁垒比关税壁垒具有更大的灵活性和针对性

各国关税税率的制定必须通过立法程序，并向其他立法一样，要求具有一定的延续性，如要调整或更改税率，需符合较为烦琐的法律程序和手续，这种立法程序与手续，往往迂回迟缓，在需要紧急限制进口时往往难以适应。同时，关税在同等条件下，还受到最惠国待遇条款的约束，从有协定的国家进口的同种商品适用同样的税率，因而较难在税率上作灵活调整。但在制定和实施非关税壁垒措施上，通常采用行政程序，制定手续比较迅速，其制定的程序也较简便，能随时针对某国的某种商品采取或更换相应的限制进口的措施，较快地达到限制进口的目的。

(二) 非关税壁垒比关税壁垒更能直接达到限制进口的目的

关税壁垒是通过征收高额关税，提高进口商品的成本和价格，削弱其竞争能力，间接地达到限制进口的目的。如果出口国采用出口补贴、商品倾销等办法降低出口商品成本价格，关税往往难以起到限制商品的进口的作用。但一些非关税措施如进口配额等预先规定进口的数量和金额，超过限额就直接地禁止进口，这样就能把超额的商品拒之门外，达到关税未能达到的目的。

(三) 非关税壁垒更具有隐蔽性和歧视性

关税税率确定后，往往以法律形式公布于众，这是公开透明的。但是，一些非关税壁垒往往不公开，或者规定极为复杂的标准和手续，使出口商难以适应和对付。出口商品往往由于某一个规定不符合进口国的某项要求而不能进入进口国的国内市场销售。同时，一些国家往往针对某个国家采取相应的限制性的非关税壁垒，这大大加强了非关税壁垒的差别性和歧视性。

三、非关税壁垒的种类

从对进口限制的作用分，非关税壁垒有直接和间接两大类。前者是指进口国对进口商品规定进口的数量和金额，以限制或迫使出口国直接按规定的出口数量和金额限制出口；后者是指进口国未直接规定进口商品的数量或金额，而是对进口商品制定种种严格的限制条件，间接地影响和限制商品的进口。非关税壁垒名目繁多，其主要种类如下介绍。

(一) 进口配额

进口配额(Import Quota)又称进口限额，是一国政府在一定时期(如一季度、半年或一年)以内，对于某些商品的进口数量或金额进行直接的限制，规定配额以内的货物可以进口，超过配额规定的则不准进口或者征收较高的关税或罚款后才能进口。进口配额主要有绝对配额和关税配额两种。

1. 绝对配额

绝对配额(Absolute Quota)是指在一定时期内对某些商品的进口数量或金额规定一个最高数额，达到这个数额后便不准进口。这种配额在实施时又有两种方式：

(1) 全球配额(Global Quota)，即不限定进口国别或地区，对于来自任何国家或地区的进口商品一律适用的配额。在实施这种配额时进口国主管当局通常按照进口商的申请先后或过去某一时期的进口实际额批给一定的额度，直到总配额发放完为止，超过总配额就不准进口，全球配额在限额的分配和利用上难以贯彻国别地区政策。

(2) 国别配额(Country Quota)，即在总配额内按国别或地区分配给固定的配额，超过规定的配额便不准进口。实行国别配额，进口国可根据它与有关国家或地区的政治经济关系分别给予不同的额度，这样可以贯彻国别地区政策。为了区分来自不同国家或地区的商品，在进口时进口商须提交原产地证明书。

2. 关税配额

关税配额(Tariff Quota)是指对商品进口的绝对数额不加以限制，而对在一定时期内在规定配额以内的进口商品给予低税、减税或免税的待遇：对超过配额的进口商品则征收较高的关税，或征收附加税或罚款。关税配额按进口商品的来源，可分为全球性关税配额和国别关税配额；按征收关税的目的不同，可分为优惠性关税配额和非优惠性关税配额。在贸易谈判中，配额制曾被广泛地利用来作为迫使其他国家让步的武器，有些国家以提供配额、扩大配额或缩小配额作为向对方施加压力的手段。

【课堂思考】

说说关税配额与绝对配额的区别。

【案例阅读】

在 2000 年 12 月 16 日至 2001 年 12 月 31 日，俄国实行原糖进口配额制，总额为 365 万吨，第一季度为 115 万吨，第二季度为 150 万吨，第三季度为 60 万吨，第四季度为 40 万吨，对此征收 5%的关税，超过额度部分征收 30%的关税，但每千克关税不低于 0.09 欧元。

(二)"自动"出口配额制

"自动"出口配额制("Voluntary" Export Quotas)也称"自动"限制出口或"自愿"限制出口制("Voluntary" Export Restriction)，是指出口国家或地区在进口国的要求或压力下，"自动"或"自愿"规定在某一时期内对某些商品对该国的出口限制，在限定的配额内由出口国自行控制出口，超过配额即禁止出口。所谓"自动"或"自愿"出口配额，带有明显的强制性。进口国往往以商品大量进口使其有关工业部门受到严重损害，造成所谓的"市场混乱"理由，要求有关国家的出口"有秩序地增长"，"自愿"限制商品进口，否则就单方面强制性地限制进口，在这种情况下，一些出口国被迫实行"自动"出口限制。

"自动"出口配额制从方法上讲有两种形式：

(1) 非协定的"自动"出口配额，即不受国际协定的约束，而是出口国迫于进口国的压力，自行单方面规定出口配额，限制商品出口。

(2) 协定的"自动"出口配额，进出口国双方通过谈判达成协议，在协议规定的有效期内出口国根据协议配额，自行限制商品的出口。目前国际上广泛采用此种方式。

拓展阅读

"自动出口"限制最早出现在日本向美国出口汽车。20 世纪 60 年代，日本的汽车开始进入美国市场，到 20 世纪 80 年代，日本的汽车已经对美国的汽车造成严重的冲击。美国的福特汽车公司就向美国的国际贸易委员会申请适用"201"条款保护。为此，美国中西部各州参议员建议把日本输出美国的汽车限制到 160 万辆。1981 年 5 月 12 日，准备在参议院金融会议上讨论。日本政府在得知这一事情后，就主动把输出到美国的汽车限制在 168 万。这样美国就停止了对日本进口车辆的配额限制。美国海关只负责监督日本汽车输出到美国的数量。就日本方面而言，日本的输出比较灵活，可以根据美国国内需求适当调整输出数量。

在 1981 年，美日双方达成了第一份协议，把日本每年向美国的汽车出口量限制在 168 万辆，1984—1985 年又把总数修正到 185 万辆。1985 年美国允许日本不再执行这一协议。

（三）进口许可证制度

进口许可证制度(Import License System)是指为了控制进口，规定某些商品进口必须领取许可证，没有进口许可证一律不准进口。通过发放进口许可证，进口国就可以对进口商品的种类、数量、来源、价格和进口时机等加以直接的控制。同时，进口国在发放进口许可证时还可以收取较高的手续费，实际上等于提高了进口关税。

1. 按照进口许可证与配额的关系分类

从进口许可证与进口配额的关系上看，进口许可证可分为两种：一种为有定额的进口许可证，即国家有关机构预先规定有关商品的进口配额，然后在配额的限度内，根据进口商的申请对每一笔进口货发给进口商一定数量或金额的进口许可证；另一种为无定额的进口许可证，即进口许可证不与进口配额相结合。进口国不预先公布进口配额，而颁发有关商品的进口许可证。这种方式没有公开的标准，因而就给正常的贸易活动造成很大的困难，起到更大的限制进口的作用。

2. 按照进口商品的许可程度分类

按照进口商品的许可程度来分，进口许可证一般有两种：一种是公开一般许可证，又称为公开许可证或一般许可证，它对进口国别或地区没有限制，凡列明属于公开一般许可证的商品，进口商只要填写此证，即可获准进口；另一种是特种许可证，进口商必须向政府有关当局提出申请，经政府有关当局逐笔审查批准后才能进口；这种进口许可证，多数都指定进口国或地区。

【课堂思考】

从进口许可证的分类来看，哪种许可证更能限制进口？

（四）外汇管制

外汇管制(Foreign Exchange Control)是指一国政府通过法令对国际结算和外汇买卖实行限制来平衡国际收支和维持本国货币汇价的一种制度。在外汇管制之下，出口商必须把他们出口所得到的外汇收入按官方汇率卖给外汇管理机构，进口商也必须向外汇管理机构按官方汇率申请购买外汇。本国货币的携带出入境也受到严格的限制。这样，国家就可以通过外汇的集中使用，来控制进口商品的种类、数量、进口国别和地区。

1931 年世界金融危机爆发以后，许多国家实行了外汇管制。第二次世界大战后初期，由于国际收支长期失衡，许多国家不得不继续实行外汇管制。进入 20 世纪 50 年代后半期之后，发达国家的国际收支有所改善，逐步放宽了外汇管制，最后实现了货币的自由兑换。

1. 数量型外汇管制

数量型外汇管制指国家外汇管理机构对外汇买卖的数量直接进行限制分配，旨在集中外汇收入，控制外汇支出，实行外汇分配，以达到限制进口商品品种、数量和国别的目的。一些国家实行数量性外汇管制时，往往规定进口商必须获得进口许可证后，方可得到所需的外汇。

2. 成本型外汇管制

成本型外汇管制是指国家外汇管理机构对外汇买卖实行复汇率制度，利用外汇买卖成本的差异，间接影响不同商品的进出口。复汇率也称多重汇率，是指一国货币对外汇率有两个或两个以上，分别适用于不同的进出口商品。

3. 混合型外汇管制

混合型外汇管制即同时采用数量性和成本性外汇管制，对外汇实行更为严格的控制，以影响商品进出口。

【课堂思考】

中国实行外汇管制吗？如果有，属于什么类型？

（五）进出口的国家垄断

进出口的国家垄断是指在对外贸易中，对某些或全部商品的进出口规定由国家机关直接经营，或把某些商品的进出口专营权给予某些垄断组织。资本主义国家的进出口垄断主要集中在以下 3 类商品上：

（1）烟酒。这些国家的政府机构从烟和酒的进口垄断中，可以取得巨大的财政收入。

（2）农产品。这些国家把对农产品的对外垄断销售作为国内农业政策措施的一部分。美国的农产品信贷公司就是资本主义世界最大的农产品贸易垄断企业。

（3）武器。资本主义国家的武器贸易多数是由国家垄断。

（六）歧视性政府采购政策

歧视性政府采购政策（Discriminatory Government Procurement Policy）是指一国通过制定法令，规定政府机构在采购时要优先购买本国产品的做法，从而对国外产品构成歧视。如美国的《购买美国货法案》规定，凡是美国联邦政府所采购的货物，应该是美国制造的，或是用美国原料制造的；欧洲共同体也规定，电信设备、重型机电设备和运输部门的有关产品，必须购买国货；日本有几个省规定，政府机构需要用的办公设备、汽车、计算机、电缆、导线、机床等不得采购外国产品。这些做法削弱了外国产品的竞争力，带有一定的歧视性。

（七）国内税

国内税（Internal Taxes）指在一国的国境内，对生产、销售、使用或消费的商品所应支付的捐税。一些国家特别是西欧国家往往采取国内税制度直接或间接地限制某些商品的进口。由于国内税的制定和执行属于本国政府有时甚至地方政府的权限，而不受国际贸易条约或协定的限制，所以使用征收国内税的办法来抵制国外商品的进口，是一种比关税更灵活、更易伪装的贸易政策手段。

【案例阅读】

法国曾对引擎为 5 马力的汽车每年征收养路税 12.15 美元，对于引擎为 16 马力的汽车每年征收养路税高达 30 美元。当时法国生产的最大型汽车为 12 马力。因此，实行这种税率的目的在于抵制进口汽车。

（八）最低限价和禁止进口

最低限价(Minimum Price)是指一国政府规定某种进口商品的最低限价，凡进口货价低于规定的最低价格则征收进口附加税或禁止进口。例如，1985 年智利对绸坯布进口规定每千克的最低限价为 52 美元，低于此限价，将征收进口附加税。

禁止进口(Prohibitive Import)是指当一些国家感到实行数量限制已不能解救经济与贸易困难时，往往颁布法令禁止某些商品的进口。

【课堂思考】

智利曾对绸坯布的进口规定每千克的最低价为 52 美元，低于此价将征收进口附加税。这种措施属于什么非关税壁垒?

（九）进口押金制

进口押金(Advanced Deposit)又称进口存款制，即进口商在进口商品时，必须预先按进口金额的一定比率和规定的时间，在指定的银行无息存入一笔现金作为押金，才能进口。这种做法增加了进口商的资金负担，影响了资金的周转，从而起到了限制进口的作用。押金占进口商品总额的比率越高，限制进口的作用就越大。

第二次世界大战后，意大利政府曾规定某些进口商品无论从任何国家进口，必须先向中央银行交纳相当于进口货值一半的现款押金，无息冻结 6 个月。据估计，这项措施相当于征收 5%以上的进口附加税。芬兰、新西兰、巴西等国也实行这种措施。巴西的进口押金制规定，进口商必须按进口商品船上交货价格交纳与合同金额相等的为期 360 天的存款，方能进口。

（十）海关估价

有些国家根据某些特殊规定专断地提高某些进口货物的海关估价(Customs Valuation)，来增加进口货物的关税负担，阻碍商品的进口。用专断的海关估价来限制商品的进口，以美国最为突出。

拓展阅读

长期以来，美国海关是按照进口商品的外国价格(进口货在出口国国内销售市场的批发价)或出口价格(进口货在来源国市场供出口用的售价)两者之中较高的一种进行征税，这实际上提高了交纳关税的税额。为防止外国商品与美国同类产品竞争，美国海关当局对煤焦油产品、胶底鞋类、蛤肉罐头、毛手套等商品，依“美国售价制”这种特殊估价标准进行征税。这4种商品都是国内售价很高的商品。按照这种标准征税，使这些商品的进口税率大幅度地提高。例如，某种煤焦油产品的进口税率为从价20%，它的进口价格为每磅0.50美元，应缴进口税每磅0.10美元。而这种商品的“美国售价”每磅为1.00美元，按同样税率，每磅应缴进口税为0.20美元，其结果是实际的进口税率不是20%，而是40%，即增加了一倍。这就有效地限制了外国货的进口。“美国售价制”引起了其他国家的强烈反对，直到“东京回合”签订了《海关估价守则》后，美国才不得不废除这种制度。

（十一）进口商品征税的归类

进口商品的税额取决于进口商品的价格大小与税率高低。在海关税率已定的情况下，税额大小除取决于海关估价外，还取决于征税产品的归类。海关将进口商品归在哪一税号下征收关税，具有一定的灵活性。进口商品的具体税号必须在海关现场决定，在税率上一般就高不就低。这就增加了进口商品的税收负担和不确定性，从而起到限制进口的作用。例如，美国对一般打字机进口不征收关税，但如归为玩具打字机，则要征收35%的进口关税。

（十二）技术性贸易壁垒

技术性贸易壁垒(Technical Barriers to Trade)是指为了限制进口所规定的复杂苛刻的工业产品的技术标准、卫生检疫规定以及商品包装和标签规定。这些标准和规定往往以维护生产、消费者安全和人民健康的理由而制定。有些规定十分复杂，而且经常变化，往往使国外产品难以适应，从而起到限制外国商品进口和销售的作用。这些规定在一定条件下成为进口国家限制进口的技术性贸易壁垒。

1. 技术标准

许多发达国家对许多进口制成品规定了极为严格、烦琐的技术标准，不符合标准的不准进口，其中有些规定往往是针对某些国家的。例如，法国禁止含有红霉素的糖果进口，从而有效地阻止了英国某些糖果的进口，因为英国的糖果在制造中普遍使用红霉素染料染色。

2. 卫生检疫规定

随着各国贸易战加剧，各国规定必须经过卫生检疫的商品越来越多，卫生标准也越来越高，广泛地利用卫生检疫规定(Health and Sanitary Regulations)限制商品进口。例如，日本、加拿大和英国等要求花生中黄曲霉素含量不得超过百万分之二十，花生酱不超过百万分之十；否则，不准进口。

3. 商品包装和卫生检疫规定

许多发达国家对于进口商品的包装材料、包装形式、标签、使用的文字等都有详细规定，而且差异很大。例如，法国禁止容量和本国不同的罐头进口，加拿大规定进口食品的标签必须以英文和法文标明，并在明显地方标明商品重量和生产者的地址；否则，不准进口。

出口国为适应这些规定，不得不重新包装和改换商品标签，费时费工，增加成本，削弱了商品的竞争力，影响了商品的出口。

拓展阅读

1999年10月，欧盟对中国出口的部分酱油进行抽查，发现其中氯丙醇严重超标，随即全面禁止了中国酱油的进口。氯丙醇是一种“有可能引发癌症”的物质。随后的检验证实，酿造酱油不存在氯丙醇问题，只有配制酱油中才可能含有氯丙醇。氯丙醇已成为中国酱油生产企业的心腹大患。事件发生后，欧盟表示将组建代表团到中国检查。但出人意料的是，中国进出口商品检验检疫局推荐的14家酱油标准生产企业却很少有人欢迎欧盟代表团的到来。这14家企业中，广东、福建等省份占了13家。

广东、福建等省的酱油生产企业则担心，广式酱油中颇占分量的草菇老抽、鲜虾生抽等产品，都是在酿造酱油中添加草菇或海产品提取液。

若按照新制定的酿造酱油、配制酱油国家标准，广式酱油很可能被划入配制酱油之列，而配制酱油则不可避免地和氯丙醇挂上了钩。这就意味着，广式酱油将很可能在欧洲市场被判死刑，几百万美元的市场份额将从此失去。据资料显示，当时广式酱油已占到全国产量的40%，出口的50%。这份公文可谓非同小可，因为对它的处置，将关系到广东省500余家、福建等省份数百家广式酱油生产企业的生死。

（十三）绿色贸易措施

绿色壁垒(Green Barriers，GBs)也称为环境贸易壁垒(Environmental Trade Barriers，ETBs)，是指为保护生态环境而直接或间接采取的限制甚至禁止贸易的措施。绿色壁垒通常是进出口国为保护本国生态环境和公众健康而设置的各种保护措施、法规和标准等，也是对进出口贸易产生影响的一种技术性贸易壁垒。它是国际贸易中的一种以保护有限资源、环境和人类健康为名，通过蓄意制定一系列苛刻的、高于国际公认或绝大多数国家不能接受的环保标准，限制或禁止外国商品的进口，从而达到贸易保护目的而设置的贸易壁垒。绿色壁垒产生于20世纪80年代后期，90年代开始兴起于各国。例如：美国拒绝进口委内瑞拉的汽油，因为含铅量超过了本国规定；欧盟禁止进口加拿大的皮革制品，因为加拿大猎人使用的捕猎器捕获了大量的野生动物；20世纪90年代开始，欧洲国家严禁进口含氟利昂冰箱，导致中国的冰箱出口由此下降了59%。这些都是由于绿色壁垒而产生的一系列事件。

拓展阅读

自2011年7月1日起，我国输美家具企业将遇到迄今为止最为苛刻的一项环保法案——美国《复合木制品甲醛标准法案》。该法案的甲醛限量标准将大幅度提高，以家具的刨花板为例，我国现行国家标准是参照欧盟限量标准制定的，其甲醛释放量不得超过90mg/kg，而美国新法案规定的刨花板甲醛释放量为不得超过0.09mg/kg，整整高出我国标准1000倍。

（十四）社会标准壁垒

社会壁垒是指以劳动者劳动环境和生存权利为借口而采取的贸易保护措施。社会壁垒由各种国际公约的社会条款(包括社会保障、劳动者待遇、劳动权利、劳动技术标准等条款)构成，它与公民权利和政治权利相辅相成。社会条款的提出是为了保护劳动者的权益，本来不是什么贸易壁垒，但被贸易保护主义者利用为削弱或限制发展中国家企业产品低成本而成为变相的贸易壁垒。

社会壁垒由社会条款而来，社会条款并不是一个单独的法律文件，而是对国际公约中有关社会保障、劳动者待遇、劳工权利、劳动标准等方面规定的总称，它与公民权利和政治权利相辅相成。

国际上对此关注由来已久，相关的国际公约有100多个，包括《男女同工同酬公约》、《儿童权利公约》、《经济、社会与文化权利国际公约》等。国际劳工组织(ILO)及其制定的上百个国际公约，也详尽地规定了劳动者权利和劳动标准问题。为削弱发展中国家企业因低廉劳动报酬、简陋工作条件所带来的产品低成本竞争优势，1993年在新德里召开的第13届世界职业安全卫生大会上，欧盟国家代表德国外长金克尔明确提出把人权、环境保护和劳动条件纳入国际贸易范畴，对违反者予以贸易制裁，促使其改善工人的经济和社会权利。这就是当时颇为轰动的“社会条款”事件。此后在北美和欧洲自由贸易区协议中也规定，只有采用同一劳动安全卫生标准的国家与地区才能参与贸易区的国际贸易活动。

目前，在社会壁垒方面颇为引人注目的标准是SA 8000，该标准是从ISO 9000系统演绎而来，用以规范企业员工职业健康管理。通过论证的公司会获得证书，并有权在公司介绍手册和公司信台头处印上SGS－ICS论证标志和CEPAA标志。此外，它们还可得到SA 8000证书的副本用于促销。欧洲在推行SA 8000上走在前列，美国紧随其后，欧美地区的采购商对该标准已相当熟悉。目前全球大的采购集团非常青睐有SA 8000认证企业的产品，这迫使很多企业投入巨大人力、物力和财力去申请与维护这一认证体系，这无疑会大大增加成本。特别是发展中国家，劳工成本是其最大的比较优势，社会壁垒将大大削弱发展中国家在劳动力成本方面的比较优势。

【知识链接】

SA 8000认证的主要内容

(1) 童工。公司不应使用或者支持使用童工，应与其他人员或利益团体采取必要的措施确保儿童和应受当地义务教育的青少年的教育，不得将其置于不安全或不健康的工作环境或条件下。

(2) 强迫性劳动。公司不得使用或支持使用强迫性劳动，也不得要求员工在受雇起始时交纳“押金”或寄存身份证件。

(3) 健康与安全。公司应具备避免各种工业与特定危害的知识，为员工提供健康、安全的工作环境，采取足够的措施，最大限度地降低工作中的危害隐患，尽量防止意外或伤害的发生；为所有员工提供安全卫生的生活环境，包括干净的浴室、厕所、可饮用的水；洁净安全的宿舍；卫生的食品存储设备等。

(4) 结社自由和集体谈判权。公司应尊重所有员工自由组建和参加工会以及集体谈判的权利。

(5) 歧视。公司不得因种族、社会等级、国籍、宗教、身体、残疾、性别、性取向、工会会员、政治归属或年龄等而对员工在聘用、报酬、培训机会、升迁、解职或退休等方面有歧视行为；公司不干涉员工行使信仰和风俗的权利和满足涉及种族、社会阶层、国籍、宗教、残疾、性别、性取向、工会会员和政治从属需要的权利；公司不能允许强迫性、虐待性或剥削性的性侵扰行为，包括姿势、语言和身体的接触。

(6) 惩戒性措施。公司不得从事或支持体罚、精神或肉体胁迫以及言语侮辱。

(7) 工作时间。公司应遵守适用法律及行业标准有关工作时间的规定，标准工作周不得经常超过 48 小时，同时，员工每 7 天至少有一天休息时间。所有加班工作应支付额外津贴，任何情况下每位员工每周加班时间不得超过 12 小时，且所有加班必须是自愿的。

(8) 工资报酬。公司支付给员工的工资不应低于法律或行业的最低标准，并且必须足以满足员工的基本需求，以及提供一些可随意支配的收入并以员工方便的形式如现金和支票支付；对工资的扣除不能是惩罚性的并应保证定期向员工清楚详细地列明工资、待遇构成；应保证不采取纯劳务性质的合约安排或虚假的学徒工制度以规避有关法律所规定的对员工应尽的义务。

(9) 管理系统。高层管理阶层应根据本标准制定公开透明、各个层面都能了解并实施的符合社会责任与劳工条件的公司政策，要对此进行定期审核；委派专职的资深管理代表具体负责，同时让非管理阶层自选出代表与其沟通；建立并维持适当的程序，证明所选择的供应商与分包商符合本标准的规定。

【案例讨论】

我国一家专门从事女装出口的制衣公司将一批成衣按订单要求发往德国时，却被拒之门外。纳闷不已的经营者被告知：不是服装尺寸不对路，而是小小的纽扣出了大问题——不符合环保要求。制衣公司当即与纽扣厂联系。从来没有听说过纽扣还有环保问题的厂家赶紧按要求重新制作了一批纽扣，换了纽扣后这批服装才得以“过关”。

纺织品出口在欧盟国家的检验中有几项重要的指标就是染料中的偶氮和 19 种分散染料(染原料的几种有害化学成分)是否超标。入世后，作为纺织大县的绍兴出现了空前的出口好势头，但不少绍兴纺织品在欧洲国家屡屡受挫，多数问题出在染料上。要解决这个问题，光印染企业、服装厂急还不行，而是要从为印染提供染料的化工行业抓起。

虽然国内有数百家生产染料的企业，但环保型的活性染料市场有 6 成以上被德国巴斯夫等国外大公司所控制，其价格相当于国内企业的 2 倍。由于国内同类染料的性能不够稳定，纺织品出口企业还是忍痛花高价买进口染料。而一用进口染料，我国纺织品的原有价格优势就岌岌可危。如果在绿色壁垒上不突破的话，我国仍然继续会受制于人，与巨大的商机擦肩而过。

其实早在 1998 年，我国 A 公司有一批价值 100 万元的纺织品出口到欧洲。结果在检测中出了问题，说是布料里有一种化学成分对人体有害，要退货。这批货又漂洋过海回到了国内，退货中转的各种费用差不多超过布料本身的价格了。100 万元莫名其妙地打了水漂，企业上下都感到不可思议：布料是好的，颜色也是对路的，怎么会在染料上出问题?

当初，国内化工行业还没有环保染料，A 公司就用国外的，尽管在大力开源节流之后，成本还是高了 30%，出口几乎无利可图，但是 A 公司下定决心，要在世界市场上打响这张“绿色”牌。集团不仅将染料全部改为环保型产品，还斥资 200 多万元在企业内部建立了检测中心。

破解了绿色壁垒后的 A 公司如同掌握了阿里巴巴“芝麻开门”的秘诀一样，顺利打开了欧洲市场，并牢牢占据了世界市场中的份额。这家 10 多年前还名不见经传的民营企业，去年在全国印染行业中创下了产量、销售、出口 3 项全国冠军，外贸出口超过 1 亿美元，产品行销 75 个国家，其中，欧美国家占了 40%。绿色壁垒不可怕，关键是要图“破壁”。

试分析中国纺织品出口企业该如何应对发达国家的绿色贸易壁垒。

【知识要点提醒】

非关税壁垒是指一国政府采取除关税以外各种限制进口的措施。非关税壁垒种类繁多，其目的都是调节、管理、控制本国对外贸易活动，通过限制进口，以保护国内市场和国内产业的发展。

任务四 促进出口与出口管制

【任务目标】

1. 掌握鼓励出口主要的措施，重点掌握出口信贷、商品倾销及外汇倾销的概念。
2. 掌握出口管制的目的和常见措施。
3. 了解出口管制的商品类型。

【任务引入】

2004年2月，中国进出口银行与A通信签署合作协议，根据协议，中国进出口银行将在未来3年内，为A通信提供5亿美元的出口买方信贷额度，用于支持A通信的国际化战略。

A通信表示，国际市场是最近几年A通信最重要的战略市场之一。2003年，A通信海外市场合同销售额突破6亿美元，比2002年增长1倍以上。2004年，A通信开拓海外市场的深度和广度将进一步加强。而随着国际竞争的加剧，融资服务越来越成为市场竞争的重要手段。此次与中国进出口银行合作，将大大增加A通信与跨国电信设备企业竞争的筹码。A通信将充分利用进出口银行给予的政策性金融支持，继续推动公司国际化步伐，向世界级卓越企业迈进。

近年来，全球电信运营业增长势头变缓，电信设备制造商之间的竞争愈演愈烈。除了品牌、技术、质量、价格、服务，融资条件的竞争也逐渐发展成为各厂商竞争的决定性因素之一，特别是政策性金融机构的支持和融资方式的选择往往在国际电信项目招标中起到关键作用。众多国际电信制造商都在积极寻求利用融资手段，尤其是买方信贷，和银行联合起来，共同为客户提供资金解决方案。鉴于国际电信市场的这种竞争态势，为提高我国通信制造业在国际舞台上的竞争地位，进一步扩大出口，A通信与中国进出口银行反复洽谈，终于达成了此次合作协议。

作为支持我国开放型经济发展的国家出口信用机构，成立10年来，中国进出口银行始终把支持高技术含量、高附加值的机电产品和高新技术产品扩大出口作为融资重点，综合运用多种政策性金融工具，支持我国有比较优势的企业走出国门。

讨论题：

(1) 什么叫出口信贷？

(2) 中国进出口银行提供的出口信贷对A通信有什么帮助？

【知识内容】

一、鼓励出口的措施

(一) 出口信贷

出口信贷(Export Credit)是指一个国家为了鼓励商品出口，加强商品的竞争能力，出口国家的银行对本国出口厂商或国外进口厂商提供的贷款。它是一国的出口厂商利用本国银行的贷款扩大商品出口，尤其是扩大成套设备、飞机、船舶等金额较大、交易期限较长的商品出口的一种重要手段。出口信贷主要有卖方信贷和买方信贷两种。

1. 卖方信贷

卖方信贷(Supplier's Credit)是出口方银行向出口厂商(即卖方)提供的贷款。这种贷款的合同由出口厂商与银行之间签订。由于成套设备、飞机、船舶等商品出口所需的资金较大，时间较长，进口商一般都要求采用延期付款的办法，出口厂商为加速资金周转，往往需要取得银行的贷款，所以卖方信贷是银行直接资助出口厂商提供延期付款优惠，以促进商品出口的一种方式。卖方信贷实际上是出口厂商从供款银行取得贷款后，再向进口厂商提供延期付款的一种商业信用。

2. 买方信贷

买方信贷(Buyer's Credit)是出口方银行直接向外国进口商(即买方)或进口方银行提供的贷款。其附带条件是贷款必须有用于购买债权国的商品，因而起到促进商品出口的作用，这就是所谓的约束性贷款。买方信贷即可使出口厂商较快得到货款和减少风险，也可使进口厂商对货价以外的费用较清晰，便于与出口商讨价还价。因此，该方式目前较为流行。

(二) 出口信贷国家担保制

出口信贷国家担保制(Export Credit Guarantee System)是指国家为了扩大出口，对于本国出口厂商或商业银行向外国进口厂商或银行提供的信贷，由国家设立的专门机构进行出面担保，当外国债务人拒绝付款时，由这个国家担保机构按照承保的数额给予赔偿。例如，英国的出口信贷担保署、法国的对外贸易保险公司等就是从事这项业务的专门机构。

(三) 出口补贴

出口补贴(Export Subsidies)又称出口津贴或出口奖励金，是指一些国家的政府为了降低其国内出口商品的价格，增强其在国外市场上的竞争力，给予出口厂商的现金补贴或在财政上的优惠措施。出口补贴的方式有直接补贴和间接补贴两种。

1. 直接补贴

直接补贴即出口厂商在政府政策支持下，以较低价格出口，政府对出口厂商支付现金补贴，以弥补其低价出口所受的损失，确保其能得到一定的利润。一般来说，补贴的额度是该商品国内市场价格与出口价格的差额。

2. 间接补贴

间接补贴即政府对出口商品在税收、运费、物资供应或汇率等方面给予优惠待遇，使出口商减少税费支出，降低出口成本，从而提高出口商品竞争力。间接补贴主要包括：退还或减免出口商品所缴纳的国内税；某些进口的原料或半成品加工制成后出口时，暂免进口税或返还已纳进口税；免征出口税；优惠向出口商供应物资和劳务；对出口商的国内运费给予优惠；对出口所得外汇收入使用优惠汇率；等等。

(四) 商品倾销

商品倾销(Dumping)是指以低于国内市场的价格，甚至低于商品生产成本的价格，在国外市场上抛售商品，打击竞争者以占领市场。按商品的倾销目的和倾销程度不同，商品倾销可分为 3 种。

1. 偶然性倾销

偶然性倾销是指因为销售已过，或公司改变经营方向，在国内市场上不能售出库存积压商品，降价向国外抛售，其目的是清理库存，实现资金周转。这种情况下进口国较少采取反倾销措施。

2. 间歇性倾销

间歇性倾销是指以低于国内和国际市场价格的低价，大量向国外某市场推销商品，其目的是挤垮竞争对手，阻碍进口国同类商品生产或迫使竞争对于返出市场，待占据了进口国市场后，再提高价格，以攫取高额垄断利润。在这种情况下，许多进口国都采取反倾销措施进行抵制。

3. 长期性倾销

长期性倾销是指出口商长期以低于国内的价格，在国外市场上出售商品，其出口价格至少应高于边际成本，否则货物出口将长期亏损。因此，倾销者往往采用"规模经济"的方法，扩大生产以降低成本。有的出口厂商还可通过获取本国政府的出口补贴来进行这种倾销。

【课堂思考】

举例说明偶然性倾销、间歇性倾销与长期性倾销的区别。

(五) 外汇倾销

外汇倾销(Exchange Dumping)是出口厂商利用本国货币对外贬值的机会(即降低本国货币汇率)来扩大出口，争夺国外市场的特殊手段。当一国货币贬值后，出口商品以外国货币表示的价格降低了，提高了出口商品的竞争力，从而扩大了出口。不仅如此，在货币贬值后，货币贬值国家的进口商品的价格却上涨了，从而削弱了进口商品的竞争力。因此，货币贬值起到了促进出口和限制进口的双重作用。

当然，外汇倾销不能无限制和无条件地进行，只有具备以下两个条件时，才能起到扩大出口的作用：一是本国货币贬值的程度大于由此引起的国内通货膨胀的程度，本国货币对外贬值必然导致国内物价上涨，当出口商品的国内生产价格的上升水平达到或超过本国货币对外贬值程度时，外汇倾销扩大出口的作用消失；二是其他国家不同时实行同等程度的货币贬值和采取其他报复性措施，否则外汇倾销对出口的促进作用就会消失。

(六) 促进出口的行政组织措施

(1) 成立专门组织，研究与制定进出口战略，扩大出口。例如，美国设立了总统贸易委员会和贸易政策委员会等，英国、法国和日本也设立了类似的机构。

(2) 建立商业情报网，负责向出口厂商提供情报。例如，英国设立的出口情报服务处，其情报由英国220个驻外商务机构提供，然后由计算机分析处理，分成500种商品和200个地区或国别市场情报资料，供国内出口企业参考。

(3) 组织贸易中心和贸易展览会。设立贸易中心、组织贸易展览会是对外宣传本国产品、扩大出口的一个重要途径。贸易中心是永久性设施，可以提供陈列展览场所、办公地点和咨询服务等，如法国的巴黎博览会、我国的广州出口商品交易会。

(4) 组织贸易代表团和接待来访。例如，英国海外贸易委员会设有接待处，专门接待官方代表团和协助公司、社会团体来访，从事贸易活动。

(5) 组织出口商的评奖活动，对扩大出口成绩显著者，国家授予奖章、奖状，并通过授奖活动推广他们扩大出口的经验。例如，美国设立了总统“优良”勋章和“优良”星字勋章，得奖厂商可以把奖章式样印在他们公司的文件、包装和广告上。

【知识链接】

关于广交会

中国进出口商品交易会简称广交会，创办于1957年春季，每年春秋两季在广州举办，迄今已有五十余年历史，是中国目前历史最长、层次最高、规模最大、商品种类最全、到会客商最多、成交效果最好的综合性国际贸易盛会。自2007年4月第101届起，广交会由中国出口商品交易会更名为中国进出口商品交易会，由单一出口平台变为进出口双向交易平台。2012年10月15日，第112届广交会开幕，尽管受全球市场仍处于持续降温状态影响，但中国外贸发展的传统优势并未根本削弱。

广交会分春秋两季。春季开展时间一般是每年4月15日至5月5日；而秋季开展时间则是每年10月15日至11月4日。每季分3期举行，每期都有不同的参展范围。

第一期：大型机械及设备、小型机械、自行车、摩托车、汽车配件、化工产品、五金、工具、车辆(户外)、工程机械(户外)、家用电器、电子消费品、电子电气产品、计算机及通信产品、照明产品、建筑及装饰材料、卫浴设备、进口展区。

第二期：餐厨用具、日用陶瓷、工艺陶瓷、家居装饰品、玻璃工艺品、家具、编织及藤铁工艺品、园林产品、铁石制品(户外)、家居用品、个人护理用具、浴室用品、钟表眼镜、玩具、礼品及赠品、节日用品、土特产品(109届新编入)。

第三期：男女装、童装、内衣、运动服及休闲服、裘革皮羽绒及制品、服装饰物及配件、家用纺织品、纺织原料面料、地毯及挂毯、食品、医药及保健品、医疗器械、耗材、敷料、体育及旅游休闲用品、办公文具、鞋、箱包。

二、出口管制措施

出口管制(Export Control)也称出口控制，是指出口国政府通过各种经济和行政的措施，对本国出口贸易进行管制的行为。目前世界各国对外贸易虽主张贸易自由化，鼓励出口，限制进口，但由于国家的存在、各国政治和经济发展的不平衡、社会制度、意识形态和价值观念的差异，一些国家，特别是发达资本主义国家，为了达到一定的政治和经济目的，对某些商品，特别是战备物资与先进技术资料，实行限制出口或禁止出口。

(一) 出口管制的商品类别

(1) 战备物资和先进科学技术，其中包括武器、军事设备、军用飞机、军舰、先进的电子计算机及有关资料等。大多数国家对这类商品与技术资料均严格控制出口，出口必须领取出口许可证。

(2) 国内生产所需的短缺的各种原材料、半成品及国内市场供应不足的某些必需品，如英国的某些化学品、石油、药品、活牛、活猪，日本的矿产品、肥料以及某些食品，瑞典的废金属、生铁等都控制出口。

(3) 实行“自动出口限制”的商品，即为了缓和与进口国的贸易摩擦，在进口国的要求或压力下，“自动”控制出口的商品。如日本按照与美国达成的“自限”协定，控制对美国的汽车、钢铁出口。

(4) 对某些重要的文物、艺术珍品、贵金属等特殊商品，大多数都规定需特许才能出口。

(5) 被列入对进口国或地区实行经济制裁范围的商品。如联合国成员对被联合国通过决议予以制裁的国家，要进行出口管制。

(6) 为了有计划安排生产和统一对外实行出口许可证制的商品。如我国属于出口许可证制项下的商品有玉米、原油、人参、电扇、轮胎、机床等。

【知识链接】

中国为什么要实行出口管制

中国的出口管制工作始于 20 世纪 50 年代，随着时间推移，其内涵不断发生变化。特别是改革开放以来，为适应逐步建立社会主义市场经济体制、国家经济建设和国际形势发展的需要，中国形成了一整套行之有效的出口管制法律体系和管理体制。

多年来的实践证明，在特定时期里，在中国特有的管理体制下，中国政府以行政手段为主的出口管制是切实可行的。中国政府实行防扩散出口管制的立场非常明确，对军事装备和两用商品、技术的出口持严肃、认真、负责的态度，对敏感商品和技术采取的管制措施也是十分有效的。

中国政府根据本国的国情，参照国际通行的出口管制做法，遵循我国已签署的国际条约、公约以及政府对外所做的承诺，制定了一系列出口管制的行政规章，对国际社会普遍关注的敏感商品和技术实施出口管制。进入 20 世纪 90 年代，为适应逐步建立社会主义市场经济的新形势和法制化的需要，我国努力与国际接轨，开始着手建立并完善出口管制法律体系，健全出口管制管理机制，以加强管理的规范性、科学性和公开性。

(二) 出口管制的方式与措施

1. 出口管制的方式

(1) 单方面出口管制。是指一国根据本国的出口管制法案，设立专门的执行机构对本国某些商品出口进行审批和颁发出口许可证实行出口管制。例如，美国商务部的贸易管理局专门办理出口管制的具体事务，美国绝大部分受出口管制的商品的出口许可证都在该局办理。

(2) 多边出口管制。即几个国家政府，通过一定的方式建立国际性的多边出口管制机构，商讨和编制多边出口管制货单和出口管制国别，规定出口管制的办法等，以协调彼此的出口管制政策和措施，达到共同的政治和经济目的。例如，1949年成立的巴黎统筹委员会就是一个国际性的多边出口管制机构，该委员会的主要工作是编制和增减多边“禁运”货单，规定受禁运的国别或地区，确定“禁运”审批程序，加强转口管制，讨论例外程序，交换情报。

2. 出口管制的措施

（1）国家专营。对于一些敏感性商品的出口实行国家专营，由政府指定专门机构直接控制和管理。

（2）数量限制。通过发放出口许可证来控制出口商品的品种和数量。

（3）商品清单与国别分组。即将商品按照技术水平、性能和用途的不同，编制清单，明确规定某类商品出口到不同国家所要求的许可证。

（4）征收出口税。

（5）封锁禁运。这是最严厉的手段。

【知识链接】

关于巴黎统筹委员会

巴黎统筹委员会是对社会主义国家实行禁运和贸易限制的国际组织，正式名称为输出管制统筹委员会，简称巴统，1948年由美国发起，1949年11月正式成立，总部设在巴黎，会员国有美国、英国、法国、意大利、联邦德国、丹麦、挪威、荷兰、比利时、卢森堡、葡萄牙、加拿大、日本、希腊和土耳其。

巴统的组织机构有：咨询小组，是巴统的决策机构，由各会员国派高级官员参加；调整委员会，1950年成立，是对苏联东欧国家实行禁运的执行机构；中国委员会，1952年成立，是对中国实行禁运的执行机构。巴统的宗旨是执行对社会主义国家的禁运政策，禁运产品有3类，包括军事武器装备、尖端技术产品和战略产品。禁运货单有4类：Ⅰ号货单为绝对禁运者，如武器和原子能物质；Ⅱ号货单属于数量管制；Ⅲ号货单属于监视项目；中国禁单，即对中国贸易的特别禁单，该禁单所包括的项目比苏联和东欧国家所适用的国际禁单项目多500余种。巴统的禁运政策和货单常受国际形势变化影响，有时还把禁运限制同被禁运国家的社会制度、经济体制或人权联系一起。

【案例讨论】

美国商务部发布了美国出口管制新政策《战略贸易许可例外规定》，仍将中国排除在44个可享受贸易便利措施的国家和地区之外。对此，中国商务部新闻发言人姚坚回应称，美方依然维持对中国的这种歧视性做法，不符合中美建设相互尊重、互利共赢的合作伙伴关系定位，中方对此深感失望。此间分析人士普遍认为，美国言行不一并不稀奇。美国的做法不仅不利于中美贸易的健康发展，也将对美国出口增长造成冲击，损人不利己。

和往常一样，对于放松对华出口管制的允诺，美国再次爽约。在2011年5月举行的中美第三轮战略与经济对话上，美方对于放宽对华高科技产品出口管制的承诺并未体现在其近日公布的《战略贸易许可例外规定》中。不仅如此，美国还一如既往地把中国排除在可以享受美贸易便利化措施的国家和地区之外。

奥巴马政府5年出口倍增计划的一项重要措施，美国于2009年8月开始全面评估现行的出口管制体系，并于2010年8月31日正式启动出口管制体系改革程序。本次《战略贸易许可例外规定》的颁布是其出口体系改革的实质进展，是奥巴马政府出口管制体系改革计划当中的重要一步。该规定将44个国家和地区列入可享受美国贸易便利化措施的范围之内，而中国不在其列。

事实上，在2010年12月美国商务部公布的《战略贸易许可例外规定》修改意见中，就调整了164个出口目的地国家和地区的控制程序，名单上没有中国。长期以来，中美贸易摩擦不断，本可通过其他渠道来解决，但是美国一直实施《战略贸易许可例外规定》，损人不利己。

奥巴马政府面临连任压力，且美国经济复苏乏力，因此推行美国5年出口倍增计划，希望为本国经济发展做出努力。但是，颁布《战略贸易许可例外规定》并不是根本措施，未必能缓解其所谓的逆差，实现贸易平衡。对美国经济也不会有明显的拉动作用，不是从经济方面做出的决策，有一定战略性的目的。这种防范心理根深蒂固，没有看到中美贸易的长远发展。从长远看，美国对中国的歧视和限制只能激发中国加快自主创新的步伐，而且有利于推动欧洲国家与中国高技术领域的合作，最终的输家将是美国的企业。

案例中，美国对中国实行出口管制的是哪种行业？美国为什么要在该行业领域内对中国实行出口管制？

【知识要点提醒】

鼓励出口的措施主要有出口信贷、出口信贷国家担保制、出口补贴、商品倾销及外汇倾销。出口管制形式有单边出口管制与多边出口管制。

【项目小结】

1. 对外贸易政策是一国政府为了实现保护本国市场、扩大商品出口、积累资本和技术等目的而制定有关贸易方针、法规及措施。对外贸易政策归纳为3种基本类型：自由贸易政策、保护贸易政策和管理贸易政策。

2. 关税是进出口商品经过一国关境时，由该国政府所设置的海关向本国进出口商所征收的一种税。关税和非关税措施主要用于管理进口贸易，目的在于限制外国商品的大量进入。

3. 非关税壁垒是指关税以外的一切限制进口的各种措施，它和关税壁垒一起成为政府干预贸易的政策工具。非关税壁垒有直接和间接两大类：前者是指进口国对进口商品规定进口的数量和金额，以限制或迫使出口国直接按规定的出口数量和金额限制出口；后者是指进口国未直接规定进口商品的数量或金额，而是对进口商品制定种种严格的限制条件，间接地影响和限制商品的进口。

4. 政府制定鼓励出口的措施，目的在于促进或鼓励本国出口贸易的发展，提高本国产品在国际市场上的竞争力，增加外汇收入。但由于各国政治和经济发展的不平衡、社会制度、意识形态和价值观念的差异，很多国家为了达到一定的政治和经济目的，对某些商品，特别是战备物资与先进技术资料，实行限制出口或禁止出口。

【项目演练】

一、判断题

1. 只要出口国使用补贴，有关进口国就会征收补贴税以防止不公平竞争。（ ）
2. 资本主义垄断时期帝国主义国家开始转向实行新贸易保护政策。（ ）
3. 出口信贷作为鼓励出口措施，都是通过对进口商给予延期付款的优惠来促进的。（ ）
4. 关税是海关直接向本国进出口商征收，但属于间接税。（ ）
5. 歧视性的政府采购政策是指政府规定本国企业在采购时要优先购买进口产品。（ ）
6. 出口信贷国际担保制承保的风险有政治风险和经济风险。（ ）
7. 卖方信贷是指出口方银行贷款给国外进口商或进口商银行的贷款。（ ）
8. 外汇倾销就是把本国外汇大量向国际市场上抛售。（ ）
9. 海关征收的关税叫做保护关税，财政部征收的关税叫做财政关税。（ ）
10. 最惠国税与普通税率相比，其税率较低。（ ）
11. 只要出口国使用补贴，有关进口国就会征收补贴税以防止不公平竞争。（ ）
12. 出口管制的措施包括出口许可证和出口配额。（ ）

二、单项选择题

1. 某国对进口水杯征收从价税 15%，加征每只 15 美元的从量税，这是（ ）。

A. 选择税　B. 混合税　C. 从价税　D. 从量税

2. A 国规定 2009 年从 B 国进口打火机数量不得超过 100 万只，该贸易限制属于（ ）。

A. “自动”出口配额　B. 关税配额

C. 国别配额　D. 全球配额

3. 当一国货币对外贬值后，可起到双重作用的是（ ）。

A. 促进出口和促进进口　B. 限制出口和限制进口

C. 限制出口和促进进口　D. 促进出口和限制进口

4. 对外贸易政策的政策主体一般来说的是（ ）。

A. 各国政府　B. 民间机构　C. 企业　D. 个人

5. 美国、日本等国规定进口酒精饮料的消费税大于本国制品，这种措施属于（ ）。

A. 关税壁垒　B. 鼓励出口的措施　C. 非关税壁垒　D. 出口管制措施

6. 最惠国税与普通税率相比，其税率较（ ）。

A. 高　B. 相等　C. 低　D. 无法判定

7. 按国内价格与进口价格之间的差额征税的关税是（ ）。

A. 特惠税　B. 差价税　C. 最惠国税　D. 反补贴税

8. 进口国在总配额内按国别和地区分配一定的配额，超过该配额便不准进口，这是（ ）。

A. “自动”出口配额　B. 关税配额

C. 国别配额　D. 全球配额

9. 出口补贴作为一种鼓励出口的措施就是在出口某种商品时给予出口厂商(　　)优惠待遇。

A. 仅在现金补贴上的　　B. 仅在财政上

C. 仅在退还进口税上的　　D. 在现金补贴或财政上

10. 预付进口押金制中，进口商在指定银行存入的存款是(　　)。

A. 政府有补贴的　　B. 有息的

C. 无息的　　D. 由出口商承担

三、多项选择题

1. 对外贸易政策的内容包括(　　)。

A. 对外贸易总政策　　B. 进出口商品政策

C. 对外贸易国别政策　　D. 自由贸易政策

2. 出口管制的措施包括(　　)。

A. 设置海关障碍　　B. 进口许可证

C. 出口许可证　　D. 出口配额

3. 关税与其他税收一样，具有(　　)等特点。

A. 强制性　　B. 无偿性　　C. 固定性　　D. 补偿性

4. 普惠制的特点是(　　)。

A. 歧视性的　　B. 互惠的　　C. 非歧视性的　　D. 非互惠的

5. 常见的技术性贸易壁垒有(　　)。

A. 技术法规　　B. 技术标准　　C. 质量认证　　D. 合格评定程序

6. 从价税的主要优点在于(　　)。

A. 征收比较简单　　B. 税负明确，便于各国比较

C. 税负较为公平　　D. 物价下跌时，更能起到保护作用

7. 出口信贷国家担保制担保的风险包括(　　)。

A. 产品质量风险　　B. 延迟发货的风险

C. 政治风险　　D. 经济风险

四、实务操作题

1. 浏览中国海关总署网站，详细了解中国海关进出口关税税率税则。

2. 阅读下述材料，分析欧洲议会通过CR法案的目的是什么，我国企业应如何应对。

温州的打火机是温州人的骄傲，它把温州人“小商品，大市场”的理念演绎到了一种极致。一个小小的打火机，一年的产值达几十亿，占世界打火机市场份额的绝对优势。可从2002年4月份开始，温州的打火机厂商就笑不起来了。

2002年4月30日，欧盟议会通过了儿童防护法案，该法案以法律形式强制性规定，价格在2美元以下的打火机，必须设有儿童防护开启装置，否则一律不准进入欧洲市场销售。该法案的通过，意味着占有世界打火机市70%的中国温州厂商，将会失去相当大一部分市场份额，除10%左右高档打火机以外，长期以低廉价格竞争市场的温州大部分打火机生产、销售商，都面临着被驱逐出欧洲市场的危机。

项目四

区域经济一体化

QUYU JINGJI YITIHUA

【项目导读】

区域经济一体化是第二次世界大战后世界经济领域出现的一种新现象。随着科学技术和生产力的不断发展，各国经济冲破了国界的限制，朝着一体化方向发展。它形成一股强劲的浪潮，各国合作之深入、内容之广泛、机制之灵活、形式之多样，都是前所未有的。区域经济一体化的形成和发展，对世界经济格局产生了非常重要的影响，因而研究区域经济一体化的成因和实践已成为国际贸易政策和理论研究的一项重要内容。通过本项目的学习可以加深对这个问题的理解，认识到建立起符合中国国家利益的经济集团的必要性。

任务一　区域经济一体化概述

【任务目标】

1. 掌握区域经济一体化的含义和形式。
2. 分析区域经济一体化对国际贸易的影响。

【任务引入】

《中国—哥斯达黎加自由贸易协定》(下称“中哥自贸协定”)经中哥双方友好协商并书面确认，于2011年8月1日起正式生效，成为中国达成并实施的第10个自贸协定。

中哥自贸协定覆盖领域全面、开放水平较高。在货物贸易领域，中哥双方将对各自90%以上的产品分阶段实施零关税，共同迈进“零关税时代”。中方的纺织原料及制品、轻工、机械、电器设备、蔬菜、水果、汽车、化工、生毛皮及皮革等产品和哥方的咖啡、牛肉、猪肉、菠萝汁、冷冻橙汁、果酱、鱼粉、矿产品、生皮等产品将从降税安排中获益。在服务贸易领域，在各自对世贸组织承诺的基础上，哥方将在电信服务、商业服务、建筑、房地产、分销、教育、环境、计算机和旅游服务等45个部门或分部门进一步对中方开放，中方则在计算机服务、房地产、市场调研、翻译和口译、体育等7个部门或分部门对哥方进一步开放。双方还在知识产权、贸易救济、原产地规则、海关程序、技术性贸易壁垒、卫生和植物卫生措施、合作等众多领域达成广泛共识。

中哥自贸协定谈判于2009年1月正式启动。经过一年多时间的密集磋商，中哥双方于2010年4月正式签署自贸协定。中哥自贸协定的谈判和签署，体现了中哥两国通过加强合作，共同深化经贸关系和携手实现互利共赢的决心和信心。中哥自贸协定的正式实施将促使双边货物贸易、服务和投资等领域的合作深入发展，并为两国进一步发展双边关系注入新的活力与内涵。近年来，中哥在双边贸易、投资、承包劳务等领域进行了良好的合作，双边经贸往来呈现出高速发展的态势。哥方已经成为中国在中美洲地区的重要贸易伙伴，中方也成为继美国之后哥方的第二大贸易伙伴。

讨论题：

(1) 什么是自由贸易区？它有什么特点？
(2) 自由贸易区的建立对区域内外国家分别会产生哪些影响？

【知识内容】

一、区域经济一体化的含义

要了解区域经济一体化(Regional Economic Integration)的含义，首先要解释经济一体化的内涵。早在1951年，荷兰经济学家丁伯根在著作《论经济政策》中首次提出此概念，并在1954年的《国际经济一体化》论著中有详尽和系统的解释，他认为“经济一体化就是将有关阻碍经济最有效运行的人为因素加以消除，通过相互协调与统一，创造最适应的国际经济结构”。此后，西方经济学家从多个角度对经济一体化进行了定义。如美国经济学家巴拉萨指出，“我们建议把一体化定义为既是一个过程，又是一种状态。就过程而言它包括旨在消除各国经济单位之间差别的种种举措；就状态而言，则表现为各国间各种形式的差别待遇的消失。”波兰经济学家查尔斯托斯基回避“过程”或“状态”之分，指出经济一体化的本质是劳动分工，即“按国际劳动分工的要求调整各种的经济结构。”

综上所述，本书认为区域经济一体化是指区域内两个或两个以上国家或地区通过制定统一经济贸易等政策，减少和消除国别间阻碍经济贸易发展的壁垒，实现区域内共同协调发展和资源优化配置，以促进经济贸易发展，并最终形成一个经济贸易高度协调统一的整体。

二、区域经济一体化的形式

各国或地区根据各自的具体情况和条件，以及各自的目标和要求而组成了不同形式的区域经济一体化组织。不同的组织形成反映了经济一体化的不同发展程度，反映了成员国或地区之间经济干预和联合的深度与广度。根据商品和生产要素自由流通的差别以及各成员国政策协调程度的不同，可以将区域经济一体化程度由低到高的顺序分为 6 种形式，即优惠贸易安排、自由贸易区、关税同盟、共同市场、经济联盟和完全经济一体化。

（一）优惠贸易安排

优惠贸易安排(Preferential Trade Arrangement)是区域经济一体化最低级最松散的一种形式。主要是成员方之间通过协商达成协议，对全部或部分货物相互给予特别的关税或非关税优惠，但对非成员方的进口商品，仍保留各自对外的贸易壁垒。如英国与其他成员国之间建立的大英帝国特惠制，以及早期的“东南亚”国家联盟属于这一类。

某些实行特惠贸易安排的区域最终发展成为自由贸易区，如 1977 年的《东南亚国家联盟的特惠贸易安排》后来发展成为东盟自由贸易区。

（二）自由贸易区

在自由贸易区(Free Trade Area，FTA)内，其成员国之间取消一切关税和非关税的贸易障碍，逐步实行区域内商品自由流通，但各成员国仍保留独立的对非成员国家的关税和其他贸易壁垒，并且这种贸易壁垒有很大差别。世界上存在最长的自由贸易区是 1960 年成立的欧洲自由贸易联盟(EFTA)；目前最大的贸易区则是 1992 年建立的北美自由贸易区(NAFTA)，包括美国、加拿大和墨西哥。

自由贸易区通常采用“原产地原则”，即自由贸易区内保持各自的海关检查机构，对商品的原产地进行严格检查。自由贸易区内商品的进出口需要提供原产地证，只有产自自由贸易区成员经济体内的商品才享有自由贸易及免征进口关税的待遇。

拓展阅读

中国—东盟自贸区是我国同其他国家商谈的第一个自贸区，也是目前建成的最大的自贸区，其成员包括中国和东盟十国，涵盖 18.5 亿人口和 1400 万平方公里。2013 年 3 月 14 日至 15 日，第十四次中国—东盟联合合作委员会会议于在印尼雅加达举行。

10年来，中国—东盟关系总体保持良好势头，在政治、经济、社会、安全以及地区和国际事务中的合作持续推进。中国与所有东盟国家确立了合作伙伴关系，领导人常来常往，双方为建立对话关系15周年、20周年分别举行纪念峰会，取得了重要成果。双方建成了发展中国家间最大的自贸区，贸易额从2002年的548亿美元跃升至2012年的4001亿美元，年均增长20%以上，投资额累计突破千亿美元。中国已成为东盟最大的贸易伙伴，东盟成为中国第三大贸易伙伴。每周往来于中国和东盟国家之间的航班有1000多个。去年双方人员往来超过1500万人次，互派留学生人数达到17万。与此同时，海上、科技、环保、教育、卫生、文化等领域的合作也不断取得新进展。中国设立了驻东盟使团，双方建成中国—东盟中心，打造了中国—东盟博览会、互联互通合作委员会、银联体、教育交流周等平台，为深入交流合作提供了机制保障。可以说，经过双方10年的共同努力，中国—东盟关系正处在一个全面发展的良好时期。

未来几年，对东盟共同体建设和中国的小康社会建设都是关键时期，中国—东盟关系面临着进一步深化、拓展、提升的重大任务。中国将继续奉行与邻为善、以邻为伴的外交政策，提出要使中国的发展更好惠及周边。中方愿同所有东盟同事共同努力，使中国—东盟联合合作委员会发挥好沟通、协调、促进作用，为双方各领域合作保驾护航，为双方睦邻友好和互利合作关系的深入发展奠定更为坚实的基础，为地区及至世界的和平与发展做出新的贡献。

【课堂思考】

为什么各国更多地选择自由贸易区形式而不是优惠贸易安排作为区域经济一体化的开端？

（三）关税同盟

关税同盟(Customs Union)是指成员国之间不仅完全取消关税和其他贸易壁垒，成一个统一的共同关境，而且执行共同的对外贸易政策，对集团外国家实行共同的、统一对外的关税壁垒和其他贸易限制措施。加入关税同盟的大多数国家都希望能实现更大程度的经济一体化，如1973年改建的“加勒比海共同体市场”属于典型的关税同盟。

关税同盟具有一定的超国家性质，成员方将关税的制定权让渡给区域经济一体化组织，因此，关税同盟对成员经济体的约束力比自由贸易区大。另外，随着成员国之间相互取消关税，各成员国的市场将完全暴露在其他成员国厂商的竞争之下。为保护本国的某些产业，各成员国往往采取一些更加隐蔽的措施，如非关税壁垒来保护本国的生产商。

拓展阅读

19世纪初，德国仍处于分裂和割据状态。在1815年新建立的德意志邦联内部，存在着各自为政的38个邦国，其中有10个是帝国城市。直到1834年，德国境内依然关卡林立，并存着多种商业法规、度量衡制度和几百种地方性货币。这严重地影响了国内市场的形成，阻碍了工商业的发展。

关税统一问题被提上了日程。拥有1050万人口的最强大邦国普鲁士，当时积极促进关税的统一。在新兴资产阶级的推动下，普鲁士政府于1818年首先实行改革，在境内废除关卡，取消消费税和国内关税的征收，宣布商品流转自由。对进口工业品仅课征10%的从价税，同时允许原料免税输入。前者符合容克地主的要求，但却违反资产阶级的利益，后者受到工业资本家欢迎，但引起了地主阶级的不满。双方围绕着税率问题进行着尖锐的斗争。

普鲁士废除内地关税对其他邦国有很大影响。在普鲁士带动下，北德6个邦国于1826年成立关税同盟，参加同盟的各邦国之间的关税取消了。1827年，南德两个大邦国巴伐利亚和符腾堡组成南德关税同盟，后来其他一些南德邦国也参加进来。1828年，汉诺威、萨克森、图林根各邦国和汉萨城市组成了对抗普鲁士的中德关税同盟。但在普鲁士的压力下，它于1831年瓦解了。

1833年，由普鲁士领导的德意志关税同盟组成，参加的各邦国订立了为期8年的关税协定，协定自1834年1月1日起生效。以后每逢协定到期即再行延长。开始时，这一同盟联合了北德18个邦国，1835年巴登公国、拿骚公国和美因河畔法兰克福加入后，领土共计8.2万平方英里(超过当时德国领土2/3)，人口2500万人。只有汉诺威等一部分邦国未加入同盟。

(四) 共同市场

共同市场(Common Market)在内部不仅实行关税同盟的各项政策，即实行成员国内部的自由贸易和统一对外关税政策，还允许资本、劳动力等生产要素在成员国之间自由流动。可以理解为，共同市场就是允许生产要素跨成员国边境自由流动的关税同盟。如20世纪70年代的欧共体已处在这一阶段，它于1957年由前西德、法国、意大利、比利时、荷兰、卢森堡6国倡导下经过十几年的努力才得以形成。

共同市场的建立需要成员国让渡多方面的权利，主要包括进口关税的制定权；非关税壁垒特别是技术标准的制定权；国内间接税率的调整权，干预资本流动权等。这些权利的让渡表明，一国干预经济的权利在削弱，而区域经济一体化组织干预经济的权利在增强。

【课堂思考】

关税同盟和共同市场有何异同点?

(五) 经济联盟

经济联盟(Economic Unions)就是各成员国之间不仅商品与资本、劳动力等生产要素可以自由流动外，而且还要求制定和执行某些共同经济政策(包括货币政策、财政政策)和社会政策(如社会福利政策)，使一体化的程度从商品交换扩展到生产、分配乃至整个国民经济，形成一个庞大的经济集团。欧洲经济联盟就是最具有代表性的经济联盟。

经济同盟意味着，各成员国不仅让渡了建立共同市场所需让渡的权利，而且更重要的是成员国让渡了使用宏观经济政策干预本国经济运行的权利。特别是其成员国不仅让渡了干预内部经济的财政和货币政策保持内部平衡的权利，而且让渡了干预外部经济的汇率政策维持外部平衡的权利。

（六）完全经济一体化

完全经济一体化(Complete Economic Integration)是区域经济一体化的最高和最终阶段，它除了要求各成员国完全消除商品、资本和劳动力等自由流动的人为障碍外，在经济、金融、财政等政策上完全实现统一化，并建立起共同体一级的中央机构和执行机构对所有事务进行控制。完全经济一体化的特征是形成一个类似于国家的经济一体化组织，就过程而言，是逐步实现经济及其他方面制度的一体化。欧盟正努力实现这一目标，就像“用一个声音说话”。

依照参与国合作的深入程度和内部贸易壁垒取消的程度，可以通过表 4-1 的形式来反映各类区域经济一体化的特征。需要说明的是，各成员方可以根据自身的具体情况决定经过一段时期的发展是停留在原有的形式上，还是向高一级区域经济一体化过渡，不存在低一级的一体化组织向高一级一体化组织升级的必然性，关键还是各成员方需要权衡自己的利弊得失。

表 4-1　区域经济一体化类型

区域经济一体化的基本特征	优惠贸易安排	自由贸易区	关税同盟	共同市场	经济联盟	完全经济一体化
特别优惠关税	有	有	有	有	有	有
商品自由流动	无	有	有	有	有	有
统一对外关税	无	无	有	有	有	有
生产要素自由流动	无	无	无	有	有	有
协调经济政策	无	无	无	无	有	有
政治、法律制度协调	无	无	无	无	无	有

三、区域经济一体化发展主要原因

（一）社会生产力高速发展的结果

第三次科技革命极大地促进了社会生产力的发展，也日益扩大了发达国家之间国际分工的范围，越来越多的商品、资本、劳动力、信息需要在国际间流通交换，然后这一经济生活国际化的发展趋势却受到各个国家关税与非关税壁垒的限制，阻碍了其进一步发展的可能。所以生产力的发展日益要求打破传统的国家界限，在国与国之间进行经济协调和联合。

（二）资本主义发展不平衡，世界政治经济多极化的产物

第二次世界大战以后，美、苏两个超级大国在欧洲形成了对峙，不满于“夹缝”地位的西欧国家为避免成为美苏争霸的牺牲品，维护国家主权，恢复和提高西欧的国际地位，迫切需要加强西欧内部的联合，这是欧洲经济共同体和欧洲自由贸易联盟出现的主要外因。随着西欧、日本的崛起，世界由两霸走向多极化，各国积极参与国际经济交流与合作，努力提高自己的国际地位，以应付日趋激烈的竞争，这是世界区域经济一体化的大背景。

（三）集团内各国家发展经济提高效率的需要

由于多边贸易体制受到挑战，贸易保护主义不断加强，技术竞争日趋激烈，各个国家或地区为了减少关税障碍，加强资金、技术和劳务合作，发挥区域内经济、技术、资源和人才优势，加速生产和商品的周转流通，使资源超越国界在更大的范围内自由配置，获得经济优势。

（四）维护民族经济与发展的需要

第二次世界大战以后，殖民体系纷纷瓦解，原殖民地附属国纷纷取得政治上的独立，但在经济上由于仍然受到发达国家的全面垄断控制，且多年殖民经济造成产业结构单一、国内市场狭窄、物质和技术能力薄弱、资金短缺，使它们难以单靠本国力量来建立起足以获得规模经济效益的工业体系。这种状况迫使这些国家或地区在保持发展与原宗主国经济联系的同时，努力加强彼此间的经济合作，走经济一体化的道路。

四、区域经济一体化对国际贸易的影响

（一）区域经济一体化对区域经济集团的影响

（1）促进了经济贸易集团内部贸易的增长。在不同层次的众多经济一体化集团中，通过削减关税或免除关税，取消贸易的数量限制，削减非关税壁垒形成区域性的统一市场，使经济相互依赖加深，成员国间贸易量显著增长。

（2）有助于加强了集团内部国际分工和技术合作。当今的国际贸易竞争重在技术竞争，各区域经济集团加强了内部科技的协调和合作，加速了产业结构的优化组合。经济一体化的建立有助于成员国之间科技的协调和合作。同时，经济一体化给区域内企业提供了重新组织和提高竞争能力的机会和客观条件。通过兼并或企业间的合作，促进了企业效率的提高，同时加速了产业结构调整，实现了产业结构的高级化和优化。

（3）增强和提高了经济贸易集团在世界贸易中的地位和谈判力量。组成区域经济集团，增强了区域组织的经济实力，加强了其对外谈判的力量，提高了在世界经济中的地位和“发言权”，从而有利于成员国贸易条件的改善。

（4）加强了经济集团内部资本的集中和垄断。由于贸易自由化和统一市场的形成，加

剧了成员国间市场的竞争、优胜劣汰，一些中小企业遭淘汰或被兼并。同时，大企业在市场扩大和竞争的压力下，力求扩大生产规模，增强资本实力，趋向于结成跨国的垄断组织。

（二）区域经济一体化对国际经济贸易的影响

（1）促进了国际贸易的发展。区域经济一体化组织对外贸易的迅速增长直接带动了世界贸易的增长，促进了国际分工的不断深化。地区经济一体化既是国际分工不断深化的要求，也促进了国际分工深化的进程，同时也加速了国际投资的发展。

（2）对发展中国家的经济发展造成不利，加剧世界经济发展的不平衡。一方面，工业发达国家间的关税，特别是非关税壁垒严重地影响了发展中国家本来就缺乏的强有力竞争能力的商品或服务的出口；另一方面，国际资本大量流入区域性经济贸易集团内部，以寻求安全的“避风港”和突破集团内部的贸易壁垒。这样，广大的发展中国家发展经济贸易急需的资本不能引进，加剧了其国内资金短缺的矛盾，阻碍了其经济贸易的发展和竞争力的提高，使南北经济差距进一步扩大。

可见，区域经济一体化具有双重性，它以对内自由贸易，对外保护贸易为基本特征。对内，由于取消关税和非关税壁垒，促进了内部贸易的自由化，使区域内各国间的生产专业化和国际分工更为密切和精细，使内部贸易迅速增长。从这一意义上来说，它是走向世界经济一体化的一个阶梯，使世界各国的经济变得更加难以分割。对外，由于贸易保护的加强，区域内部同外部国家间的贸易相对减弱，使本来很紧密的世界经济分成若干相互对立的区域，不利于世界经济一体化的发展。因此，世界各国应达成共识，规避区域经济一体化的积极影响，充分发挥其积极作用，努力将区域经济一体化汇入世界经济一体化的潮流之中。

【知识要点提醒】

区域经济一体化是指区域内两个或两个以上国家或地区通过制定统一经济贸易等政策，减少和消除国别间阻碍经济贸易发展的壁垒，实现区域内共同协调发展和资源优化配置，以促进经济贸易发展，并最终形成一个经济贸易高度协调统一的整体。按照一体化程度由低到高的顺序，区域经济一体化共有 6 种形式。

任务二　主要区域贸易集团的发展

【任务目标】

1. 了解 EU、NAFTA 和 APEC 主要发展历程。
2. 分析主要区域集团在国际贸易中的重要作用。

【任务引入】

1991 年 12 月 9—10 日，欧共体第 46 届首脑会议在荷兰的马斯特里赫特举行。12 个成员国经过激烈的讨价还价，草签了包括《经济联盟条约》和《政治联盟条约》两部分的《欧洲联盟条约》。因该条约是在马斯特里赫特签署的，故而又称作《马斯特里赫特条约》。

《政治联盟条约》确定了政治联盟的基本目标。为便于推行共同外交与安全政策，条约在决策方式上规定对某些决定可采取特定多数制，这是对至今实行的每项决定必须一致通过这一规定的重要补充。条约还准备把西欧联盟变为一个地区性防御机构，作为政治联盟的组成部分，实施与防务有关的决定。在防务问题上，由于英国反对建立欧洲独立财务体系，主张西欧联盟只作为北约的补充，而法德则主张把西欧联盟作为欧共体的防务机构，结果条约规定，把西欧联盟建设成欧共体的防务机构，负责制定欧洲的防务政策，同时与北约保持一定联系。条约还规定用5年时间让西欧联盟与北约把包括后勤在内的各项工作统一起来。

《经济联盟条约》确定了经济和货币的最终目标，规定至迟于1998年7月1日成立欧洲中央银行，并于1999年1月1日实行单一货币。按原先计划，如到1996年，有7个国家符合规定的经济标准(通膨率在5%以下，财政赤字不超过国民生产总值的3%，公共债务不超过国民生产总值60%)，便于1997年实行单一货币，但须由12国多数表决通过。条约规定，如届时达到上述标准的不到7国或多数表决未能通过，那么达到标准的国家至迟于1999年1月1日放弃本国货币而实行单一货币，其他国家待达到标准后参加。

实行经贸联盟的目标意味着成员国把货币决策管理的自主权转让给欧洲中央银行，这个超国家机构将承担起行使成员国货币主权的职能，以确保价格稳定及实现统一大市场在经济增长和就业方面的整体利益。

讨论题：

《马斯特里赫特条约》的意义是什么？

【知识内容】

从20世纪80年代中期以来，区域经济一体化组织不断发展，这种区域性组织不仅有经济水平相近的国家合作，而且有经济发展水平相距甚远的发达国家与发展中国家之间的联盟。本任务主要介绍欧洲、美洲及亚洲的区域经济合作组织的发展。

一、欧洲联盟

欧洲联盟(European Union，EU)是当今世界上一体化程度最高的区域政治、经济集团组织，发展历史最为悠久，也是当今全世界区域经济一体化组织中最成功的典型。它是在欧洲共同体(European Communities，EC)基础上发展而来的，见表4-2。

表4-2 欧盟的发展历程

名　称	成立或扩大时间	成员国
欧洲共同体(简称“欧共体”1993年11月更名为欧洲联盟)	1967年7月1日	6国：法国、联邦德国、意大利、荷兰、比利时、卢森堡
	1973年	9国：英国、爱尔兰、丹麦加入
	1981年	10国：希腊加入
	1986年	12国：葡萄牙、西班牙加入
欧洲联盟(简称“欧盟”)	1995年	15国：奥地利、瑞典和芬兰加入
	2004年5月1日	25国：爱沙尼亚、拉脱维亚、立陶宛、捷克、波兰、匈牙利、斯洛伐克、斯洛文尼亚、塞浦路斯、马耳他加入
	2007年1月1日	27国：保加利亚、罗马尼亚加入

(一) 欧共体的发展历程

欧洲共同体，是欧洲煤钢共同体、欧洲经济共同体和欧洲原子能共同体的统称。1951年4月18日，法、意、联邦德国、荷、比、卢6国签订了为期50年的《关于建立欧洲煤钢共同体的条约》，该条约于 1952 年 7 月 25 日生效，欧洲煤钢共同体正式成立。1955 年 6 月 1 日，参加欧洲煤钢共同体的 6 国外长在意大利墨西拿举行会议，建议将煤钢共同体的原则推广到其他经济领域，并建立共同市场。1957 年 3 月 25 日，上述 6 国外长在罗马签订了建立欧洲经济共同体与欧洲原子能共同体的两个条约，即《罗马条约》，于 1958 年 1 月 1 日生效。1965 年 4 月 8 日，6 国签订了《布鲁塞尔条约》，决定将欧洲煤钢共同体、欧洲原子能共同体和欧洲经济共同体统一起来，统称欧洲共同体。条约于 1967 年 7 月 1 日生效。欧共体总部设在比利时布鲁塞尔，由于该组织的成就和活力，吸引了新成员。

（二）欧共体在实施一体化进程中的主要成果

1. 建立了关税同盟

建立以取消各成员国之间关税为主要内容的关税同盟是欧共体一体化的起点。根据《罗马条约》的规定，关税同盟的建立将分为 3 个阶段，从 1958 年 1 月 1 日到 1969 年 1 月 1 日为期 12 年。1968 年 7 月 1 日，共同关税同盟即告建立，比罗马条约规定的时间提前一年半。这时共同体成员国之间全部取消了工业品关税，并实现了 10.7%的对外共同关税率，大大推动了共同体内部贸易的发展和商品的流通。

2. 实施了共同的农业政策

作为欧共体实施经济一体化政策另一支柱的共同农业政策的制定，相对比较艰难。它要求各国通过逐步取消彼此间农产品关税和统一农产品价格，以实现农产品在共同体的自由流通；同时，对进口农产品提高关税，以保护共同体内部的农业生产；建立共同的农业基金用于补贴出口等。由于各成员国中农业在国民经济所占比重不同，农业发展水平相差很大，所以上述共同农业政策的实施给不同成员国所带来的利益差异很大。法、意等农业发达国家在实施共同农业政策上比较积极，而联邦德国等工业发达国家则提出异议。经过长达 10 年的争吵和协商，六国终于在 1968 年达成有关农业政策的协议，8 月开始实施农产品统一价格，1969 年取消农产品的内部关税，实现了农产品在共同体的自由流通。

3. 建立欧洲货币体系

随着经济交往的逐步深入和相互依存关系的加强，建立货币同盟，实现各成员国的货币一体化成为必然趋势。共同体诞生初期就提出了货币合作的构想。根据《罗马条约》的有关精神，共同体在成立不久即成立了咨询性的“货币委员会”，并在 20 世纪 60 年代初筹建了“经济政策委员会”。为了减少美元危机对欧洲金融市场的不断冲击，1969 年 12 月，欧共体在海牙举行政府首脑会议，正式决定要建立经济和货币联盟。1978 年 12 月，共同体布鲁塞尔首脑会议通过重要决议：建立欧洲货币体系，其核心是建立欧洲货币单位，作为共同体的国际结算和储备手段；扩大共同体各成员国货币联合浮动体系，稳定各国货币之间的比价；建立货币合作基金，用以帮助成员国调节国际收支的不平衡。此决议原规定在 1979 年 1 月 1 日实行，后因故推迟到 1979 年 3 月正式生效。欧洲货币体系的建立是欧洲经济共同体走向货币联盟的重要一步。

4. 建立统一的内部大市场

1985 年 6 月欧共体首脑会议批准了建设内部统一大市场的白皮书。1986 年 2 月各成员国正式签署为建成大市场而对《罗马条约》进行修改的《欧洲单一文件》。统一大市场的目标是逐步取消各种非关税壁垒，包括有形障碍(海关关卡、过境手续、卫生检疫标准等)、技术障碍(法规、技术标准)和财政障碍(税别、税率差别)，于1993年1月1日起实现商品、人员、资本和劳务自由流通。1993年1月1日，欧共体宣布其统一大市场基本建成，并正式投入运行。

5. 马斯特里赫条约生效

1991年12月，第46届欧共体首脑会议在荷兰的马斯特里赫召开。会议通过了《经济与货币联盟条约》和《政治联盟条约》，统称《欧洲联盟条约》(简称《马约》)，提出的目标是：其一，1999年前(分三阶段进行)建成经济货币联盟，发行单一货币，建立欧洲中央银行；其二，实施共同的外交和安全政策；其三，实行司法内政合作，建立统一的警察力量，协调反毒、移民、避难等方面的政策。《马约》从1993年11月1日起生效。从此，欧共体称为欧洲联盟，这标志着欧共体朝着国家联盟的方向迈出了实质性的步伐。

6. 欧元的启动

1999年1月1日，欧元正式启动，欧盟15个成员国有11个国家参加。加入的条件包括：一是国内财政赤字不能超过GDP的3%，二是债务不是超过GDP60%，此外还有利率和物价标准，同时强调必须参加联合浮动。1999年1月1日至2002年1月1日为3年过渡期，发行了统一的欧洲货币欧元，欧元作为参加国非现金交易的“货币”，以支票、信用卡、股票和债券等方式进行流通。2002年1月1日，经过3年的过渡，欧洲单一货币——欧元正式进入流通。

【知识链接】

欧盟的组织机构

欧盟共有5个主要机构：欧洲理事会、欧盟理事会、欧盟委员会、欧洲议会、欧洲法院。其他重要机构还有欧盟审计院、欧洲中央银行、欧洲投资银行、经济和社会委员会、地区委员会、欧洲警察局和欧洲军备局等。

(1) 欧洲理事会(通常称为欧盟首脑会议或欧盟峰会)是欧盟的最高决策机构，由成员国国家元首或政府首脑及欧盟委员会主席组成，负责讨论欧洲联盟的内部建设、重要的对外关系及重大的国际问题。每年至少召开4次会议，6月底和12月底举行正式首脑会议，3月和10月举行特别首脑会议，也可在其他时间举行额外的首脑会议。欧洲理事会主席由各成员国轮流担任，任期半年。

(2) 欧盟理事会(简称理事会)，由来自欧盟各成员国政府的部长组成。主席由成员国轮任，任期6个月。它主要负责制定欧盟法律、法规和有关欧盟发展、机构改革的各项重大政策；负责共同外交和安全政策、司法、内政等方面的政府间合作与协调事务。任命欧盟主要机构的负责人并对其进行监督。

(3) 欧盟委员会，是欧洲联盟的常设机构和执行机构，负责实施欧洲联盟条约和欧盟理事会做出的决定，向理事会和欧洲议会提出报告和立法动议，处理联盟的日常事务，代表欧盟对外联系和进行贸易等方面的谈判等。

(4) 欧洲议会，是世界上唯一经直接选举产生的多国议会，也是欧盟内唯一经直接选举产生的机构。除和欧盟理事会共享立法权外，还有民主监督权及欧盟预算的决定权。

(5) 欧洲法院是欧洲联盟法院的简称，所在地是卢森堡，负责审理和裁决在执行欧盟条约和有关规定中发生的各种争执，确保遵守欧洲联盟的法律如共同体的法律、成员国签订或参加的条约，并依此作为司法的基础。

二、北美自由贸易区

北美自由贸易区(North American Free Trade Area，NAFTA)是由美国、加拿大和墨西哥于1992年8月12日达成协议，1994年1月1日生效而成立的，是世界上第一个由发达国家和发展中国家组成的区域经济集团，成为20世纪90年代世纪区域经济一体化深入发展的一个突出标志。北美自由贸易的产生和发展可以分成两个阶段：第一阶段是美国与加拿大之间实行自由贸易；第二阶段是美、加之间的自由贸易进一步扩大到包括墨西哥在内的整个北美地区。从1965年美国加拿大的《汽车自由贸易协定》，到1992年12月17日加、美、墨三国签署的《北美自由贸易协定》，这一世界最大的自由贸易区的产生也历经了将近30年的时间。

(一) 第一阶段：美加自由贸易区

美国和加拿大都是发达国家，语言相通、边界接壤，开展自由贸易有很多的条件。但是，长期以来两国没有能够像西欧那样一直朝自由贸易的方向努力，全面的自由贸易直到1988年才正式达成协议。

1965年，为了降低汽车生产成本，提高两国汽车在国际市场上的竞争力，加拿大与美国签订了在汽车及其零部件生产方面实行自由贸易的协议。其结果是，加拿大的汽车生产获得了规模经济的好处，效益大大提高。通过两国的专业化分工和同类产品的双向贸易，加拿大汽车工人的工资提高了将近30%，而汽车价格则从原来高于美国汽车10%左右的水平降低到与美国汽车价格接近的程度。

但是，这一局部的自由贸易在整个20世纪70年代并没有进一步扩大与发展。直到20世纪80年代后期，美加才开始有关全面自由贸易的谈判：一方面，加拿大朝野寻求经济文化独立的意识有所改变；另一方面，激烈的国际竞争和美加国际经济地位的相对削弱，使得双方都认识到进一步发展双边贸易的需要。美国1984年通过的《贸易关税法案》授权总统进行双边自由贸易谈判的权力。从1986年5月开始，美加自由贸易谈判进行了两年，终于在1988年签订了两国间自由贸易的协定。从1989年1月1日生效的美加《自由贸易协定》提出了10年内(即到1999年)彻底消除双方贸易壁垒的目标。同时，美加两国还建立了一套解决相互间贸易纠纷的制度和机构。在服务业和投资方面，协议也提出了逐步降低与取消限制的规定。

自协议生效后，美加两国的经济贸易相互依存关系不断加深，双边贸易额从1987—1988年的1420亿美元增加到1989—1990年的1710亿美元。

(二) 第二阶段：北美自由贸易区

在美加自由贸易协定生效一年之后，美国决定将这一自由贸易区扩大到南部的墨西哥。在1990年6月美墨最高会晤中，美国总统布什提出了这一建议。从经济上说，美国看到了墨西哥的潜在市场。当时的墨西哥已是美国第三大出口国，购买美国7%的出口商品。而且，墨西哥是一个理想的投资地区，劳动力便宜，生产成本低，又是美国邻国，商品的自由贸易能够使美国在墨西哥的投资更加有利可图。从政治上看，当时在美国执政的是共和党政府，在经济政策中，共和党比较信奉“自由放任”、“市场调节”和“自由贸易”的原则。这对于北美自由贸易区的建立有推动作用。

20 世纪 80 年代以后墨西哥实行的对外开放政策为 NAFTA 的建立创造了可能性。正如同同一时期大量的发展中国家开始推行对外开放的贸易政策一样，发达国家和发展中国家的贸易往来改变了第二次世界大战后长期维持的传统贸易模式。加上便利的交通和通信技术的迅猛发展，加拿大的原材料、墨西哥的劳动力与美国的技术管理相结合，为 NAFTA 的建立和发展展现了光明前景。美墨的正式谈判始于 1991 年，一年后的 1992 年 12 月 17 日，美国、墨西哥和加拿大三国政府首脑签署了《北美自由贸易协定》(North America Free Trade Agreement)。美墨谈判之顺利迅速，与当时美国经济不景气、持续不下的巨额外贸逆差和大选之年总统急于摆脱经济困境以争取连任等因素是分不开的。1993 年 11 月，《北美自由贸易协定》被三国国会先后批准。

《北美自由贸易协定》一共包括 19 个主要条款，约 2 万条规定，主要涉及三国之间的商品、劳务贸易和投资自由化、知识产权保护、贸易争端解决等诸多方面，后来应美国的要求又加上了有关环境保护和劳工平行协议方面的内容。协定生效后，在关税和非关税方面，三国间约 65%的制成品关税立即取消；在 15 年的过渡期内，最终完全取消全部产品的关税，同时取消产品配额、许可证等各种非关税壁垒。在金融服务业和投资方面，协定规定各成员国要在农林、矿产、房地产建筑业、旅游、通信、金融和保险等领域互为国民待遇。墨西哥由此而放弃了长期坚持的永久限制美国公司在墨金融领域占有份额的立场，并开放了以往相对封闭的电信设备和服务市场。除此而外，《北美自由贸易协定》还规定了严格的“原产地原则”，以防止其他国家利用墨西哥向美加市场的渗透。

1994 年 1 月 1 日起，这个全球最大的“自由贸易区”正式开始运转，3000 种类别的关税被取消，相关产品加上此前已享受免税待遇的商品共有 4000 种。第二轮关税取缔工作于 1998 年完成，墨西哥出口产品的 85%将可以免税出口到美、加两国。到 2004 年第三轮关税取缔工作完成时，受关税限制的产品将几乎不复存在，现有的进口禁令和数量限制也将同时被取消。《北美自由贸易协定》还进一步推动了美加墨三国间的投资互动，协定生效的 5 年间，加拿大与美国及墨西哥的商品贸易分别提高了 80%及 200%，加拿大与美国及墨西哥的投资则分别增加了 73%、296%。

【案例讨论】

在 20 世纪 90 年代初期，在墨西哥人口约 100 万的边境小镇蒂华纳，一眼望去，高耸入云的蓝色标牌照亮夜空，矗立在三星集团开阔的新工业区中，这一切与这个灰暗、肮脏的边境小镇似乎显得不太协调。自从这个 70 英尺高的钢筋建筑物树起几个月来，它已经成了一个非正式的纪念碑，成了墨西哥穷人的指路明灯，也是北美自由贸易力量的象征，由于这种力量的作用，制造业工作机会从美国源源流往墨西哥。

自 1994 年 NAFTA 建立后，美国和墨西哥取消相互之间的贸易壁垒，两国制造的商品可以在区内自由流通，相互间没有什么关税、限额等保护措施。而对区外国家，如韩国、日本等国家仍维持贸易壁垒，因此会产生“贸易创造”和“贸易转移”的双重结果，韩国、日本的产品受到价格歧视，很可能被挤出美国市场，就全球资源利用角度看，这也是一种效益的降低。

针对这种情况，韩国、日本等国也不愿坐以待毙，转而采取新的战略。于是就有了三星公司、索尼公司、日立公司和松下电器 JVC 分部在诸如蒂华纳这样的偏僻小镇开的子公司，在该镇，受雇于这些多国公司的墨西哥人已达 2.46 万人。由于墨西哥有廉价的劳动力，从而也吸引了众多生产诸如成衣和手工工具之类低技术消费品的美国公司，因为在这里成批生产的成本只有在美国生产的几分之一。对多国公司而言，贸易壁垒的取消，在诸如蒂华纳这样的边境小镇生产高技术产品，然后再运到世界各地也比以前容易了。而且，由于美国本身劳动力价值高，多国公司在墨西哥城镇大量生产这些低成本的产品，再将其出口到美国消费者看来已是未来的潮流。例如，目前三星公司每年生产的电视机中有 90%将销往美国。

这种资本要素的转移对墨西哥来说显然有利，贸易协定取消了多数从墨西哥进入美国的电子产品的关税后，导致出口在协定生效后的头两年中增加了 50%，市场准入的自由度加大也使多国公司，尤其是亚洲公司尝到了甜头，蒂华纳也变成了它们在北美的第一站，而且接近硅谷和加利佛尼亚的长滩港。在墨西哥最近的经济一片衰退中，将进口零件组装成产品的边境工厂是唯一的亮点。就业率增加了 13%多，新就业人数超过 15.1 万，边境工厂的出口量增加了 10%以上。

请用国际贸易相关知识对此案进行分析。

三、亚太经济合作组织

亚太经济合作组织(Asia Pacific Economic Cooperation，APEC)是由发达国家和发展中国家共同组成的区域经济集团，1989 年 11 月在澳大利亚首都堪培拉召开了由美国、日本、澳大利亚、文莱、印度尼西亚、韩国、马来西亚、新西兰、菲律宾、新加坡、泰国、加拿大 12 个国家外交部长和经济部长参加的第一届部长级会议并宣告 APEC 正式成立。其成员位于环太平洋地区，分布在美洲、亚洲和大洋洲，总人口占世界人口的 45%，贸易额占世界的 55%，在全球经济活动中具有举足轻重的地位。

(一) 酝酿筹备阶段(1989—1993 年)

APEC 在成立之初，基本是一个松散的区域经济论坛，主要活动是每年一次的部长会议(外交部长、贸易部长)，较少开展其他活动。1991 年 11 月，在韩国汉城举行的亚太经济合作组织第三届部长级会议通过了《汉城宣言》，正式确定亚太经济合作组织的宗旨和目标是：相互依存，共同受益，坚持开放性多边贸易体制和减少区域内贸易壁垒。

1993 年，APEC 成员领导人在美国西雅图附近的布莱克岛举行会议，发表了《经济展望声明》，确定了 APEC 的三大目标，即本地区的贸易和投资自由化、贸易便利化、经济技术合作，认为开放式的多边贸易体系是 APEC 经济发展的基础。与此同时，APEC 第五届部长会议讨论通过了《贸易与投资框架宣言》。西雅图会议是 APEC 进程中的一个重大里程碑，APEC 国际影响也随之增强。

(二) 规划行动阶段(1994—1996 年)

这一阶段贸易投资自由化及经济技术合作进程得到了不断深化。1994 年，第二届领导人非正式会议发表了《亚太经济合作组织领导人共同宣言》(简称《茂物宣言》)。宣言强调

APEC成员应该继续减少贸易和投资壁垒，指明APEC成员开展合作的方向，确定了本地区的贸易开放和自由化的时间表，具体提出了APEC发达成员不晚于2010年，发展中成员不晚于2020年实现贸易和投资自由化的目标。

1996年11月在菲律宾的首都马尼拉和苏比克举行了第八次部长级会议和第四次领导人非正式会议。这届会议的主要议题是各成员国制定各自的单边行动计划。会议通过了《马尼拉行动计划》，并批准了《亚太经济组织经济技术合作原则框架宣言》，规定了经济技术合作的目标和原则，把它与贸易投资自由化放在了同等重要的地位，视其为APEC加强经济技术合作方面的指导性文件。这次会议标志着APEC跨世纪规划的正式实施。

（三）调整及面向全球化阶段(1997以后)

1997年爆发的亚洲金融危机使许多APEC成员遭受重大的冲击，APEC的合作步伐也因此而减缓。2001年，在中国上海举行了第十三届部长级会议和第九次成员国首脑非正式会议，发表了《领导人宣言》。会议最主要的成果是，以《领导人宣言》附件形式出现的，作为进一步明确实现《茂物宣言》目标战略的《上海共识》。在该文件中提出了拓展和更新《大阪行动议程》、促进实施面向新经济的贸易政策等5个方面的重要内容。其中，"探路者"方式的提出颇引人注目。根据这一方式，APEC将在有条件的成员中率先采取行动和措施，推动贸易便利化和经济技术合作。这不仅增加了APEC活动的实质性内容，而且其成果也将对APEC进程发挥积极作用。会议还发表了领导人反对恐怖主义的声明。由于中国的倡议，会议还建立了APEC工作小组，启动了防范金融危机基金。APEC向可操作性方向迈出了一大步，树立了自西雅图和茂物会议以来的又一座里程碑。APEC将因此增加活力。

APEC在成立初期，是一个仅由各成员国外交部长和贸易部长参加的部长级区域论坛。从1993年起，每年举行一次领导人非正式会议。APEC领导人非正式会议的召开，提升了APEC会议的层次，各国和地区领导人对会议承诺加速APEC的发展进程。

【知识链接】

关于APEC

与欧盟和北美自由贸易区不同，APEC从严格意义上说，并不是一个标准的或规范的地区经济一体化组织，而是一个区域性的以促进贸易、投资、技术合作的开放型组织。

1. 灵活性

APEC不追求统一性，在为实现贸易投资自由化规定的时间表内，允许各成员根据本国或地区的具体情况，选择其进程和速度，采取较为灵活的做法。

2. 多层次性

亚太地区不仅地域广阔，而且各国之间社会、经济、文化上差异较大，情况复杂，是世界其他地区所无法比拟的。这种广泛性、多样性和独特性，是形成亚太地区开展多层次的经济合作的客观依据和条件。

3. 渐进性

由于APEC成员国存在巨大的差异，如有综合实力强大的美国，也有较小的文莱，有市场经济体制的成员，也有从计划经济向市场经济体制过渡的成员，这就决定了APEC必须要经过一个先易后难、渐进的、长期的发展过程。

【课堂思考】

简述 EU、NAFTA 和 APEC 的主要区别。

【知识要点提醒】

欧洲联盟已经发展到区域经济一体化的经济联盟阶段，货币政策已基本统一(欧元区)，财政政策正处于过渡阶段。北美自由贸易区是世界上最大的由发达国家和发展中国家组织的自由贸易区，为南北经济合作提供了很好的经验。亚太经合组织实行开放式合作方式，在推动区域贸易及投资自由化，加强成员间经济合作等方面发挥着重要作用。

任务三　区域经济一体化理论

【任务目标】

1. 理解关税同盟成立后产生的静态效应和动态效应。
2. 掌握大市场理论、协议性国际分工和综合发展战略理论的基本原理。

【任务引入】

自从欧盟创建以来，加深欧洲的一体化和扩大一直同步进行。欧盟东扩是指欧盟将中东欧二次大战后建立的原社会主义国家等纳入欧洲统一进程，从而建立一个欧洲人千百年来梦寐以求的、和平统一的“大欧洲”。欧盟东扩既是欧洲一体化进程中的必然性步骤，也是中东欧国家冷战后“回归欧洲”的简捷途径，通过这种途径实现中东欧国家在经济制度、政治制度和价值观念等方面与欧盟现有成员国的均质化发展。

在入盟前的准备过程中，中东欧国家就已逐渐获得了经济一体化带来的好处，并按照欧盟市场和消费需求调整产品结构和生产标准，再加上其拥有的地缘接近和文化差异小的优势，使其产品在欧盟市场上的竞争力已经明显高于经济发展水平、经济结构和资源禀赋等方面类似的其他发展中国家，尤其是包括中国在内的亚洲国家。

中东欧国家工业制成品对老欧盟成员国的出口迅速增长，已经开始替代其他发展中国家在欧盟市场的出口。不仅如此，欧盟东扩后来自于中东欧国家的竞争，还将导致洛美协定国在欧盟市场份额的下降，使已有的贸易转移效应更加明显。

讨论题：

根据以上材料，分析欧盟东扩的贸易效应有哪些。

【知识内容】

区域经济一体化的迅速发展引起了很多经济学家的浓厚兴趣，在理论界爆发了日益广泛的关注。本任务简单介绍其中有代表性的 4 种理论。

一、关税同盟理论

关税同盟是区域经济一体化的重要形式之一，美国经济学家雅各布·范纳(1882—1970

年)在其1950年出版的著作《关税同盟问题》一书中详细地分析了关税同盟的经济后果。范纳认为，关税同盟可为成员方带来静态和动态两方面的效应：静态效应是指在经济资源总量不变、技术条件没有改进的情况下关税同盟对区域内国际贸易、经济发展及福利的影响；动态效应是指关税同盟对成员国贸易及经济增长的间接推动作用。

(一) 关税同盟的静态效应

关税同盟的静态效应包括带来正效应的贸易创造和带来负效应的贸易转移两个方面。

(1) 贸易创造(Trade Creation)是指由于关税同盟的建立而使一个成员方的部分国内高成本产出被来自其他成员方低成本产出的进口所取代而增加的收益。由于贸易创造来自因关税同盟的建立而使成员方之间的贸易自由化程度提高，从而提高了成员方之间按照比较优势原理进行专业化分工的程度，所以能够提高成员方的福利水平。

(2) 贸易转移(Trade Diversion)则是指由于关税同盟的建立使原来由同盟外的低成本国家提供的产品转由同盟内的高成本成员提供而造成的损失，在关税同盟实施对外贸易保护下的这部分产品的生产是缺乏效率的，所以贸易转移意味着福利的损失。在关税同盟运行中产生的贸易创造和贸易转移效应如图4.1所示。

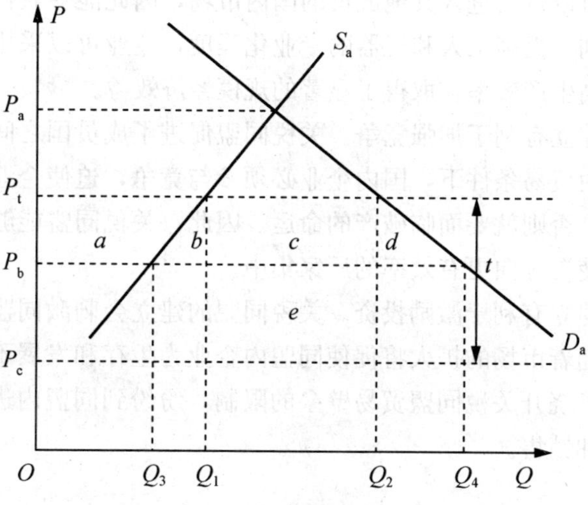

图4.1 关税同盟的静态效应

假定世界市场上有A、B、C三国生产X产品。由于劳动生产力水平不同，三国X产品的国内市场价格各不相同，分别为P_a、P_b、P_c。很明显，A国的价格最高，C国的价格最低。另外，图4.1所反映的是A国的国内供求曲线，其中S_a是A国的国内供给曲线，D_a是A国的国内需求曲线。在封闭市场条件下，A、B、C三国会分别按各自的国内市场价格销售产品。但在开放市场条件下，则有可能发生改变。

(1) 假定三国实行完全的自由贸易，则A、B两国都可通过从成本最低的C国进口而从中获利。其中A国无论是从B国还是从C国进口都可获利，一般而言，A国会从成本最低，获利最多的C国进口。

(2) 假定效率最低的A国为保护国内产业而对进口商品征收t的进口关税，则A国只会从C国进口商品，而决不会从B国进口。因为如从B国进口，加上关税，成本将会大大高于其原来的国内市场价格。当A国以P_c价格从C国进口并加上进口关税后，其成本为P_t。与封闭市场条件下相比较，A国的国内市场价格也由原来的P_a降为P_t。

(3) 假定A国与B国结成了关税同盟，成员国内部互相取消关税实行自由贸易，对非成员国仍征收t的关税。此时，A国将不再会从C国进口而会转由B国进口。这样，会使A国的国内市场价格从P_t降到P_b。由于价格的变化，会使A国的国内福利水平也发生变化。进口量也由Q_1Q_2增至Q_3Q_4。由于价格降低，使A国的消费者剩余增加了$a+b+c+d$，尽管政府的关税没有了，但是它已经转移给消费者，结果带来了贸易创造效应。

在图4.1中还看到，由于A国从关税同盟国B国进口该产品，使得A国与C国的贸易减少了Q_1Q_2，相应地，A国减少了$c+e$的关税收入，其中c转换成了消费者剩余，但是e部分成了A国关税收入的净损失，于是产生了贸易转移效应。

(二) 关税同盟的动态效应

关税同盟的建立不但会对各成员的经济产生静态的影响，还会带来长期动态的影响，具体表现如下：

(1) 关税同盟的建立可带来规模经济效应。关税同盟建立以后，突破了单个国内市场的限制，各成员的企业可以自由进入其他成员的国内市场，因此能够获得专业化与规模经济收益。市场的扩大，有利于提高工人和机器的专业化程度，企业可以采用最有效的设备，更彻底地利用副产品，提高生产效率，取得了显著的规模经济效益。

(2) 关税同盟的建立有利于加强竞争。关税同盟促进了成员国之间的了解，也使成员国之间竞争激化。在自由贸易条件下，国内企业必须参与竞争，迫使企业改进生产技术，加强管理来提高生产效率，否则就要面临破产的命运。因此，关税同盟能够在更大范围内更高水平实现优胜劣汰，促使资源向更有效率的厂家集中。

(3) 关税同盟的建立有利于激励投资。关税同盟的建立会刺激同盟内部或外部的投资者增加投资。一方面，随着市场的扩大将促使同盟内企业为生存和发展不断增加投资；另一方面，同盟外的企业为了绕开关税同盟贸易壁垒的限制，纷纷到同盟内进行直接投资，即在当地设厂直接参与生产和销售。

【知识链接】

关于雅各布·范纳

雅各布·范纳出生于加拿大蒙特利尔，其父母是罗马尼亚移民。他曾被马克·布劳格称赞为“研究两次世界大战之间价格和贸易理论的领袖人物和有史以来最伟大的经济思想史家”。他于1915年在哈佛大学获得博士学位，其论文指导老师为弗兰克·陶西格。在1946年去普利斯顿大学任教之前，他一直在芝加哥大学工作，并在那里成为《政治经济学杂志》的编辑。范纳《对于国际贸易理论的研究》(1937)在国际经济学历史上，尤其是在17、18世纪之前关于重商主义的谬误方面，为许多现在的观点和知识提供了基础。1950年，范纳写了《关税同盟争论》一书，书中区分了贸易创造效应和贸易转移效应，从而使其成为对于关税同盟和自由贸易区所有后续研究的理论基础。

【课堂思考】

欧盟东扩所创造的贸易转移效应与贸易创造相应相比较，哪个更明显？

二、大市场理论

大市场理论是分析共同市场成立的原因与效益的理论，其代表人物是西托夫斯基和德纽。大市场理论的主要观点如下：

（1）通过建立共同市场，使国内市场向统一的大市场延伸。市场的扩大使得市场上的竞争更加激烈，而市场的优胜劣汰必将促进了企业之间的分化，一些经营不善的小企业被淘汰，一些具有技术优势的企业则最终在竞争中获胜并且扩大了经营的规模，实现了规模经济和专业化生产。

（2）企业生产规模的扩大以及激烈的市场竞争必将降低商品生产的成本和销售价格，而价格的下降会导致市场购买力的扩大和居民实际生活水平的提高。

（3）市场购买力的扩大和居民实际生活水平的提高反过来又会进一步促进投资的增加和规模的扩大，最终会使经济开始滚雪球式地扩张。

综合起来，大市场理论的核心是：共同市场导致市场扩大、竞争激烈，因而可以获得规模经济并实现技术利益，会促进和刺激经济的良性循环带动经济蓬勃发展。

大市场理论主要以西欧各国为分析对象，该理论被提出以后，学术界对其普遍适用性提出了一些质疑，主要有三点：规模经济一定要通过大市场的建立来实现吗？在发展水平差距较大的成员国之间，竞争仍然有效吗，并且会不会给经济发展相对落后的国家带来负面效应呢？对于一些一体化组织内成员国原本国内市场并不狭小的情况，该理论如何对其做出解释？

【课堂思考】

你同意学术界对大市场理论提出的质疑吗？为什么？

【知识链接】

为什么发展中国家的经济一体化效率低

从20世纪50年代起，发展中国家开始积极参与区域经济一体化，并且形成了众多的一体化组织，但是与发达国家成功的一体化相比，无论从一体化所产生的静态效应还是从动态效应来看，发展中国家的一体化总体而言被认为是不成功的，或者至少是效率低下的。究其原因，大致有以下几种说法：

（1）经济水平落后，国内市场狭小，难以相互提供适应彼此产品规模经济发展的条件。

（2）产业机构同质，难以形成紧密的分工联系。

（3）相互贸易基础薄弱，贸易创造空间比较小。

（4）国家间政策差异大，政策协调困难，一体化协议实施程度低。

（5）机构设置上不完善，一体化组织缺乏稳定性。

三、协议性国际分工理论

协议性国际分工原理是由日本学者小岛清提出的。他认为，在经济一体化组织内部，如果仅仅依靠比较优势原理进行分工，不可能完全获得规模经济的好处，反而可能会导致各国企业的集中和垄断，影响经济一体化组织内部分工的发展和贸易的稳定。在消除比较优势差距的极端状态下，国际分工无法通过价格机制自动实现，因此，为了获得规模经济，应该进行协议性的国际分工。所谓协议性国际分工，是指一国放弃某种商品的生产并把国内市场提供给另一国，而另一国则放弃另外一种商品的生产并把国内市场提供给对方，即两国达成相互提供市场的协议，实行协议性分工。达成协议性分工必须具备以下条件：

（1）参加协议分工的两个或两个以上国家和地区的资本劳动禀赋比例差异不大，工业化水平和经济发展阶段大致相同，协议性分工的对象产品在每一个国家和地区都能生产。

（2）作为协议性分工对象的商品，必须是能够获得规模经济的商品。一般是重工业、化学工业等的商品。

（3）每个国家自己实行专业化的产业和让给对方的产业之间没有优劣之分，否则不容易达成协议。这种产业优劣主要取决于规模扩大后的成本降低率和随着分工而增加的需求量以及增长率。

由上述第(3)个条件，小岛清得出如下结论：协议性国际分工是在同一范畴商品内更细的分工，即应按照各种商品的范畴进行国际分工。但他同时认为，目前尚无法解决划分同一类范畴商品的问题。

上述3个条件表明，经济一体化或共同市场必须在同等发展阶段的国家之间建立，而不能在工业国与初级产品生产国即发展阶段不同的国家之间建立；同时也表明，在发达工业国家之间，可以进行协议性分工的商品范畴的范围较广，因而利益也较大。另外，生活水平和文化等互相类似、互相接近的地区，容易达成协议，并且容易保证相互需求的均等增长。

四、综合发展战略理论

对发展中国家经济一体化现象作阐述的是较有影响的“综合发展战略理论”。它是由鲍里斯·塞泽尔基在《南南合作的挑战》一书中系统提出来的。该理论认为：经济一体化是发展中国家的一种发展战略，要求有强有力的共同机构和政治意志来保护较不发达国家的优势。因此，有效的政府干预对于经济一体化是很重要的，发展中国家的经济一体化是变革世界经济格局、建立国际经济新秩序的要素。

与其他经济一体化理论相比较，综合发展战略理论有以下特点：

（1）突破了以往经济一体化理论的研究方法，抛弃了用自由贸易和保护贸易理论来研究发展中国家的经济一体化进程，主张用与发展理论紧密相联的跨学科的研究方法，把一体化作为发展中国家的发展战略，不限于市场的统一。

（2）充分考虑了发展中国家经济一体化过程中国内外的制约因素，把一体化当做发展中国家集体自力更生的手段和按新秩序变革世界经济的要素。

（3）在制定经济一体化政策时，主张综合考虑政治、经济因素，强调经济一体化的基础时生产及基础设施领域，必须有有效的政府干预。

【知识要点提醒】

关税同盟是区域经济一体化中比较成熟的一种形式，可为成员方带来静态和动态两方面的效应。有关区域经济一体化的主要理论还包括大市场理论、协议性分工理论和综合发展战略理论。

【项目小结】

1. 区域经济一体化程度由低到高的顺序分为 6 种形式，即优惠贸易安排、自由贸易区、关税同盟、共同市场、经济联盟和完全经济一体化。

2. 在当今世界众多的区域经济一体化组织中，有 3 个影响最大的合作组织，分别是欧洲联盟、北美自由贸易区和亚太经济合作组织。

3. 伴随着国际区域经济一体化进程的向前推进，有关一体化的理论有关税同盟理论、大市场理论、协议性分工理论和综合发展战略理论。

【项目演练】

一、判断题

1. 亚太经济合作组织是典型的传统国际经济一体化组织。（　　）
2. 关税同盟的建立不利于吸收来自第三国的直接投资。（　　）
3. 贸易创造效果属于关税同盟动态效果，贸易转移效果属于关税同盟静态效果。（　　）
4. 共同市场是区域经济一体化最高级形式。（　　）
5. 北美自由贸易区与欧盟一样，有一个共同的税则。（　　）

二、单项选择题

1. 关税同盟区别于自由贸易区的主要表现为(　　)。

A. 成员国之间的工业品全部免税　B. 对外实行统一的贸易壁垒

C. 成员国之间所有商品不受数量限制　D. 成员国之间商品自由流通

2. 区域经济一体化中(　　)没有实现成员国统一关境。

A. 自由贸易区　B. 关税同盟　C. 共同市场　D. 经济联盟

3. 贸易创造效果属于关税同盟的(　　)。

A. 动态效果　B. 静态效果　C. 贸易转移　D. 贸易损失

4. 对发展中国家经济一体化现象作出阐述较有影响的理论是(　　)。

A. 大市场　B. 关税同盟　C. 综合发展战略　D. 协议性国际分工

5. 能够实现生产要素自由流动的区域经济一体化形式是(　　)。

A. 自由贸易区　B. 关税同盟　C. 共同市场　D. 优惠贸易安排

6. NAFTA 属于(　　)。

A. 自由贸易区　B. 关税同盟　C. 共同市场　D. 优惠贸易安排

三、多项选择题

1. 区域经济一体化的主要形式有(　　)。

A. 自由贸易区　B. 关税同盟　C. 共同市场

D. 经济联盟　E. 完全经济一体化

2. 关税同盟的内容为(　　)。

A. 成员国之间的工业制成品全部免税

B. 成员国之间的商品全部免税

C. 同盟外部实行统一关税

D. 成员国内部所有商品免税，对外实行独立关税

3. 关税同盟的静态效果主要有(　　)。

A. 贸易创造效果　　B. 贸易转移效果

C. 促进市场扩大，改善投资环境　　D. 加速成员国之间的竞争

4. 地区经济一体化理论包括(　　)。

A. 关税同盟理论　　B. 大市场理论

C. 综合发展战略理论　　D. 协议性国际分工理论

四、实务操作题

1. 一个小国以世界市场价格每袋 10 元进口花生，其需求曲线和供给曲线分别为 $D=400-10P$，$S=50+5P$。

(1) 计算自由贸易时该国的进口量。

(2) 如果该国征收每袋 50%的进口税，其国内价格和进口量各为多少？

(3) 如果该国与邻国结成关税同盟，相互取消关税，但对外关税不变，其邻国以每袋 12 元的价格向该国出售花生，其国内价格与进口量各是多少？

2. 查找课外资料，分析中国—东盟自由贸易区的贸易创造效应和贸易转移效应。

项目五

世界贸易组织

SHIJIE MAOYI ZUZHI

【项目导读】

1995年1月1日，世界贸易组织诞生，取代1947年关贸总协定，成为多边贸易体制的组织基础和法律基础，与国际货币基金组织和世界银行并列成为世界经济秩序的三大支柱。为了完成承担的使命，世界贸易组织除了建立起比较健全的组织机构外，还确立了一套运行机制，这些机制保证了世界贸易组织能够健康和有效地运行。世界贸易组织的核心是系统而复杂的协定和协议，这些法律文本涵盖的范围非常广泛，一些基本原则贯穿于所有这些文件当中，并构成了多边贸易体系的基础。中国于2001年12月成为世贸组织第143个成员，在享受权利的同时，要履行相应的义务，这给中国经济的发展带来新的机遇和挑战。本项目将介绍世贸组织与关贸总协定的渊源，世界贸易组织的运行机制、基本原则以及加入世界贸易组织给中国带来的影响。

任务一 从关贸总协定到世界贸易组织

【任务目标】

1. 了解关贸总协定的产生及其8个回合的谈判历史。
2. 了解世界贸易组织的产生和发展过程。
3. 掌握关贸总协定与世界贸易组织的关系。

【任务引入】

第二次世界大战后，为了尽快使全球经济得到恢复，许多国家设想建立一个处理国际经济事务的国际贸易组织(ITO)。在《ITO宪章》最终得到批准前，50个参加方中的23个决定在1946年进行谈判，以削减并约束关税。第一轮谈判产生了45000项关税减让。23个参加方还同意接受《ITO宪章》草案中的部分贸易规则。它们把这些贸易规则和关税减让协议汇编成一个协定，命名为“关税与贸易总协定(GATT)”。GATT于1948年1月生效，成为管理国际贸易的多边机构。但当时《ITO宪章》仍在谈判之中。

虽然《ITO宪章》在1948年3月最终达成协议，但未能得到某些国家立法机构的批准，因此ITO已无法建立。当GATT建立时，国际商业中占主导地位的是货物贸易。但随着时间的推移，服务贸易及与贸易有关的知识产权等非货物贸易变得更加重要，这些很难在GATT框架内实施，各国都意识到应做出新的努力建立新的多边贸易体制。1994年，GATT的乌拉圭回合通过了《建立世界贸易组织马拉喀什协定》，于1995年1月1日开始生效，WTO正式建立。

讨论题：

(1) 什么是GATT？什么是WTO？

(2) GATT与WTO有何关系？

【知识内容】

一、关贸总协定

关税与贸易总协定(General Agreement on Tariff and Trade，GATT)简称关贸总协定，是在美国倡议下由23个国家于1947年10月30日在日内瓦签订的关于调整缔约国对外贸易政策和国际经贸关系的一个国际多边协定。在WTO运行之前，它是协调、处理国际贸易缔约国之间关税与贸易政策的主要多边协定。

(一) 关贸总协定的产生

20世纪30至40年代，资本主义国家间爆发了激烈的关税战。美国国会通过了《1930年霍利—斯穆特关税法》，将关税提高到历史最高水平，其他国家纷纷效仿。高关税阻碍了商品的国际流通，造成国际贸易额大幅度萎缩，整个世界经济陷入严重衰退。面对经济的严峻危机，为扭转困境、扩大国际市场，1934年美国颁布了《互惠贸易协定法》。根据此法，美国与21个国家签订了一系列双边贸易协定，将关税水平降低30％～50％，并根据最惠国待遇原则扩展到其他国家，使经济危机有所缓解。

第二次世界大战使世界经济重陷困境，在战争临近结束时，各国开始探讨设立一个处理和协调国家之间经济与贸易关系的专门机构，以推动贸易自由化。1944 年 7 月，美国、英国等 44 个国家在美国新罕布什尔州的布雷顿森林召开了联合国货币与金融会议(简称布雷顿森林会议)，成立了国际货币基金组织(International Monetary Fund，IMF)和国际复兴开发银行(International Bank for Reconstruction and Development，IBRD)。同时，倡导组建国际贸易组织(International Trade Organization，ITO)，以便在多边的基础上，通过相互减让关税等手段，逐步消除贸易壁垒，促进国际贸易的自由发展。

1945 年 12 月，美国发表了《扩大世界贸易与就业法案》，向联合国经济及社会理事会建议召开世界贸易与就业会议，并筹建国际贸易组织。1946 年 2 月，联合国经济及社会理事会成立了筹备委员会，着手筹建国际贸易组织，同年 10 月，在伦敦召开了第一次筹委会会议，讨论美国提出的《国际贸易组织宪章》草案，并决定成立宪章起草委员会对草案进行修改。参加筹委会的与会各国同意在国际贸易组织成立之前，先就削减关税和其他贸易限制等问题进行谈判。1947 年 4 月至 10 月，筹备委员会在日内瓦召开了第二次全体会议，美国、英国、法国、中国等 23 个国家就具体产品的关税减让问题进行了谈判，达成了 123 项双边关税减让协议，他们并把这些协议与《国际贸易组织宪章》中有关贸易政策部分的条款加以合并，构成一个独立的协定，取名为“关税与贸易总协定”。这次谈判后来被称为关税与贸易总协定第一轮多边贸易谈判。1947 年 10 月 30 日，23 个缔约国签订了《关税与贸易总协定临时适用议定书》，并于 1948 年 1 月 1 日起临时生效。

1947 年 11 月，在哈瓦那举行的联合国贸易和就业会议上，审议并通过了《国际贸易组织宪章》，又称为《哈瓦那宪章》。由于《国际贸易组织宪章》对美国原先的草案做了大量修改，与美国的利益相去甚远，在美国国会没有获得通过。其他国家受美国影响也持观望态度，只有个别国家批准了《哈瓦那宪章》，最终致使用国际贸易组织的建立成为泡影。这样，关税与贸易总协定就成为各缔约国在贸易政策方面共同遵守的准则，成为推行多边贸易和贸易自由化的唯一的、带有总括性的多边协定。此后，关贸总协定的有效期一再延长，并为适应情况的不断变化多次修订，一直沿用至 1995 年 1 月 1 日世贸组织正式运行，共存在和延续了 47 年。1947—1994 年，关税与贸易总协定共进行了 8 轮多边贸易谈判，缔约方之间的关税水平大幅度下降，非关税措施受到约束。在第八轮多边贸易谈判基础上，建立了世界贸易组织。截止 1994 年年底，关税与贸易总协定共有 128 个缔约方。

【课堂思考】

关税与贸易总协定对发达国家有利还是对发展中国家有利？

【知识链接】

关于关贸总协定

关贸总协定分为序言、四大部分(共计 38 条)，另附若干附件。第一部分从第 1 条到第 2 条，规定缔约各方在关税及贸易方面相互提供无条件最惠国待遇和关税减让事项。第二部分从第 3 条到第 23 条，规定取消数量限制以及允许采取的例外和紧急措施。第三部分从第 24 条到第 35 条，规定本协定的接受、生效、减让的停止或撤销以及退出等程序。第四部分从第 36 条到第 38 条，规定了缔约国中发展中国家的贸易和发展问题。这一部分是后加的，于 1966 年开始生效。

（二）关贸总协定的八轮多边贸易谈判

从 1948 年 1 月 1 日临时实施至 1995 年 1 月 1 日世界贸易组织成立，在 47 年的历史中，关贸总协定共举行了八轮多边贸易谈判。

（1）第一轮谈判于 1947 年 4 月至 10 月在瑞士日内瓦举行的，包括中国在内的 23 个国家参加了谈判。本轮谈判确立了关贸总协定多边谈判的基本原则，即多边的、无条件最惠国待遇的原则。该轮谈判达成了 123 项双边关税减让协议，涉及 45000 项商品，关税水平平均降低 35%。这轮谈判虽然在关税与贸易总协定生效之前举行，但人们仍习惯地视其为关贸总协定第一轮多边贸易谈判。

（2）第二轮谈判于 1949 年 4 月至 10 月在法国安纳西。举行这轮谈判的目的是，给处于创始阶段的欧洲经济合作组织成员提供进入多边贸易体制的机会，促使这些国家为承担各成员之间的关税减让做出努力。该轮谈判共有 33 个国家参加，达成 147 项关税减让协议，关税水平平均降低 35%。

（3）第三轮谈判于 1950 年 9 月至 1951 年 4 月在英国托奎举行。这轮谈判的一个重要议题是，讨论奥地利、联邦德国、秘鲁、菲律宾和土耳其的加入问题。该轮谈判共有 39 个国家参加，达成 150 项关税减让协议，关税水平平均降低 26%。

（4）第四轮谈判于 1956 年 1 月至 5 月在日内瓦举行。由于美国国会对美国政府代表团的谈判权限进行了限制，该轮谈判仅有 28 个国家参加，关税水平平均降低 15%。

（5）第五轮谈判于 1960 年 9 月至 1962 年 7 月在日内瓦举行。该轮谈判由美国副国务卿狄龙倡议，后称为“狄龙”回合。谈判分两个阶段：前一阶段着重就欧洲共同体建立所引出的关税同盟等问题与有关缔约方进行谈判；后一阶段就缔约方进一步减让关税进行谈判。该轮谈判共有 45 个国家参加，关税水平平均降低 20%。

（6）第六轮谈判于 1964 年 5 月至 1967 年 6 月在日内瓦举行，又称为“肯尼迪回合”。这轮谈判共有 54 个国家参加，使关税水平平均降低 35%。此次谈判第一次涉及非关税壁垒，并通过了第一个反倾销协议。增补了关税与贸易总协定的第四部分，即新增“贸易与发展”条款，规定了对发展中缔约方的特殊优惠待遇，明确发达缔约方不应期望发展中缔约方做出对等的减让承诺。

（7）第七轮谈判于 1973 年 9 月至 1979 年 4 月在日内瓦举行，由于发起这轮谈判的贸易部长会议在日本东京举行，故又称为“东京回合”。共有 70 个缔约方和 29 个非缔约方参加了谈判。谈判的内容主要涉及关税减让及如何减少非关税壁垒。本轮谈判在关税减让上采取一揽子方案，关税的减让和约束涉及 3000 多亿美元的贸易额，平均关税水平降低 35%，世界上 9 个主要工业市场上制成品的加权平均关税由 7%下降到 4.7%。

（8）第八轮谈判于 1986 年 9 月 15 日在乌拉圭举行，也称为“乌拉圭回合”。本轮谈判从启动到最终协议的签署历时近 8 年，参加谈判的国家和地区从最初的 103 个增加到谈判结束时的 128 个。该轮谈判取得了一系列重大成果：多边贸易体制的法律框架更加明确，争端解决机制更加有效与可靠；进一步降低关税，达成内容更广泛的货物贸易市场开放协议，改善了市场准入条件；就服务贸易和与贸易有关的知识产权达成协议；在农产品和纺织品服装贸易方面加强了多边纪律约束等。1994 年 4 月 15 日在摩洛哥马拉喀什城举行会议上，参加乌拉圭回合的谈判方，草签了乌拉圭回合最后文件和建立世界贸易组织协议，由此正式宣告乌拉圭回合谈判的结束。

表 5－1 列出了关贸总协定八轮谈判的基本情况。

表 5－1 关贸总协定八轮多边贸易谈判情况

名　称	时　间	地　点	主　题	关税削减程度
第一轮	1947 年	瑞士日内瓦	关税	平均减低 35%
第二轮	1949	法国安纳西	关税	平均减低 35%
第三轮	1951	英国托奎	关税	平均减低 15%
第四轮	1956	瑞士日内瓦	关税	平均减低 15%
第五轮 （狄龙回合）	1960—1962	瑞士日内瓦	关税	平均减低 20%
第六轮 （肯尼迪回合）	1964—1967	瑞士日内瓦	关税 反倾销	平均减低 35%
第七轮 （东京回合）	1973—1979	瑞士日内瓦	关税 非关税壁垒	平均减低 33%
第八轮 （乌拉圭回合）	1986—1993	乌拉圭埃斯特角	货物贸易 服务贸易 与贸易有关的知识产权 争端解决机制	平均减低 40%

【课堂思考】

为什么很多大型国际会议都选择在日内瓦召开？

（三）关贸总协定的作用与局限性

1. 关贸总协定的作用

（1）促进了国际贸易自由化和国际贸易的快速发展。在关贸总协定的主持下，经过八大回合的多边贸易谈判，各缔约方的关税均有了较大幅度的降低。发达国家加权平均关税从 1947 年的 35%下降至 4%左右，发展中国家的平均关税生产率也降至 12%左右，对于逐步取消非关税措施也达成了协议。这对于促进贸易自由化和国际贸易的快速发展做出了积极的贡献。

（2）关贸总协定缔约国之间的国际贸易有了规则。关贸总协定的基本原则及其谈判达成的一系列协议，形成了一套国际贸易政策与措施的规章制度和法律准则，这些成为各缔约方处理彼此间权利与义务的基本依据，并具有一定的约束力，从而使缔约国之间的国际贸易有了规则。

（3）缓和了贸易摩擦和纠纷。关贸总协定及其一系列协议是各缔约方之间谈判相互妥协的产物，协议执行产生的贸易纠纷通过协商、调解、仲裁方式解决，这对缓解或平息各方的贸易矛盾起到了一定的积极作用。

(4) 缔约方之间增加了贸易透明度。关贸总协定要求缔约国公布其有关贸易政策、法规，使缔约国之间相互也了解彼此的经贸状况，有利于各国政府制定相关的贸易政策，也有利于生产企业具体安排生产，通过关贸总协定定期汇总的世界各国贸易统计资料，可更多、更准确地了解世界贸易状况。

(5) 扩大了贸易的领域。乌拉圭回合谈判已将服务贸易、知识产权、与贸易有关的投资列入谈判的议题，这意味着把原来单一的国际货物贸易扩展到了服务贸易、知识产权贸易与贸易有关的投资这些更宽广的领域。

(6) 发展中国家有了说话的场所。关贸总协定条款最初是按照发达国家的意愿拟定的，总的来说对发达国家更为有利。但随着发展中国家加入关贸总协定后力量的增大，在谈判中迫使发达国家做出了一定让步，也增加了一些有利于发展中国家的条款。因此，关贸总协定为发达国家、发展中国家在贸易上提供了对话的场所，并为发展中国家维护自身利益和促进其对外贸易的发展起到了一定作用。

2. 关贸总协定的局限性

(1) 国内立法可以不受关贸总协定的制约。关贸总协定各缔约方同意临时承担关贸总协定的法律义务，并且还同意"在不违背国内现行立法的最大限度内临时适用总协定第二部分"，即关于国民待遇、取消数量限制等规定。这使一些国家以此为理由在贸易立法或政策制定中时常偏离关贸总协定的基本义务，削弱关贸总协定的权威性。

(2) 关贸总协定的争端解决机制是调而不决。关贸总协定的争端解决机制在做出决策时要求所有缔约方"完全协商一致"做出决策，即只要有一个缔约方不同意争端解决专家小组的仲裁结果，则该争端解决专家组的报告就不能通过。因此，致使关贸总协定很难在公正、客观的基础上按照关贸总协定本身的规则裁决缔约方之间的贸易争端，甚至还有被某些贸易大国操纵争端解决结果的可能。

(3) 关贸总协定是一个软法律文件。关贸总协定是各缔约方在经济贸易利益关系调整过程中妥协的产物，它是由一些"原则"和一系列"例外"所组成的。这种先天不足使各缔约方在援引例外条款时的"越轨行为"难以约束。因此，它是一个软约束法律文件。

(4) 关贸总协定管辖的范围很局限。关贸总协定仅管辖货物贸易，并且农产品和纺织品服装还不受关贸总协定的约束。至于服务贸易、技术贸易以及与贸易有关的资本投资，都不在关贸总协定的管辖范围之内，这不符合第三产业和知识经济发展的要求。

总之，随着经济全球化和国际贸易的发展及范围的扩大，关贸总协定的约束力已不适应世界新的经济形势，它必然被约束力更强、适应范围更大的世界贸易组织所取代。

二、世界贸易组织

世界贸易组织(World Trade Organization，WTO)是根据关贸总协定"乌拉圭回合"达成的《建立世界贸易组织协定》而建立的国际经济组织，它取代了原有的临时性的关贸总协定，并根据"乌拉圭回合"达成的最后文件形成的一整套协定和协议的条款作为国际法律规则，对各成员之间经济贸易关系的权利和义务进行监督和管理。

（一）WTO 的建立

“乌拉圭回合”启动时，谈判议题并没有涉及世界贸易组织的成立，只设立了一个关于完善关贸总协定体制职能的谈判小组。但是乌拉圭回合的谈判涉及的领域非常广泛，尤其是与贸易有关的知识产权协议，与贸易有关的投资协议和服务贸易等非货物贸易问题，很难在原有的关贸总协定的框架内付诸实施，因此，缔约方普遍认为有必要在关贸总协定的基础上建立一个正式的、涉及范围更广的国际经贸组织来协调、监督、执行乌拉圭回合的成果。

1990 年年初，欧共体轮值主席国意大利提出建立多边贸易组织(Multinational Trade Organization，MTO)的倡议，并得到加拿大、瑞士、美国等国的支持。1990 年 12 月，在乌拉圭回合布鲁塞尔部长级会议上，贸易谈判委员会提议起草一个组织性决议。经过两年多的修改和各谈判方的讨价还价后，1993 年 11 月，乌拉圭回合谈判结束前，各方原则上通过了“建立多边贸易组织协定”。在美国代表的提议下，决定将“多边贸易组织”易名为“世界贸易组织”。1993 年 12 月 15 日，乌拉圭回合谈判胜利结束。1994 年 4 月 15 日在摩洛哥马拉喀什部长级会议上，乌拉圭回合的各项议题的协议均获通过，124 个参加方签署了乌拉圭回合文件和《建立世界贸易组织协定》，并于 1995 年 1 月 1 日正式生效，世界贸易组织诞生了。它作为一个正式的国际组织，同世界银行和国际货币基金组织一起成为世界经济的三大支柱，这标志着世界经济和贸易进入一个新的发展时期。图 5.1 为 WTO 的标志。

WORLD TRADE ORGANIZATION

图 5.1　WTO 标志

（二）WTO 的宗旨和目标

WTO 的宗旨基本上承袭了关贸总协定的基本宗旨，但随着时代的发展，WTO 对关贸总协定的宗旨作了适当的补充和加强，概括起来有以下几点：

（1）提高生活水平，确保充分就业，提高实际收入和有效需求。

（2）拓展货物和服务的生产和贸易。

（3）按照持续发展的目的，合理利用世界资源，努力保护和维持环境，并以符合不同经济发展水平下各国成员需要的方式，加强采取各种相应的措施。

（4）积极努力确保发展中国家，尤其是最不发达国家在国际贸易增长中的份额与其经济发展需要相称。

WTO 的宗旨与关贸总协定的宗旨基本相似，它根据世界经济形势的发展又作了三点补充：一是将服务业的发展纳入世贸组织体系；二是提出了环境保护和可持续发展问题；三是要考虑到各国经济发展水平的需要，要确保发展中国家，尤其是最不发达国家在国际贸易增长中获得与其经济发展相适应的份额。在《建立世界贸易组织的协议》序言中，WTO 还明确指出实现这一宗旨的途径是“通过互惠互利的安排，导致关税和其他贸易壁垒的大量减少和国际贸易关系中歧视性待遇的取消”。

（三）WTO 的地位

1. 关贸总协定不是“国际法人”

1947 年年初，根据《ITO 宪章》的贸易规则部分，宪章起草委员会完成了关税与贸易总协定条款的起草工作，并交同年 4 月在日内瓦召开的第二次筹委会讨论。会议期间，参加方就具体产品的关税减让进行了谈判，并于 1947 年 11 月 15 日签署了关税与贸易总协定《临时适用议定书》，同意从 1948 年 1 月 1 日起实施《关税与贸易总协定》的条款。后来由于美国的阻挠，WTO 未能成立，但《关贸总协定》却以临时适用的多边协定的形式存续了 47 年。因此，《关贸总协定》算不上一个正式的国际组织，也谈不上独立的“法律人格”。

2. WTO 具有国际法人资格条件

按照《建立世贸组织协定》第 8 条的规定，WTO 明确规定了其法律人格，其法律地位可归纳为以下几点：

（1）WTO 具有法人资格，其成员应当赋予 WTO 在行使职能时必要的法定能力。

（2）WTO 每个成员方向 WTO 提供其履行职责时所必需的特权与豁免权。

（3）WTO 官员和各成员方的代表在其独立执行与 WTO 相关的职能时，也享有每个成员提供的必要的特权与豁免权。

（4）每个成员方给予 WTO 官员、成员方代表的特权与豁免权，等同于联合国大会于 1947 年 11 月 21 日通过的特殊机构的特权与豁免公约所规定的特权与豁免权。

（5）WTO 可以缔结总部协议，与其他国际组织进行较密切的协商和合作。

三、关贸总协定与 WTO 的关系

（一）WTO 与关贸总协定的联系

WTO 和关税与贸易总协定有着内在的历史继承性，WTO 继承了关税与贸易总协定的合理内核，包括其宗旨、职能、基本原则及规则等。关税与贸易总协定有关条款是 WTO《1994 年关税与贸易总协定》的重要组成部分，仍然是规范各成员间货物贸易关系的准则。

（二）WTO 和关贸总协定的区别

（1）机构性质不同。关贸总协定以“临时适用”的多边协议形式存在，不具有法人地位；WTO 是一个具有法人地位的组织。

（2）管辖范围不同。关贸总协定只处理货物贸易问题；WTO 不仅要处理货物贸易问题，而且要处理服务贸易和与贸易有关的知识产权问题，其协调与监督的范围远大于关贸总协定。

（3）争端解决的机制不同。关贸总协定的争端解决机制，遵循协商一致的原则，对争端解决没有规定时间表；WTO 的争端解决机制，采用反向协商一致的原则，裁决具有自动执行的效力，同时明确了争端解决和裁决实施的时间表。因此，WTO争端裁决的实施更容易得到保证，争端解决机制的效率更高。

（4）WTO承担义务的统一性。关贸总协定的许多协议是以“守则式”的方式加以实施的，缔约方可以接受，也可以不接受；WTO成员承担义务具有统一性，即必须以“一揽子”方式接受世贸组织的协定、协议，不能选择。

【案例讨论】

在太平洋的东部赤道地域，成群的金枪鱼经常游弋在成群的海豚下边。用渔网捕捞金枪鱼时，时常造成海豚的意外伤亡。美国《海洋哺乳动物保护法案》为美国国内渔船以及其他国家的渔船制定了海豚保护标准：如果某个向美国出口金枪鱼的国家不能向美国权威机构证明其符合法案所规定的标准，美国必须停止所有来自该国的金枪鱼进口。美国的一个地区法院应环保组织的请求发布禁令，禁止从墨西哥进口金枪鱼，同时也禁止将墨西哥金枪鱼进行中间处理的“中间国”进口金枪鱼至美国。

试分析美国的做法是否违背关贸总协定的条款。

【知识要点提醒】

第二次世界大战后初期，关贸总协定成为调节国际贸易秩序的重要机制。从1947年创立后，关贸总协定共主持了八个回合谈判，促进了国际贸易自由化的发展。1994年建立的WTO从组织机制上取代了关贸总协定，但其管制范围和作用比关贸总协定大许多。

任务二 WTO的运行机制

【任务目标】

1. 了解WTO职能及管辖下的法律文件。
2. 掌握WTO的组织机构。
3. 理解和掌握WTO的运行机制。

【任务引入】

2002年，美国宣布从3月20日起，对从中国等国家和地区进口的钢坯、钢材等主要钢铁产品实施为期3年的关税配额限制和征收8%～30%的关税。这是迄今为止美国历史上对进口钢铁施加的最严厉的一次贸易限制。和以往出台的钢铁保护政策相比，这次钢铁保护措施明显具有被制裁国家面广、所涉产品面广、保护措施持续时间长的特点。这一决定公布后，一石激起千层浪，各国反响强烈。欧盟以及中国、日本、韩国、俄罗斯、乌克兰、巴西等受到限制和损害的国家纷纷提出与美国磋商。各个美国政策受害者一致认为，世贸组织贸易保护规则中明确规定，只有一国进口产品激增至对本国同一行业构成严重威胁时才能采取保护措施，而美国近年来钢材进口量呈明显下降趋势，所以美国的钢铁贸易新政策有悖于国际贸易规则。

讨论题：

（1）WTO 的成员国产生贸易争端时首先应该采用何种方式解决争端？

（2）这种方式成功解决了此次争端吗？如没有，接下来该采用何种程序？

【知识内容】

一、WTO 的管辖范围

（1）有关货物贸易的多边协议，具体包括《1994 年关税与贸易总协定》、《农业协议》、《关于卫生和动植物检疫措施的协议》、《纺织品与服装协议》、《贸易的技术性壁垒协议》、《与贸易有关的投资措施协议》、《装船前检验协议》、《原产地协议》、《进口许可证协议》、《补贴与反补贴协议》、《保障措施协议》。

（2）《服务贸易总协定》及附件。

（3）《与贸易有关的知识产权协定》。

（4）《贸易争端解决程序与规则的谅解》。

（5）若干单项贸易协议，主要有《政府采购协议》、《民用航空器贸易协议》等。

（6）贸易政策审议机制，即负责审议各成员方贸易政策法规是否与世贸组织相关的协议、条款规定的权利义务相一致。

二、WTO 的职能

（一）负责 WTO 多边协议的实施、管理的和运作

WTO 首要的和最主要的职能是促进《建立世贸组织协定》及各项多边贸易协定的执行、管理、运作及目标的实现，同时对诸边贸易协定的执行、管理和运作提供组织机制，即“便利本协定和多边贸易协定的履行、管理和运用，并促进其目标的实现”，以及“为诸边贸易协定提供实施、管理和运用的体制”。

（二）提供多边贸易谈判场所

“世贸组织应为本协定及其附件有关各成员方进行的多边贸易关系谈判提供场所。世贸组织还应为各成员方有关多边贸易关系的进一步谈判提供场所，并在部长级会议决定下，为谈判结果的执行提供便利。”WTO 成员方之间的多边贸易谈判主要有两种模式：第一种是就现有协定事项进行谈判，即各成员方就 WTO 之附属协定的有关事项所进行的多边贸易关系谈判，也即对《关贸总协定》和“乌拉圭回合”已涉及议题的谈判；第二种是旨在制定新的协定而举行的进一步谈判。

（三）解决成员方之间的贸易争端

WTO 争端解决机制对所有 WTO 成员来说，都提供了一种解决国际贸易争端的重要途径。争端解决机制的作用是双重的，它既是一种保护成员方权益的手段，又是督促其履行应尽义务的工具。

WTO协定附件2《关于争端解决规则和程序的谅解》(Dispute Settlement Understanding，DSU)是WTO解决贸易争端的基本法律文件，各成员方之间如就《1994年关税与贸易总协定》及其附属协议、《服务贸易总协定》以及《与贸易有关的知识产权协定》产生争端，经双方协商不能解决的，均应统一诉诸世界贸易组织的争端解决机制。WTO将按该谅解的规则与程序主持并处理各项争端。DSU的签订及WTO争端解决职能的确定，建立了一个比较合理的多边贸易争端解决机制，对多边贸易体制的深入发展起着提供安全保障和行为预测的重要作用。这是因为WTO扭转了原来GATT解决机制的软弱和分散状态，建立起了争端解决的统一运作和管理机制。为了更好地行使争端解决职能，WTO还设立了争端解决机制(Dispute Settlement Body，DSB)来执行WTO规定的争端解决规则和程序。

(四) 审议各国的贸易政策

WTO协定附件3《贸易政策审议机制》(Trade Policy Review Mechanism，TPRM)规定，对世界前4个贸易实体，即美国、欧盟、加拿大和日本的贸易政策每两年审议一次，其后的16个实体每四年审议一次，其他成员每六年审议一次，但可对最不发达国家成员确定更长的期限。

建立贸易政策审议机制的目的是使WTO成员的贸易政策和实际操作更加透明和更被了解，并使各成员更好地遵守多边贸易体制的原则和规则，以及它们对这一体制的承诺，从而使多边贸易体制能顺利运作。为了更好地行使这一职能，WTO设立了贸易政策评审机构(TPRB)负责评审贸易政策。

(五) 与其他国际组织合作

WTO负责与国际货币基金组织、世界银行、联合国贸易与发展委员会以及其他国际机构进行合作，以便进一步促进对全球统一的经济政策的规定。1996年12月9日，国际货币基金组织总裁加德索斯与WTO时任总干事鲁杰罗签订了《IMF与WTO合作协议》，协议规定：在制定全球经济政策时，为求得最大协调，WTO必须与IMF在货币储备、国际收支、外汇安排等方面进行全面的协调；WTO中涉及国际货币基金管辖范围的汇率事宜，必须与IMF协商；IMF所提供的管辖范围事宜，应当载入世贸组织议事录。1997年初，鲁杰罗在华盛顿与世界银行(WB)行长沃尔芬森签订了《WB与WTO合作协议》，协议规定：促进WTO与WB和IMF之间的合作，使其在全球经济政策的制定上更趋协调；共享彼此的经济、社会数据，包括全球债务表，货物、服务市场准入承诺和减让表等；承担联合研究和技术合作，交换各自的报告及其他文件。此外，WTO协定第5条规定，总理事会有权做出适当的安排，与其他政府或非政府组织谋求协商和合作。WTO成立以来，根据其内部组织机构的工作需求，授予数百个国际政府组织观察员的地位，其总理事会国际政府间组织观察员名单见表5-2。

表 5-2 WTO 总理事会国际政府间组织观察员名单

序号	中文名称	英文名称
1	联合国	United Nations (UN)
2	联合国贸易与发展会议	United Nations Conference on Trade and Development (UNCTAD)
3	国际货币基金组织	International Monetary Fund (IMF)
4	世界银行	World Band (WB)
5	联合国粮农组织	Food and Agriculture Organization (FAO)
6	世界知识产权组织	World Intellectual Property Organization (WIPO)
7	经济合作与发展组织	Organization for Economic and Development (OECD)
8	国际贸易中心	International Trade Center (ITC)

三、WTO 的组织机构

1. 部长级会议

部长级会议由全体成员国代表组成，是 WTO 的最高决策权力机构，至少每两年召开一次会议，讨论和决定涉及 WTO 职能的所有重要问题，并采取行动。部长级会议的主要职能是：任命 WTO 总干事并制定有关规则；确定总干事的权力、职责、任职条件和任期以及秘书处工作人员的职责及任职条件；对 WTO 协定和多边贸易协定做出解释；豁免某成员对 WTO 协定和其他多边贸易协定所承担的义务；审议其成员对 WTO 协定或多边贸易协定提出修改的动议；决定是否接纳申请加入 WTO 的国家或地区为 WTO 成员；决定 WTO 协定及多边贸易协定生效的日期等。WTO 历届部长级会议及成果见表 5-3。

表 5-3 WTO 历届部长级会议及成果

	时间	地点	中心议题	代表性成果
第一届	1996.12.9—13	新加坡(城)	乌拉圭协议的执行情况、WTO 的最新发展、讨论 WTO 的未来	《新加坡部长宣言》、《信息技术协定》
第二届	1998.5.18—20	瑞士日内瓦	全球多边贸易体制 50 周年庆典、发动新一轮多边贸易谈判	《日内瓦宣言》、《全球电子商务的决定》
第三届	1999.11.30—12.3	美国西雅图	启动“千年回合”	无果而终
第四届	2001.11.9—13	卡塔尔多哈	批准中国和中国台北加入 WTO、启动新一轮全球多边贸易谈判	《多哈部长宣言》、《TRIPs 协定与公共健康宣言》
第五届	2003.9.10—14	墨西哥坎昆	中期评审	《坎昆部长宣言》
第六届	2005.12.13—18	中国香港	推动多哈发展回合谈判	《香港部长宣言》

续表

	时间	地点	中心议题	代表性成果
第七届	2009.11.30—12.2	瑞士日内瓦	世界组织、多边贸易体系和当前全球经济形势	使最不发达国家从全球化中受益、气候变化问题
第八届	2011.12.15—17	瑞士日内瓦	多边贸易体制与WTO的重要性、贸易与发展以及多哈发展议程	对最不发达国家服务贸易上“豁免决议”、知识产权方面过渡期的延长

2. 总理事会

部长级会议下设总理事会，由各成员国代表组成。在部长级会议休会期间，由总理事会行使部长级会议的职能，负责日常监督各项协议和部长级会议所作决定的贯彻执行情况。总理事会还有两项具体职能，即履行争端解决机构和贸易政策评审机构的职责。总理事会定期召开会议，通常每两个月一次。

3. 分理事会

总理事会下设有3个分理事会，即货物贸易理事会(Goods Council)、服务贸易理事会(Services Council)、与贸易有关的知识产权理事会(TRIPs Council)3个分理事会，它们在总理事会指导下分别负责管理和监督相关协议的实施，并负责行使相关协议规定的职能以及总理事会赋予的其他职能。

货物贸易理事会主要负责管理和监督货物贸易多边协议的执行，包括《1994年关税与贸易总协定》及其附属的12个协议的执行。在该理事会之下，又分设12个委员会，具体负责处理各专项协议或守则。服务贸易理事会主要负责监督实施《服务贸易总协定》，下设金融服务贸易委员会和具体承诺委员会。知识产权理事会主要负责监督实施《与贸易有关的知识产权协定》，无下设机构。

4. 各专门委员会

根据建立WTO的协议，部长级会议设立各专门委员会，负责处理特定的贸易及其他相关事务。各专门委员会向总理事会直接负责。

5. 秘书处和总干事

根据《建立世贸组织协定》，WTO设立了由总干事领导的秘书处，设在瑞士日内瓦。总干事由部长级会议任命并明确规定其权力、职责、服务条件及任期。总干事具有以下职责：可以最大限度地向各成员施加影响，要求它们遵守WTO规则；考虑和预见WTO的最佳发展方针；帮助成员解决它们之间所发生的争议；管理和预算所有与成员有关的行政事务；主持协商和非正式谈判，避免争议。

秘书处的工作人员以及他们的职责、任职条件由总干事决定。总干事及秘书处工作人员必须具有国际性质。在履行职责时不得寻求或接受任何政府或世贸组织之外机构的指示，而且作为国际职员，他们不得做可能会对其职务产生任何不利影响的事情。各成员方也应尊重总干事和秘书处工作的国际性质，不得影响他们履行职责。

WTO机构图如图5.2所示。

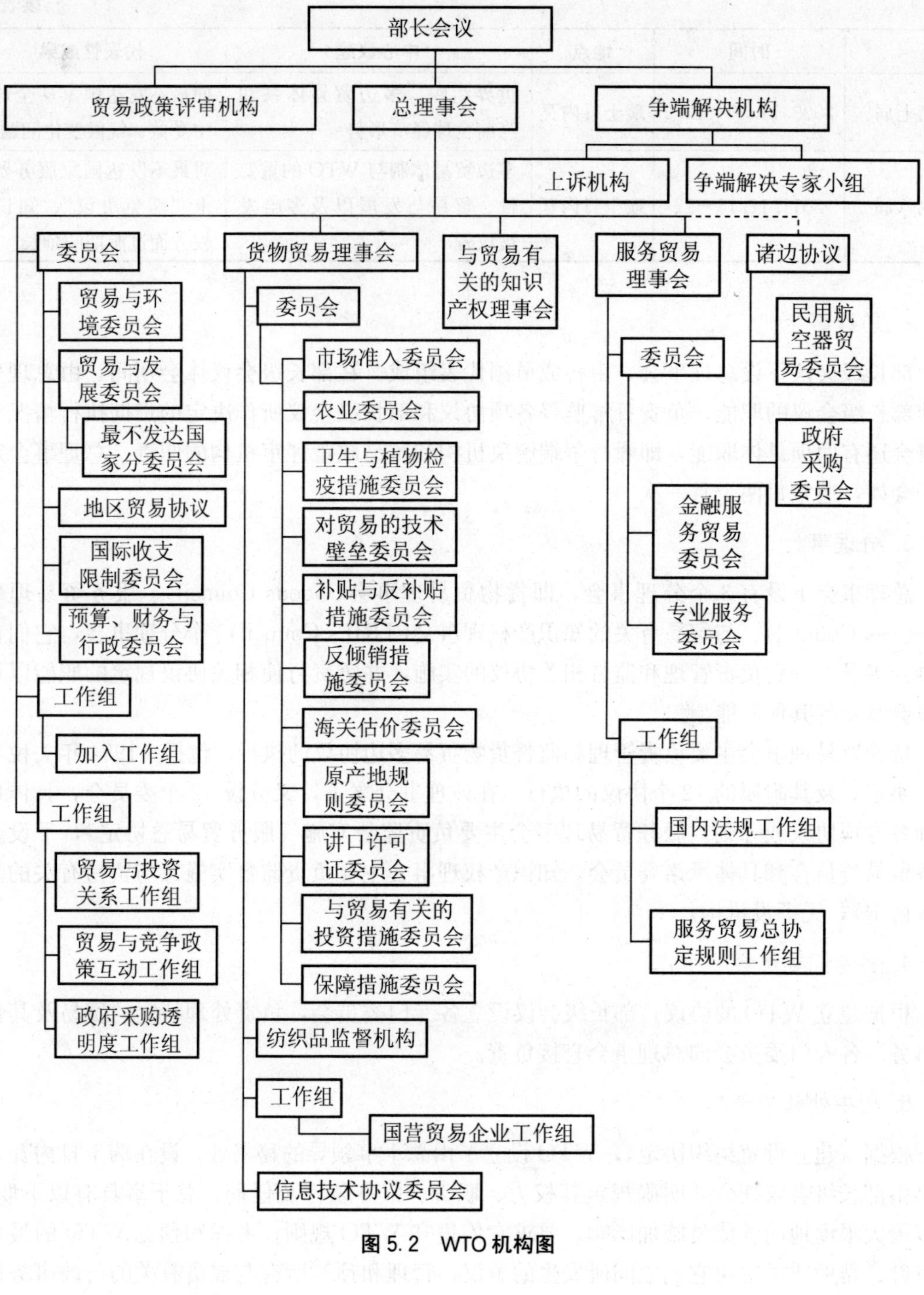

图 5.2　WTO 机构图

四、WTO 的运行机制简介

（一）WTO 的进入与退出机制

1. 成为 WTO 创始成员的条件

（1）在《建立世界贸易组织协定》生效之日，即 1995 年 1 月 1 日前已经成为关贸总协定缔约方，并接受《建立世界贸易组织协定》。

（2）在货物贸易和服务贸易方面做出减让和承诺，包含减让和承诺的减让表已经被各方接受并分别附在《1994GATT》和《服务贸易总协定》后面。

特别是全体创始成员都必须无保留地接受《建立世界贸易组织协定》这一点，确定了WTO权利与义务的全面性。成为WTO创始成员的最不发达国家也须遵守相同的基本条件，不同的是只被要求承担与其各自发展水平和管理能力相符的承诺和减让。《关于接受与加入建立世界贸易组织协定的部长决定》给予了所有符合资格的关贸总协定缔约方以创始成员身份加入WTO的充足时间，同时也规定了最后的截止日期。除非部长们另有决定，新的创始成员只能在《马拉喀什建立世界贸易组织协定》生效后两年内加入。几乎所有关贸总协定缔约方都在1996年年底前批准了各自的加入条件，唯一的例外是，关贸总协定缔约方刚果在1997年3月加入WTO。

【课堂思考】

我国的香港和澳门是否是WTO的原始成员？

2. 加入WTO的程序

WTO的大门对任何国家和单独关税区无限期地开放，WTO组织成员资格的条件并不是固定不变的，申请加入方需要按照与WTO成员谈判议定的条件加入。尽管加入方的加入条件有可能不同，但加入方必须履行WTO的基本义务。加入WTO的程序如下：

（1）第一阶段：提交有关文件。申请加入方向WTO总干事递交信函，表明其根据《建立世界贸易组织协定》第12条加入WTO的愿望。申请散发给WTO全体成员，并列入总理事会会议议程。总理事会审议加入申请并建立工作组，所有感兴趣的WTO成员都可以参加工作组。经与申请加入方和工作组成员磋商后，任命工作组主席。工作组职权范围是，审议加入申请，并最终将“加入议定书草案”等文件提交给总理事会或部长会议审议和决定。

申请加入方准备并散发说明其对外贸易制度的“外贸制度备忘录”、现行实施关税税则及有关法律、法规。提交以上文件后，工作组成员通常会提出书面问题，要求申请加入方对外贸制度的运作进行澄清，加入方需准备书面答复并散发给工作组成员。

（2）第二阶段：外贸制度审议和市场准入的平行谈判。工作组举行第一次会议，审议备忘录及关于问题与答复的文件，并为今后的工作做出安排。此后，工作组还需召开数次会议，进一步审议备忘录及其他文件，通常是以工作组成员进一步提出的问题为基础开展工作。对外贸制度审议进入到比较深入的阶段后，开始双边货物贸易和服务贸易市场准入谈判。谈判的结果是最终达成双边协议。

（3）第三阶段：多边起草加入文件。工作组起草工作组报告书草案（工作组讨论情况总结）、决定草案、加入议定书草案（包含申请加入方与工作组成员议定的加入条件，并附货物贸易和服务贸易减让表）。工作组举行最后一次正式会议，协商一致通过上述文件后，提交总理事会或部长级会议进行审议。

（4）第四阶段：做出决定。WTO总理事会或部长级会议以2/3多数通过加入议定书、工作组报告书和决定草案，申请加入方签署或递交批准文件接受加入议定书。加入议定书在申请加入方签署或递交批准文件30天后生效。

拓展阅读

2013 年 3 月 2 日，塔吉克斯坦正式成为 WTO 第 159 个成员国，也是中亚五国中第二个加入 WTO 的国家(第一个国家为吉尔吉斯斯坦)。

塔吉克斯坦于 2001 年 5 月提出入世申请，于 2012 年 12 月 10 日签署加入 WTO 协议，2013 年 1 月 9 日塔吉克议会批准该协议，申请过程历时 11 年。塔官方认为，加入 WTO 可使塔吉克企业参与国际市场竞争，同时有利于塔吉克进一步改善投资环境。

3. 退出及互不适用

任何 WTO 成员可以退出 WTO，但退出必须同时适用于所有多边贸易协定和《建立世界贸易组织协定》本身，退出在递交书面退出申请的 6 个月后才能生效。

由于政治或其他原因，某些国家可能不希望 WTO 的规则在它们之间相互适用。尽管 WTO 不鼓励这样做，但在它的法律规定上是允许的。条件是有关成员必须在它或另一成员成为 WTO 成员时明确表明“互不适用”的立场。另外，为了保证关贸总协定向 WTO 过渡时“互不适用”条款不被用作采取新的贸易限制的手段，任何关贸总协定缔约方不能针对另一关贸总协定缔约方引用“互不适用”，除非它此前已经援引了相关条款。

(二) WTO 的决策机制

WTO 的决策机制是 WTO 对有关事项，诸如条文的解释、修改、义务的豁免及接受新成员、贸易争端的解决等做出决定的机制。WTO 的决策机制十分重要，因为它直接涉及与这些事项相关的各成员的权利与义务。WTO 的决策机制有 3 种，即协商一致、反向一致和投票表决。WTO 主要遵循协商一致原则，只有在无法协商一致时才通过投票表决决定，反向一致性决策机制主要使用在 WTO 争端解决机制中。

1. 协商一致决策机制

WTO 以关贸总协定所遵循的决定、程序和惯例作为指导，在决策中继续沿用关贸总协定所遵循的“经协商一致做出决定”的习惯做法。具体是指“如在做出决定时，出席会议的成员均未正式反对拟议的决定，则有关机构应被视为经协商一致对提交其审议的事项做了决定。”该原则的重要特点是，成员代表即使对建议的文案并不完全同意，但只要不正式反对，即可通过。同时，协商一致决策机制也赋予了每一个成员进行否决的权力，这就意味着一旦有成员方明确表示不同意，则议案就不能通过。

【课堂思考】

你认为协商一致决策机制有无缺陷?

2. 反向一致性决策机制

反向一致性决策机制是以协商一致方式做出否定表示，否则决议算通过。该原则是对过去关贸总协定决策机制的一项重大改革，主要运用 WTO 争端解决机构的报告有效性中。在争端解决机构中，只有当所有成员方协商一致表示不通过专家小组的报告，该报告才能被否决，也就是说，只要不是全体成员都反对就可通过。采用反向一致性原则能够维护争端解决机制的权威性和独立性，最大限度地防止对 WTO 争端解决程序的阻挠，最终有利于争端迅速有效地解决。

3. 投票表决机制

当无法通过“协商一致”做出决策时，WTO 采用投票表决。但是针对不同的事项，所需要的多数票比例也不相同，具体包括简单多数规则、2/3 多数通过规则、3/4 多数通过规则和全体成员方一致接受规则。

（1）简单多数规则。《建立 WTO 的协议》第 9 条第 1 款规定：“除被协定和多边贸易协定另有规定外，部长级会议和理事会的决定应以投票的简单多数做出。”这里所说的“另有规定”是指《建立 WTO 的协议》对某些事项如果规定了特殊的投票通过规则，此时应该以特殊规定为准。由于多数重大事项的决定有特殊投票规则，所以简单多数原则在实际中的作用有限。

（2）2/3 多数通过规则。其一，WTO 的任何成员，均可向部长会议提出修改《建立 WTO 的协议》和多边贸易协定条款的提案。若在确定的期限内未能协商一致，则进行投票表决，须由成员的 2/3 多数表决通过。其二，新成员加入 WTO，由部长级会议的 2/3 多数通过，或者在两届部长会议之间，由总理事会的 2/3 多数通过。其三，总理事会应以 WTO 半数以上成员的 2/3 多数通过财务条例和年度预算。

（3）3/4 多数通过规则。对于重大事项，如果成员方不能达成一致同意，则采用 3/4 多数通过，这些事项主要是指对《建立 WTO 的协议》及多边贸易协定条款的解释、修改和豁免义务等。

（4）全体成员方一致接受原则。在涉及修改 WTO 基本原则的决议上，只有所有成员方都明确表示同意的情况下，决议才能通过。这种规则不同于协商一致规则，协商一致并不要求所有方都明确表示同意，成员方可以弃权或沉默，但是全体成员方一致接受原则要求每一成员方都要以明示的方式表示接受。这种规定主要是为了限制对世贸组织基本原则的修改，维护 WTO 机制平稳运作。

（三）WTO 的争端解决机制

WTO 的争端解决机制是 WTO 体系的基石之一。与关贸总协定相比，WTO 的争端解决机制有了较大的改进，很大程度上强化了争端解决体系的法律性及强制力。

解决争端是由 DSB 负责，这是一个常设机构，由 WTO 的所有成员组成。它有权建立处理案件的专家小组，有权接受专家小组的认定或上诉机构的结论。它监督裁决和建议的执行，而且在成员没有遵守裁决时，它还有权授权进行报复。根据 DSU 的规定，整个争端解决的程序如下所述。

1. 协商

协商解决争端是 WTO 成员解决贸易争端的主要办法。争端发生后，在采取任何行动之前，争端各方必须进行谈判，以期通过协商的方式来解决分歧。协商是两个或两个以上成员为使问题得到或达成谅解进行国际交涉的一种方式。争端发生后，要求协商一方的申请应通知争端解决机构及有关的理事会和委员会，接到协商申请的成员自收到申请日起，10 天内应做出答复，并在 30 天内(紧急情况下 10 天内，如对易于腐烂的产品)进行协商，60 天内(紧急情况下20天内)解决争端。收到申请的一方在规定的日期内未作出答复或进行协商或双方未能解决争端，则申请协商一方可要求成立专家小组。

2. 调停、调解、斡旋和仲裁

与协商程序不同，进行斡旋、调解和调停，是争端双方自愿执行的程序，可由任何一方提出，随时开始，随时结束。斡旋是第三方为争端当事者提供有利于进行接触的条件，并提出自己的建议或转达各方意见，促使双方进行协商谈判或重新谈判，斡旋者自己不介入谈判的一种解决国际争端方式；此处的调解概念不同于解决国际民商事争议中调解的概念。它是指当事人将争端提交由若干成员方组成的委员会，委员会在调查的基础上提出解决争端的建议。该建议不具有法律约束力，因此争端方没有必须接受的义务。调停是第三方不但为争端当事方提供谈判或重新谈判的便利，而且提出作为谈判基础的条件并亲自主持谈判，提出建议，促使争端双方达成解决争端的协议。如果争端双方一致认为前述3种方式不能解决争端，则可提出建立专家小组的要求。作为可供选择的解决成员之间贸易争端的另一种方法，是由争端双方达成一致的仲裁协议，直接将案件提交仲裁，并将结果通知DSB和有关的理事会和委员会。

3. 公正独立的专家小组程序

当协商、斡旋、调解、调停均不能解决争端时，一方向DSB提交设立专家小组申请。专家小组通常由秘书处指定的3～5名在国际贸易领域有丰富知识和经验的资深政府和非政府人员组成。为便于选择专家，秘书处各有符合专家资格的政府与非政府人员名单。专家小组的职责是按照其工作程序和严格的时限对将要处理的申诉案件的事实、法律(协定)的适用及一致性做出客观评估，并向DSB提出调查结果报告及圆满解决争端的建议，从报告提交DSB起60天内，由DSB会议通过此报告，如争端一方提出上诉，则报告不予通过。

4. 上诉审查程序

当争端一方对专家小组的报告持有异议并将上诉决定通知DSB，或DSB一致反对采纳专家组的报告时，则由DSB设立的常设上诉机构处理对该案件的上诉。上诉只能由争端方提出，且上诉事由仅限于专家小组报告中论及的法律问题及该小组做出的法律解释。上诉机构的报告应自上诉决定通知DSB之日起60天内做出(特殊情况下最长不得超过90天)。上诉机构的报告可以确认、修改或反对专家小组的结果和结论。如上诉机构报告被DSB采纳，则争端各方均应无条件接受。常设上诉机构由广泛代表世界贸易组织成员的7名公认的、具有法律、国际贸易和有关协定专门知识的权威人士组成，期限4年。该机构不隶属于任何政府。

5. 争议解决机构即DSB的接受或批准

DSB是一个具有广泛代表性的政治机构。在WTO成员解决争端中，无论是专家小组的报告，还是上诉机构的报告，不经DSB批准，均不具有法律效力，争端任何一方均有拒绝接受的权利。当然，DSB做出决定的事项，均应以共识做出。

【课堂思考】

自中国加入WTO以来，在贸易争端解决中，中国作为申诉方胜诉率达50%，而作为被申诉方大部分为和解或者审理中，只有少数是败诉。这是否说明中国的争端解决很强大?

(四) WTO的贸易政策评审机制

1. 贸易政策审议机制的概念

贸易政策审议机制(Trade Policy Review Mechanism，TPRM)是指WTO成员集体对各个成员的全部贸易政策和做法及其对多边贸易体制的影响进行定期的集体审议和评估。实施贸易政策审议机制的目的是促进所有成员提高贸易政策和措施的透明度，更好地遵守WTO中的规则、纪律和承诺，从而促进多边贸易体制平衡运行。

2. 贸易政策审议的程序

所有成员的贸易政策和做法均应接受定期审议。各成员对多边贸易体制运行的影响是确定审议频率的决定因素。确定此种影响程度的主要依据是成员在世界贸易中所占份额确定。成员在世界贸易中所占的份额越大，接受审议的次数就越多。按此确认的前4个贸易实体(欧洲共同体计为一实体)每两年审议一次，其后的16个实体每4年审议一次，其他成员每6年审议一次，但可对最不发达国家成员确定更长的期限。

贸易政策审议机制审议程序，是参照1947年关贸总协定1989年以来的做法制定的，并根据1996年WTO成员达成的谅解作了修改。贸易政策审议是在WTO秘书处报告和接受审议成员方“政策声明”基础上进行的。秘书处的报告在格式上包括意见摘要、经济环境、经济贸易投资政策的制定机制、具体贸易政策措施4章。报告由被审议成员核对，但秘书处对报告内容承担最终责任。成员政府的“政策声明”要全面阐述贸易政策和做法。

WTO秘书处一般会提前14～18个月与接受审议成员的相关政府部门和机构联系，开始信息收集。也可以向非政府部门，如制造商协会和商业协会等中介机构以及有关研究机构进行咨询。

真正的审议由WTO的贸易政策审议机构进行，审议会议对所有成员开放，接受审议的成员派出的代表团通常为部长级。为引导讨论，审议会议从其他成员中选取两位讨论人，以个人身份参加会议，不代表各自的政府。会议一般连续举行两个上午。第一次会议由接受审议的成员首先致辞，随后讨论人发言，然后与会其他成员发表意见。第二次审议会议上，讨论主要围绕会前确定的主题进行，被审议成员就各成员方提出的问题进一步做出答复，如有必要，被审议成员也可在一个月内做出书面答复。会议结束时，总理事会主席将就审议情况做出总结。主席和秘书处随后会向新闻界对审议情况进行简要介绍，公布秘书处报告的意见摘要及主席总结。接受审议的成员也可以举行自己的新闻发布会。秘书处报告、政策声明以及会议记录随后也要发表。

拓展阅读

2012年6月12日，WTO在日内瓦开始对中国进行第四次贸易政策审议，商务部部长助理俞建华率由商务部、工业和信息化部、财政部、人民银行、海关总署、税务总局、质检总局、统计局等相关部委组成的代表团参加。中国常驻WTO代表团大使易小准出席会议。

此次中国贸易政策审议得到了WTO成员的高度重视和关注。会上，美国、印度、巴西、加拿大、欧盟等40个WTO成员发言，对中国的经贸政策进行了广泛评论。WTO主要成员在会前向中方提出了书面问题，涉及中国经贸发展和政策的各个方面。30个WTO成员共计向中方提出了1720个书面问题。会前，中方已提交了对全部问题的书面答复。

WTO进行贸易政策审议的目的是保证各成员的贸易政策透明度，加深其他成员对被审议成员经贸政策和措施的理解，并以此来鼓励所有成员遵守WTO规则、信守相关承诺。WTO所有成员均定期接受贸易政策审议。对贸易额在全球排名前四位的成员，每两年进行一次审议。中国前三次审议分别于2006年、2008年和2010年举行。

3. 对世界贸易环境的评议

贸易政策审议机制要求WTO总干事以年度报告的形式对影响多边贸易体制的国际贸易环境的变化情况做出综述。该报告列出WTO的主要活动，并指出影响贸易体制的重大政策问题。最初几次世界贸易环境评议的经验表明，这种评议提供了一个重要的机会，特别是在不举行部长级会议的年份里，使WTO成员可以对国际贸易政策和贸易环境发展趋势进行总体评估。

4. 贸易政策审议机制的作用

（1）为WTO审议各成员的贸易政策，以及评估国际贸易环境的发展变化提供了场所和机会，有助于增加多边贸易体制的透明度。

（2）接受审议的成员对其贸易及相关政策进行解释和说明，有助于增进成员方的相互了解，减少或避免贸易争端。

（3）各成员参与审议和评估，可以为接受审议的成员在贸易政策制定和改进方面提供一些意见或建议，有助于督促其履行作为WTO成员的义务。

【案例讨论】

美国、欧盟、墨西哥相继就中国限制部分工业原材料出口向世贸组织提出申诉，要求与中国在WTO争端解决机制下展开磋商。三方指责中国的理由是中国对用于钢铁、铝和化工产品生产的铝土、焦炭、镁、锌等9种原材料进行出口限制，从而推高了国际市场原材料价格，并使得中国相关企业在国际竞争中获得了“不公平优势”。

中国对原材料的出口限制措施是否与WTO规则和入世承诺一致？

【知识要点提醒】

作为世界性的贸易组织，WTO具有本身的使命，它通过WTO确定的宗旨、职能、组织机构和一套行之有效的行机制来实现。

任务三 WTO 的基本原则

【任务目标】

1. 掌握 WTO 各项基本原则的含义。
2. 理解各项基本原则在 WTO 各项协议中的体现。

【任务引入】

1995 年 1 月，WTO 成立伊始就受理了一起非常棘手的贸易争端。事情的起因如下：1993 年，美国环保署根据国会 1990 年《清洁空气法》修正案制定的"汽油规则"，要求自 1995 年 1 月 1 日起在美国销售的汽油必须符合新的清洁度标准。在美国污染严重地区只允许销售法定清洁汽油(精炼汽油)，在其余地区销售的常规汽油不得低于 1990 年所售汽油的清洁度。关于 1990 年清洁度标准的确定，分为两种情况：在 1990 年营业 6 个月以上的国内供应商可自行确定本企业的标准，而国外供应商和在 1990 年营业不足 6 个月的国内供应商必须执行法定标准。美国的这一政策公布后，遭到了作为美国重要的国外汽油供应商委内瑞拉的反对，认为该政策违反了 WTO 的规则，严重损害了委内瑞拉的经济利益。1995 年 1 月 23 日，委内瑞拉向 WTO 争端解决机构提出起诉讼，要求就此事与美国进行磋商。随后不久，巴西也加入了对美国的申诉。这就是所谓的"WTO 第一案"。

讨论题：

(1) 美国的做法是否违背了 WTO 的基本原则？

(2) 结合 WTO 的相关原则点评美国的做法。

【知识内容】

WTO 继承了关贸总协定的基本原则，并在其所管辖的服务贸易、与贸易有关的知识产权以及与贸易有关的投资措施等新的领域中予以适用并加以发展。

一、非歧视性原则

非歧视性原则又称为无差别待遇，是 WTO 及其法律制度的一项首要的基本原则，这一原则承袭了关贸总协定的非歧视性原则。它要求每一成员国在进出口方面应以相等的方式对待所有其他成员国，而不应采用歧视待遇；同时要求每一成员国对进入本国市场的任何其他成员国的产品或产品的供应商者享有不低于当地产品或产品供应者的待遇。非歧视贸易原则由最惠国待遇和国民待遇条款体现出来。

(一) 最惠国待遇

最惠国待遇(Most-favored-nation，MFN)是指 WTO 任一成员方在货物、服务贸易和知识产权领域给予任何其他国家(无论是否 WTO 成员)的优惠待遇，应立即和无条件地给予其他各成员方。最惠国待遇原则可以保证各国间非歧视地开展贸易，从而实现 WTO 的宗旨。例如，中国、欧盟和美国都是 WTO 成员国，美国对从欧盟进口的汽车征收 10%的减税，那么这一税率也适用从中国进口的汽车。

最惠国待遇实际上是保证市场竞争的机会均等。在1947年关贸总协定中，最惠国待遇已经适用于缔约方之间的货物贸易，而WTO将其扩张到服务贸易和知识产权领域。最惠国待遇的要点如下：

（1）自动性。这是最惠国待遇的内在机制，体现在“立即和无条件”的要求上。当WTO一成员方给予其他国家的优惠超过WTO其他成员方享有的优惠时，其他成员方便自动地享有了这种优惠。

（2）同一性。当一成员方给予其他国家的某种优惠自动适用于其他成员方时，受惠标准必须相同。

（3）相互性。任何一个成员方既是给惠方，也是受惠方，在承担最惠国待遇义务的同时，也在享受着最惠国待遇的权利。

（4）普遍性。最惠国待遇适用于全部进出口产品、服务贸易的各个部门和所有种类的知识产权的所有者和持有者。

在WTO的总体框架中，存在着允许背离最惠国待遇的一些例外，主要表现在特殊产业，如纺织品、农产品的例外，反倾销、反补贴等保障措施在实施对象上的某些例外，关税同盟和自由贸易区、边境贸易安排的例外等。最后给予发展中国家享有差别、优惠待遇的规范既可以被视为WTO多边体系的一种原则，也可以被视为实施最惠国待遇原则上的一项重大例外。

【知识链接】

最惠国待遇是怎么来的

“最惠国待遇”一词首次出现是在17世纪。但是，最惠国待遇义务可以追溯到11世纪。当时地中海沿岸的意大利、法国、西班牙的商人，在外国经商时开始想独占当地的市场而挤走竞争对手，一旦不能达到目的便寻求在该国市场上获取同等进入和竞争的机会。随着国际贸易规模的扩大，商业关系的发展，由此导致了政治条约与通商条约的分立，开始出现一些相互给予最惠国待遇的做法。

在1713年英国与法国的《乌特勒支通商条约》中规定：一方保证，应将它给第三国在通商与透支方面的好处同样给予另一方。1778年，美国在对外签订的第一个条约中包括了一项“有条件的”最惠国待遇条款。19世纪这类条约在欧洲各国流行，但都是通行的“有条件的”惠国待遇模式，即以受惠国做出与第三国承诺相同的承诺为条件。这种有条件的以互惠为基础的最惠国待遇原则在1860年发生了实质性的突破，1860年英法通商条约的签订使现代意义的无条件的最惠国待遇真正诞生。

（二）国民待遇

国民待遇(National Treatment)是指一国对其他成员方的产品、服务或服务提供者及知识产权所有者和持有者所提供的待遇，不得低于本国同类产品、服务或服务提供者及知识产权所有者和持有者所享有的待遇。该原则包含以下内容：

（1）一成员不能以任何直接或间接的方式对进口产品征收高于对本国相同产品所征收的国内税或其他费用。

（2）在有关销售、分销、购买、运输、分销或使用的法规等方面，进口产品必须享受与同类国内产品相同的待遇。

(3) 任何成员不能以直接或间接方法对产品的混合、加工或使用有特定数量或比例的国内数量限制，或强制规定优先使用国内产品。如国产化要求、进口替代要求均被视为直接或间接对外国产品构成歧视，违反国民待遇规定。

(4) 成员不得用国内税、其他国内费用或定量规定等方式，为国内工业提供保护。

国民待遇原则的例外规定主要包括：政府采购，即所购货物供政府使用；只给予某种产品的国内生产者补贴；有关电影片国内放映数量规定；发展中国家提供的以使用国内产品为条件的补贴。自1995年1月1日起，最不发达国家将此补贴保留8年，其他发展中国家可保留5年。

【课堂思考】

试分析最惠国待遇与国民待遇的区别。

二、公平贸易原则

公平贸易原则也称公平竞争原则，其基本含义是，各成员方和进出口贸易经营者都不应采取不公正的贸易手段进行国际贸易竞争或扭曲国际贸易竞争条件，尤其不应以出口倾销或出口补贴方式出口商品。WTO规定，进口国如果遇到其他国家以倾销或补贴方式出口商品可以采取反倾销或反补贴措施来抵制不公平竞争。

为防止滥用反倾销和反补贴措施，WTO对反倾销和反补贴规定了严格的程序和标准，征收反倾销税和反补贴税的条件必须是有倾销或补贴的事实存在，并且倾销或补贴造成了进口国国内工业的实质性损害或实质性损害威胁，才能征收不超过倾销差额或补贴数额的反倾销税或反补贴税。同时WTO也反对，各国滥用反倾销和反补贴以达到贸易保护主义的目的。

三、贸易自由化原则

贸易自由化是指通过多边贸易谈判降低和约束关税，减少其他贸易壁垒，扩大成员方之间的货物和服务贸易。WTO倡导并致力于推动贸易自由化，要求成员方尽可能地取消贸易障碍，开放市场，为货物和服务在国际的流动提供便利。贸易自由化主要表现在三个方面。

(一) 削减关税

WTO允许成员方使用关税手段的同时，要求成员逐渐下调关税水平并加以约束，以不断推动贸易自由化进程。关税约束指成员方承诺把进口商品的关税限定在某个水平，不再提高。如一成员因实际困难需要提高关税约束水平，须同其他成员方再行谈判。

(二) 减少各种非关税壁垒

非关税壁垒是指除关税以外各种限制贸易的措施。随着关税水平逐步下调，非关税贸易壁垒增多，且形式不断变化，隐蔽性强，越来越成为国际贸易发展的主要障碍。WTO就一些可能限制贸易的措施制定了专门协议，以规范成员方的相关行为，减少非关税贸易壁垒，不断推动全球贸易自由化进程。

(三)扩大服务贸易的市场准入

国际服务贸易的迅速发展，客观上要求各国相互开放服务领域。但各国为了保护本国服务业，对服务业的对外开放采取了诸多限制措施。这些限制影响服务业的公平竞争、服务质量的提高和服务领域的资源有效配置，不仅对服务贸易本身，而且对货物贸易乃至世界经济发展都构成了重大不利影响。《服务贸易总协定》要求，成员方为其他成员方的服务产品和服务提供者提供更多的投资与经营机会，分阶段逐步开放商务、金融、电信、分销、旅游、教育等服务领域。

四、关税保护和关税减让原则

WTO允许各成员方以合理的关税保护国内市场，减少非关税贸易壁垒，这主要是因为关税透明度高，谈判比较容易，而且比较容易执行非歧视性原则，有利于市场经济的发展。

《1994关税与贸易总协定》要求各成员方通过谈判降低各自的关税水平，并将这些减让的税目列入各自的关税减让表，使其“约束”起来。已约束的税率3年内不许提升，3年后如果提升，还要同当初进行对等关税减让的成员方协商，取得同意，并且要用其他产品的相当水平的关税减让来补偿提升关税所造成的损失。

五、一般禁止数量限制原则

一般禁止数量限制是指在商品的进出口贸易活动中不允许用数量限制(如规定配额)的方式进行管理。数量限制是非关税壁垒的主要形式，是一国或地区在一定期限内规定某种商品进出口数量的行政措施。它的具体形式有配额、进出口许可证、自动出口限制和数量性外汇管制等。根据WTO的规定，各成员方对本国工业，只能通过关税来加以保护，进口限制及许可证制度等保持措施均在禁止之列。

一般禁止数量限制原则也是对关税保护原则的补充，虽然WTO只承认关税作为唯一合法的保护措施，但随着关税减让谈判的不断进展，各国越来越趋向于增加使用非关税措施进行保护。非关税措施已成为国际贸易日益严重的障碍，一般禁止数量限制原则对此加以约束。

六、透明度原则

透明度原则是指成员方应公布所制定和实施的贸易措施及其变化情况(如修改、增补或废除等)，不公布的不得实施。同时成员方还应将这些贸易措施及其变化情况通知WTO。成员方所参加的有关影响国际贸易政策的国际协议，也在公布和通知之列。

透明度原则的主要内容包括贸易措施的公布和通知两个方面。公布贸易政策的措施是WTO成员方最基本的义务，如果不公布有关贸易政策和措施，成员方就很难保证另一成员方是否提供稳定性、可预见的贸易环境，也难以监督另一成员方是否改变了WTO规定的义务，WTO的一系列协议也难以得到充分、有效的实施。成员方除了公布有关贸易措施与政策之处，还应向其他成员方提供有关信息和咨询的服务。此处，为了提高成员方贸易政策的透明度，WTO要求所有成员的贸易政策都要定期接受审议，即贸易政策审议机制的形成。

贸易政策审议的内容，一般为 WTO 成员方最新的贸易政策，它可从一个侧面反映出被评审成员方履行 WTO 各协定义务的情况。

透明度原则的实质是使政府行为具有公开性、明确性和可预期性。它要求成员国在不妨碍执法、不违背公共利益或损害特定公私企业合法商业利益的前提下，公开本国与贸易有关的法规、政策措施等方面的信息，增加本国贸易环境的透明度和可预期性，防止缔约方之间形成歧视性贸易。

七、对发展中国家的优惠待遇原则

WTO 沿袭了关贸总协定关于发展中国家和最不发达国家优惠待遇的相关协议和条款，并在相关协议中补充和完善。由于 WTO 约 3/4 的成员国是发展中国家，所以对它们的经济发展和改革要给予特别的关注。WTO 规定，发展中成员国在执行协议内容的时间方面应该具有灵活性，即允许它们经过较长的时间达到 WTO 的要求。WTO 给了发展中成员国调整与 WTO 规定不相适应方面的过渡期。

【案例讨论】

美国国际贸易委员会(USITC)和美国商务部(DOC)接到了美国轴承制造商协会(ABMA)提出的申请，对来自中国的球轴承产品及其零件进行反倾销调查。球轴承在机械工业和交通运输业等诸多领域中应用广泛，是我国年度对美出口超过 1 亿美元的大宗机电商品之一。ABMA 提交的反倾销调查申请涉及我对美出口商品金额超过 3 亿美元。这是中国正式加入 WTO 仅仅两个月后，ABMA 利用“反倾销”这一世贸规则允许的贸易保护手段，第一次试图阻挡中国产品。中国球轴承企业一旦败诉，将要面对 17%～246%的反倾销税，而且此后每年都要接受 DOC 对此案的年度复审，由 DOC 再次裁定年度反倾销税率。因此，败诉也就意味着中国球轴承企业将被逐渐挤出美国市场。

本案审理结果如何？本案给中国怎样的启示？我国该采取什么应对措施？

【知识要点提醒】

WTO 取代关贸总协定以后继承了关贸总协定的基本原则，并在其所管辖的服务贸易、与贸易有关的知识产权以及与贸易有关的投资措施领域中予以适用并加以发展。

任务四　中国与 WTO

【任务目标】

1. 了解中国加入 WTO 的历程。
2. 掌握中国加入 WTO 后的权利与义务。
3. 理解中国加入 WTO 后的机遇与挑战。

【任务引入】

2001年11月11日，随着WTO多哈会议的一锤定音，中国被批准为WTO第143个成员国，并于2001年12月11日生效。国内高呼“狼来了”，因为国内市场竞争更加激烈了。入世10多年了，我们发现老百姓乐了，因为他们可以花同样的钱甚至更少的钱买到质量更高的商品。一些企业也乐了，因为国外市场对我国开放了解，这就让我国的企业能在更宽松的环境下参与国际竞争。曾经陌生的WTO不仅被国人熟知，而且也正在改变着人们的生活，甚至改变着人们的观念与传统。

讨论题：

(1) 中国加入WTO给你的生活带来什么样的影响？

(2) 加入WTO给中国带来哪些机遇？

【知识内容】

一、中国加入WTO的历程

(一) 中国与GATT

中国是WTO的前身——关贸总协定的23个创始国之一。1947年4月，当时的中国政府应邀参加了在日内瓦举行的联合国贸易和就业会议第二届筹委会，与美、英、法等19国政府进行了关税减让谈判，并参加了拟订关税与贸易总协定的工作。10月20日，各国签署了关贸总协定，中国政府也在其中。1948年3月，当时的中国政府又签署了联合国世界贸易与就业会议的最后文件，从而成为国际贸易组织临时委员会执行委员会成员之一。1948年4月12日，中国政府在《关税与贸易总协定临时适用议定书》上签字，从而使中国从该年5月21日起，成为关贸总协定23个创始缔约方之一。此后，中国政府还参加了关贸总协定有关文件的起草和关税减让谈判。

1949年10月1日，新中国成立，成为代表中国的唯一合法政府。国民党政府为防止新中国获得关贸总协定的好处而对其不利，1950年3月6日，国民党政府在未得到授权的情况下照会联合国，宣布退出关贸总协定，并于5月5日起退出生效。中国政府认为，国民党政府的退出决定是非法的、无效的。但由于当时国内政治、经济环境的制约，我国未能及时提出恢复关贸总协定缔约国地位的申请。

1965年3月16日，台湾当局又申请参加关贸总协定，并作为观察员列席了关贸总协定第22届大会。1971年10月，联合国大会恢复中华人民共和国在联合国的合法席位后，台湾当局被逐出该组织。此后，我国逐步与关贸总协定恢复了联系。中央于1986年7月正式向关税与贸易总协定提出“恢复关税与贸易总协定缔约国地位”申请，1987年3月关贸总协定成立中国工作组，并且于当年10月召开第一次会议，开始走上中国的“复关”谈判道路。1987—1995年WTO建立，关贸总协定中国工作组一共举行过20次会议，但终因与关贸总协定成员国(主要是美国和欧盟)的双边谈判没有完成，致使中国未能如愿恢复在关贸总协定中的缔约国地位，当然也就错过了成为WTO的创始成员的机会。1995年1月1日WTO正式成立以后，我国的复关谈判转为加入WTO的谈判。

(二) 中国加入 WTO 的历程

1. 复关谈判顺利推进阶段

这一阶段是从中国提出复关申请到 1989 年 5 月中美第 5 轮双边谈判达成谅解。这期间，中国与主要缔约方进行了十几次双边磋商，并就一些核心问题基本形成了谅解。同时，中国工作组连续召开了 7 次会议，基本结束了对中国外贸制度的审查工作，中国复关议定书已基本形成。中国政府的立场也十分鲜明，提出复关的 3 项原则：采取恢复的方式；力争以关税减让作为承诺条件；坚持以发展中国家的地位进行谈判。

中国复关谈判进展顺利的原因，从政治上看，主要是中国的改革开放步伐很快，中国已经提出建立和完善有计划的商品经济；中国与西方的关系处于发展阶段，西方希望中国早日加入 GATT。另外，中国复关只限于货物贸易的市场准入，而没有涉及后来乌拉圭回合所谈判的知识产权、投资措施和服务业的市场准入等复杂问题。西方对中国提出的要求比较适中，主要集中在贸易政策的透明度和统一实施、关税和非关税措施的减让、价格改革的时间表和选择性保障措施等方面。这是谈判进展顺利的技术上的原因。

2. 复关谈判停滞阶段

这一阶段是从 1989 年 6 月到 1992 年 2 月第 10 次中国工作组会议召开。1989 年，西方国家对中国实施经济制裁，致使谈判几近中断，甚至还威胁到上一阶段的谈判成果。

除了这个主要的原因外，其他一些问题也促使谈判陷于停滞。国内为配合治理整顿而重新使用一系列的行政管理措施，西方认为这是中国改革开放在倒退；中美之间的双边经贸关系也出现一些纠纷，如知识产权保护、纺织品非法转口、贸易不平衡和市场准入等问题纷纷出现，而美国把双边贸易问题的解决同中国复关谈判挂钩，成为中国复关的障碍；台湾当局于 1990 年申请加入 GATT，当时的布什政府支持台湾当局入关，使这个中美关系敏感问题卷入到中国复关的谈判进程，中国入关政治化；乌拉圭回合由于农产品补贴问题陷入僵局，GATT 缔约方无心关注中国复关。国际国内形势的变化，决定了中国复关无法继续向前推进，复关谈判涉及的双边磋商和以日内瓦中国工作组会议形式进行的多边谈判事实上均陷入停滞状态，这一状况一直延续到 1992 年年初。

3. 复关谈判攻坚阶段

1992 年年初，邓小平同志南巡发表讲话，中国继续沿着深化改革和全方位开放的目标前进。"十四大"为中国经济体制改革确立了建立市场经济和现代企业制度的目标。中国一系列的改革开放措施为复关谈判提供了新的契机。中国复关谈判继续进行，进入权利与义务谈判的最后攻坚阶段，中美双方达成劳改产品、知识产权和市场准入协议。日内瓦中国工作组从单纯审议外贸制度进入到谈判起草加入议定书和双边关税减让谈判双轨进行的阶段。

这一阶段谈判的主要障碍是权利和义务的明显失衡，表现在以美国为首的西方国家无视中国国情和中国经济转型的客观情况，要求中国以发达国家的身份加入 GATT，承担发达国家在 GATT 中的义务，不享受有关过渡保护时期的规定。1994 年 11 月 28 日，中国政府作出了"1994 年年底结束中国复关实质性谈判最后期限"的重大决定，并提出 3 个原则：权利义务一致原则；中国政府以发展中国家的身份加入 GATT；以乌拉圭回合协议为基础承担义务，结束1994年年底前的实质问题的谈判。但是，直到1994年12月20日在日内瓦举行的关贸总协定中国工作组第19次会议仍未能达成中国复关的协议。

4. 入世谈判冲刺和成功阶段

1995年WTO正式成立后，我国的复关谈判转为加入WTO的谈判。1995年年底应中国政府要求，中国复关谈判工作组更名为世界贸易组织中国工作组。1996年3月，召开了第一次工作组会议。中国在入世谈判中提出了3项原则：坚持权利和义务的平衡原则；坚持以发展中国家的身份加入原则；以乌拉圭回合达成的协议为中国承诺义务的基础，中国只能承担与中国经济发展水平相适应的义务。

1995年以后，中国对外采取了“不再主动要求谈判”的策略，对入世谈判进行了冷处理。中国对入世的“无所谓”态度在一定程度上刺激了西方国家，一方面它们担心中国全面参与多边贸易体制的政策会发生变化，如果长期把中国排斥在世界贸易组织之外，中国可能自行其是，这不利于它们的长远利益，另一方面它们仍然坚持不切实际的过高要价。入世谈判依然十分艰难。

到1997年下半年，中美关系出现缓和。克林顿连任后，美国高层决定调整对中国入世的政策。1997年10月，江泽民主席访问美国和1986年6月克林顿总统访华取得了成功，改善了双边关系。与此同时，中国主动连续地大幅度降低关税，扩大从美国机械设备等产品的进口，也为中国入世创造了必要备件。中国抓紧与一些中国工作组成员进行双边谈判，很快与新西兰、韩国等先后达成双边协议。1998年5月，欧盟把中国从“非市场经济国家”的名单中删去，不再对中国实行歧视性进口政策。1998年7月，美国参众两院以绝对多数通过了延长中国最惠国待遇的方案，并修改了美国贸易法，把最惠国待遇条款改为“正常贸易关系”，为给予中国永久性最惠国待遇迈出了关键性的一步。1999年4月，朱镕基总理访问美国。尽管由于种种因素，中美双方没有能签署双边协议，但实际上双方立场相当接近，美方在联合声明中承诺“坚定地支持中国于1999年加入世界贸易组织”。

1999年5月8日，以美国为首的北约悍然轰炸了我国驻南斯拉夫大使馆，使中美关系出现倒退，中美关于中国加入WTO的谈判也停顿下来。直到1999年9月11日，在奥克兰亚太经合组织非正式首脑会议上，江泽民主席与克林顿总统会晤，同意恢复关于中国入世的双边谈判。1999年11月15日，经过六天五夜的紧张谈判，中美双方终于签署了《中美关于中国加入世界贸易组织的双边协议》，从而扫除了中国入世的最大障碍。中美签署协议后，中国入世的步伐明显加快。2000年5月19日，中国又与WTO的重要成员——欧盟达成了双边协议。中国入世工作重点发生转变，从双边谈判转入多边谈判。2001年，WTO中国工作组完成中国入世多边法律文件，实质性工作全部结束。11月10日，WTO第四届部长级会议审议通过了中国加入WTO的申请，中国从2001年12月11日起正式成为WTO成员第143个成员。

拓展阅读

在中国入世的历程中，签字最多的人就是原中国对外经济贸易合作部部长石广生。1999年11月15日，石广生和美国贸易代表巴尔舍夫斯基在北京签署中美关于中国加入WTO的双边协议。2000年5月19日，石广生和欧盟贸易委员帕斯卡尔·拉米分别代表中欧双方签署协议。2001 年 12 月 11 日，在卡塔尔首都多哈，石广生签署中国入世议定书，这也标志着中国正式加入 WTO。中国终于走进了 WTO 的大门。为了纪念这一历史性的时刻，石广生至今仍留着当时签字用的笔。当时有 4 支笔，石广生解释说："因为各方面都想要这支笔，历史博物馆拿走 1 支笔，我们外经贸部留 1 支，我本人还想留 1 支，助签的同志也想留 1 支，所以我们就 4 支笔。但是用什么笔，当时我们办公厅主任说，咱们买个名牌笔去吧，我说一定要用国产笔，当时我们想，过去我们觉得有个金星，我们去找，后来金星这个笔没有了，后来我们就找到上海的英雄笔。"

中国复关和入世谈判是多边贸易谈判史上最为漫长的。从 1986 年 7 月 11 日中国正式向关贸总协定提交复关申请到中国最终加入 WTO，历时 15 年，谈判过程充满了艰巨性、复杂性、特殊性和敏感性。其中最重要的环节是中美谈判和中欧谈判，中美谈判举行了 25 轮，中欧谈判进行了 15 轮。在整个谈判过程中，中国代表团换了 4 任团长，美国和欧盟分别换了 5 位和 4 位首席谈判代表。中美谈判的主要特点是范围广、内容多、难度大。美国由于经济实力强大，要求开放的市场多是中国保护程度较高的或比较第三敏感的领域，同时谈判又受到各种政治因素的干扰，美国一些利益集团还想利用中国加入世贸组织提出高于 WTO 本身的要求，所以谈判非常艰苦。但是，因为中国加入 WTO 符合中美双方的最终利益，中美经过艰苦谈判，双方最终签署了双边协议。中美谈判协议的达成，为中国加入 WTO 谈判的最终成功铺平了道路。中国加入 WTO 标志着我国的对外开放进入了新阶段，有利于我国社会主义市场经济体制的建立和完善，有利于我国国际地位的提高，有利于我国对外经济贸易法律的完善。

【课堂思考】

中国的入世之路为何如此艰难?

【知识链接】

中国加入 WTO 的法律文件

中国加入 WTO 的法律文件包括《马拉喀什建立世界贸易组织协定》、《中华人民共和国加入的决定》、《中华人民共和国加入议定书》及其附件和《中国加入工作组报告书》。

《中华人民共和国加入议定书》是确定申请方中国权利与义务关系的法律文件，《中国加入工作组报告书》则是对整个加入谈判情况的记录与说明(也包括部分承诺)。两者虽然在结构上有一定差异，但后者作为谈判的记录和对议定书有关条款的解释和说明，和议定书具有内在的统一性，具有同等法律效力。

二、中国加入 WTO 后享有的权利和义务

(一) 中国加入 WTO 后享有的权利

1. 全面参与世界贸易体制

加入 WTO 后，中国充分享受正式成员的权利，这包括：全面参与 WTO 各理事会和委

员会的所有正式和非正式会议，维护中国的经济利益；全面参与贸易政策审议，对重要贸易伙伴的贸易政策进行咨询和监督，敦促其他 WTO 成员履行多边义务；在其他 WTO 成员对中国采取反倾销、反补贴和保障措施时，可以在多边框架体制下进行双边磋商，增加解决问题的渠道；充分利用 WTO 争端解决机制解决双边贸易争端，避免某些双边贸易机制对中国的不利影响；全面参与新一轮多边贸易谈判，参与制定多边贸易规则，维护中国的经济利益；对于现在或将来与中国有重要贸易关系的申请加入方，将要求与其进行双边谈判，并通过多边谈判解决一些双边贸易中的问题等。

2. 享有非歧视待遇原则

充分享受其他 158 个成员国多边无条件的最惠国待遇和国民待遇，即非歧视待遇。中国在双边贸易中受到的一些不公正的待遇将会被取消或逐步取消，其中包括：美国国会通过永久正常贸易关系(PNTR)法案，结束对华正常贸易关系的年度审议；根据 WTO《纺织品与服装协议》的规定，发达国家的纺织品配额在 2005 年 1 月 1 日取消，中国可享受 WTO 纺织品一体化的成果；美国、欧盟等在反倾销问题上对中国使用的“非市场经济国家”标准将在规定期限内(15 年)取消等。

3. 享受发展中国家权利

除一般 WTO 成员所能享受的权利外，中国作为发展中国家还将享受 WTO 各项协定规定的特殊和差别待遇，其中包括：中国经过谈判，获得了对农业提供占农业生产总值 8.5% “黄箱补贴”的权利；在涉及补贴与反补贴措施、保障措施等问题时，享有协定规定的发展中国家待遇；在争端解决中，有权要求 WTO 秘书处提供法律援助；在采用技术性贸易壁垒国际标准方面，可以根据经济发展水平拥有一定的灵活性等。

4. 获得市场开放和法规修改的过渡期

为使中国相关产业在加入 WTO 后获得调整和适应的时间和缓冲期，并对有关的法律和法规进行必要的调整，经过谈判，中国在市场开放和遵守规则方面获得了过渡期。例如，在放开贸易权的问题上享有 3 年的过渡期，关税减让的实施期最长可到 2008 年。

5. 保留国营贸易体制

WTO 允许通过谈判保留进口国营贸易。为使中国在加入 WTO 后保留对进口的合法调控手段，中国在谈判中要求对重要商品的进口继续实行国营贸易管理。经过谈判，中国保留了对粮食、棉花、植物油、食糖、原油、成品油、化肥和烟草 8 种关系国计民生的大宗产品的进口实行国营贸易管理(即由中国政府指定的少数公司专营)。同时，我国对上述这些进口产品允许非指定经营的份额作了规定。

6. 对国内产业提供 WTO 规则允许的补贴

我国承诺遵守 WTO《补贴与反补贴措施协议》，逐步取消与规则不符的补贴措施。与此同时，经过谈判，我国保留了与 WTO 有关规则相符的对国内产业和地区进行补贴的权利，其中包括：地方预算提供给某些亏损国有企业的补贴；经济特区的优惠政策；经济技术开发区的优惠政策；上海浦东经济特区的优惠政策；外资企业优惠政策；国家政策性银行贷款；

用于扶贫的财政补贴；技术革新和研发基金；用于水利和防洪项目的基础设施基金；出口产品的关税和国内税退税；进口税减免；等等。

7. 维持国家定价

中国保留了对重要产品及服务实行政府定价和政府指导价的权利，其中包括：对烟草、食盐、药品等产品，民用煤气、自来水、电力、热力、灌溉用水等公用事业以及邮电、旅游景点门票、教育等服务保留政府定价的权利等；对粮食、植物油、成品油、化肥、蚕茧、棉花等产品和运输、专业服务、服务代理、银行结算、医疗服务等服务保留政府指导价的权利；在向世界贸易组织秘书处做出通报后，可增加政府定价和政府指导价的产品和服务。

8. 保留征收出口税的权利

为了对我国矿产和自然资源提供必要的保护，经过谈判，我国保留了对 80 多种产品征收出口税的权利。

9. 保留对进出口商品进行法定检验的权利

经过谈判，我国保留了对进出口商品进行法定检验的权利。

10. 开放服务贸易领域并进行管理和审批

经过谈判，我国有条件、有步骤地开放服务贸易领域并进行管理和审批。

（二）中国加入 WTO 后承担的义务

1. 遵守非歧视原则

中国承诺在进口货物、关税、国内税等方面，给予外国产品的待遇不低于给予国内同类产品的待遇，并对目前仍在实施的与国民待遇原则不符的做法和政策进行必要的修改和调整。

2. 统一实施贸易政策

承诺在整个中国关境内，包括民族自治地方、经济特区、沿海开放城市以及经济技术开发区等统一实施贸易政策。

3. 确保贸易政策的透明度

承诺公布所有涉外经贸法律和部门规章，未经公布的不予执行。设立 WTO 咨询点，对有关成员咨询的答复应该完整，并代表中国政府的权威观点。对企业和个人也将提供准确、可靠的贸易政策信息。

4. 为当事人提供司法审议的机会

承诺在与中国《行政诉讼法》不冲突的情况下，在有关法律、法规、司法决定和行政决定方面，为当事人提供司法审查的机会。

5. 逐步放开外贸经营权

承诺在加入 WTO 后 3 年内取消外贸经营审批制，所有在中国的企业、已享有部分进出口权的外资企业将逐步享有完全的贸易权（贸易权仅指货物贸易方面进口和出口的权利，不包括在国内市场的销售权，不同产品的国内市场销售权取决于中国在服务贸易方面作出的承诺）。

6. 逐步取消非关税措施

加入 WTO 后，将已有 400 多项产品实施的非关税措施(配额、许可证)在 2005 年 1 月 1 日之前取消，并承诺今后除非符合 WTO 规定，否则不再增加或实施任何新的非关税措施。

7. 不再实行出口补贴

中国承诺遵照 WTO《补贴与反补贴措施协议》的规定，取消协议禁止的出口补贴，通告协议允许的其他补贴项目。

8. 实施《与贸易有关的投资措施协议》

中国承诺加入 WTO 后实施《与贸易有关的投资措施协议》，取消贸易和外汇平衡要求、当地含量要求、技术转让要求等与贸易有关的投资措施。根据大多数 WTO 成员的通行做法，承诺在法律、法规和部门规章中不强制规定出口实绩要求和技术转让要求，由投资双方通过谈判议定。

9. 以折中方式处理反倾销、反补贴条款的可比价格

在中国加入 WTO 后 15 年内，在采取可比价格时，如中国企业能明确证明该产品是在市场经济条件下生产的，可以该产品的国内价格作为依据；否则，将按替代价格作为可比价格。该规定也适用于反补贴措施。

10. 接受特殊保障条款

在中国加入 WTO 后 12 年内，如中国出口产品激增造成 WTO 成员国内市场紊乱，双方应磋商解决，在磋商中，双方一致认为应采取必要行动时，中国应采取补救行动。如磋商未果，该 WTO 成员只能在补救冲击所必需的范围内，对中方撤销减让或限制进口。

11. 接受过渡性审议

在中国加入 WTO 后 8 年内，WTO 相关委员会将对中国和成员履行 WTO 义务和实施加入 WTO 谈判所作承诺的情况进行年度审议；然后在第 10 年完全终止审议。中方有权就其他成员履行义务的情况向委员会提出质疑，要求 WTO 成员履行承诺。

三、中国加入 WTO 后面临的机遇和挑战

(一) 中国加入 WTO 后面临的机遇

(1) 中国加入 WTO 使中国在国际经济舞台上发挥更大的作用。目前，WTO 已经有 159 个成员，它是名副其实的“经济联合国”，成为当今国际经济贸易规则的主要制定者和国际经贸关系的主要协调者，其影响力越来越大。加入 WTO 就使中国在国际经济贸易舞台上拥有更大的发言权，可以为建立公正、合理的国际经济新秩序、维护发展中国家的利益做出更大的贡献。加入 WTO，变被动为主动，我国能够参与制定国际贸易规则，参与国际经济关系的协调，有利于在国际范围更好地维护我国的经济安全和利益。

(2) 加入 WTO 有利于推进我国的经济体制改革，尤其是对外贸易体制的改革和国有企业的改革。加入 WTO 后，我国进入改革开放的新阶段，我国的经济进入世界经济整体发展主流之中，真正成为世界经济的一个有机组成部分，进入全方位、多层次改革开放的新时

期。加速改革开放的步伐十分有利于实现建立社会主义市场经济体系的目标和加快现代企业制度的建立。

(3) 加入 WTO 也将促进经济结构的调整和促进企业竞争力的提高，获得巨大的效率收益。入世后，通过加大整体改革开放的力度和对外经济贸易的发展，可以更好地利用两种资源、两个市场实现生产要素的最佳配置，促进经济结构和产业结构的优化，大大提高劳动生产率，获得提高国民经济效率的收益。入世后，我国企业面对的是众多实力雄厚的国际知名企业，竞争更加激烈。竞争机制的强化将激发中国企业的竞争意识，促使企业加速转变经营机制，进行结构性调整，加大技术投入，注重研究开发和对品牌的培育，提高产品质量和服务水平，改善管理，增强企业的核心竞争力，以便在市场上占有一席之地。

(4) 入世有利于扩大出口，促进我国对外贸易的发展。入世后，中国的出口商品从其他成员方获得稳定的、多边的、无条件的最惠国待遇和国民待遇，一些国家不得不取消对我国商品和服务的不同程度的歧视性贸易政策，我国获得了更为有利的市场准入条件，出口贸易有了较大的增长，尤其是纺织品、服装、家电等产品的出口。另外，由于进口关税的下降，进口限制的取消，进口贸易也会有较大幅度上升。特别是进口原材料价格的下降十分有利于降低成本，可提高使用进口原材料的出口商品的竞争能力，扩大出口。

(5) 入世有利于中国引进更多的外资和先进的技术。入世后，我国遵照 WTO《与贸易有关的投资措施协议》和《服务贸易总协定》等规定，开放市场，放宽投资领域、地域和股权比例的限制，取消产品外销比例、外汇平衡和当地成分等要求，给予外商投资企业以国民待遇，增加对外经济贸易政策法规的透明度和统一性，投资环境大大改善，形成新一轮外商投资高潮。更多的外资以及先进的科学技术和管理经验进入，对于我国调整产业结构、使产品升级换代、增加就业、扩大出口都将起到积极的促进作用，拉动中国经济的新一轮增长。

【课堂思考】

谈谈我国入世给外资企业一些优惠政策的有利之处和不利之处。

(6) 入世有利于公正合理地解决我国可能发生的与其他成员的贸易纠纷，较好地维护国家和企业的利益。随着我国在世界经济贸易中的地位的上升，中国与其他国家之间的经济贸易纠纷有逐渐增多的趋势。如果我国不是 WTO 的成员，只能在双边谈判的基础上寻求解决的办法，有的国家甚至采取单边主义，而不能适用 WTO 的规则，常常使我国处于不利的局面。例如，许多国家指控我国企业倾销，往往应用其国内法处理，使我国企业败诉，蒙受经济损失。入世后，我国可以根据 WTO 的规则，在多边贸易体系争端解决框架内处理与其他国家的贸易纠纷，使争端得到公正、合理的解决，从而能够维护我国国家和企业的利益。

(二) 中国加入 WTO 后面临的挑战

(1) 加入 WTO 后使世界经济、世界市场的动荡对中国产生更直接更深刻的影响，增加我国宏观经济调控和防范金融风险的难度。入世后，中国经济在更大程度上融入世界经济，对外贸易依存度进一步提高，中国固定资本投资对国际资本市场的依存度也增加了。因此，国际商品市场、国际资本市场的震荡对中国的传递变得十分显著。因此，入世后我国宏观经济调控的难度大为增加，宏观调控的作用有所削弱。

(2) 入世后大幅度降低关税，取消对进口商品的配额、许可证等限制，使进口大幅度增加。更多的外国工业品进入中国市场，对某些产业部门带来一定的冲击，尤其是一些长期受保护或处于垄断状态，因此缺乏竞争能力的产业部门。农产品进口的增加对我国这样一个农业还没有现代化的农业大国来说也是一个严峻的挑战，尤其是粮食、棉花、食糖、禽肉等生产都有负面影响。服务业受到的冲击更为明显，垄断地位被打破，服务市场被分割，那些没有效益、没有竞争能力的服务企业濒临破产。而且，进口激增有可能导致贸易出现逆差，影响我国国际收支状况。

(3) 国有企业面临严峻的挑战。与国外大跨国公司相比，我国的大部分国有企业在规模效益、技术开发能力、现代化管理水平等方面处于劣势地位。有些企业产权不清晰，职能错位，经营者寻租现象严重，加上设备陈旧，产品技术含量低，劳动力素质差等，难以在激烈的国际竞争中生存。国有企业中那些缺乏资金、没有先进的技术、没有科学管理、没有经济效益、毫无竞争能力的企业必然要倒闭。国有企业只有走改革和创新的道路，提高核心竞争能力，才能在经济全球化和市场国际化的新形势下脱颖而出。

(4) 入世对我国的就业形势会带来十分复杂的影响，对我国这样一个劳动力众多的国家带来就业的压力。从就业结构看，农业和第二产业的就业人数会逐渐减少，服务业的就业机会将大幅度增加。外商投资企业和私营企业的就业人员会大量增加，而在国有企业中的就业人数会下降。从对就业的总体影响来看，短期内失业人数会增加，特别是最初的几年，农业中至少有1000万劳动力需要转移出去，造成一定的就业压力，如何解决失业问题，这是一个严峻的挑战。从长远看，随着对外贸易的扩大和经济的增长，就业总量会不断增加。

【案例讨论】

2009年4月20日，美国钢铁工人协会宣布，依据美国1974年贸易法第421条款，向美国国际贸易委员会提出对中国输美商用轮胎的特殊保障措施案申请，要求美政府对中国出口的用于客车、轻型卡车、迷你面包车和运动型汽车的2100万个轮胎实施进口配额限制。2009年4月29日，美国国际贸易委员会在联邦纪事上公告启动对中国轮胎产品的特保调查。这是时隔3年多之后，美国又一次对中国产品发起特保调查，而且涉案金额巨大。2009年6月18日，美国国际贸易委员会对中国乘用车及轻卡车轮胎特保案做出肯定性损害裁决，认定中国轮胎产品进口的大量增加，造成或威胁造成美国内产业的市场扰乱。2009年9月2日，美贸易代表办公室在咨询财政部等部门意见后，向奥巴马提出相关建议。美国总统奥巴马在北京时间2009年9月12日宣布，对从中国进口的所有小轿车和轻型卡车轮胎实施为期3年的惩罚性关税。根据WTO专家组和上诉机构的认定，中国在此案中败诉。

有人认为这是美国的歧视性贸易措施，有人认为WTO的裁决非常不公平，也有人认为中国轮胎业是美国转嫁经济危机的替罪羊。我国究竟输在哪里？如何才能避免类似案件的重演？

【知识要点提醒】

中国离不开WTO，WTO同样离不开中国。中国入世后，权利与义务、机遇与挑战并存。

【项目小结】

1. 1948年1月1日生效的GATT是WTO建立前协调缔约国对外贸易政策和经济贸易关系的国际多边协定，其主要职能是通过多边谈判，推动世界贸易自由化的发展。自建立以来，GATT共举行了8个回合的多边贸易谈判，大大降低了关税收政策与非关税壁垒，加速了国际贸易自由化的进程，但同时也有一定局限性。1984年召开的关贸总协定第八轮谈判即乌拉圭回合，最终建立起WTO，并取代了GATT，成为新的多边贸易体制。《1947 GATT》转化为《1994 GATT》，WTO与GATT既有区别，又有联系。

2. WTO的宗旨可归纳为：提高生活水平；保证充分就业提高实际收入和有效需求；扩大商品和服务的生产与贸易；坚持可持续发展，合理利用世界资源，保护环境；保证发展中国家成员贸易、经济的发展。其职能可归纳为：负责WTO多边协议的实施、管理和运作；为谈判提供场所；贸易争端的解决职能；贸易政策的评审职能；与其他国际组织进行合作。WTO的运行机制包括进入与退出机制、决策机制、争端解决机制和贸易政策审议机制。

3. WTO的基本原则是非歧视原则、互惠原则、公平竞争原则、贸易自由化原则、关税保护与关税减让原则、一般禁止数量限制原则、透明度原则、市场准入原则、对发展中国家的特殊优惠原则。

4. 2001年12月11日中国正式成为WTO的第143个成员国。加入WTO中国能够充分享受WTO成员国的权利，同样必须承担承诺的义务。加入WTO给中国带来新的机遇与挑战。

【项目演练】

一、判断题

1. GATT与WTO一样是国际组织，具有国际法人地位。（　）
2. WTO是对GATT的继承与发展。（　）
3. 仲裁是WTO争端解决机制中的必经程序。（　）
4. 总理事会是WTO最高决策机构。（　）
5. 关贸总协定共组织了7轮多边贸易谈判，基本上形成了一套国际贸易政策与措施的规章制度和法律准则。（　）
6. 在关贸总协定“狄龙”回合谈判中，各国最终达成《反倾销协议》。（　）
7. 中国是1947年10月《关贸总协定临时适用议定书》的签约国。（　）
8. 《国际贸易组织宪章草案》是由英国提出来的。（　）
9. 技术壁垒是当前发展中国家面临的最主要的非关税障碍。（　）
10. 与协商程序一样，斡旋、调解与调停是经争端各当事方同意而自愿选择的程序。（　）
11. WTO透明度原则要求成员的贸易政策法规都必须公布。（　）

12. 在部长级会议休会期间由 WTO 总干事代行部长级会议职能。（ ）

13. WTO 要求加入方必须无选择地以“一揽子”方式签署乌拉圭回合达成的所有协议。（ ）

14. WTO 的法规是强制性的，而关贸总协定的法规是非强制性的，只具有规劝性。（ ）

15. 申请加入 WTO 须经 WTO 成员方完全协商一致同意才能通过。（ ）

二、单项选择题

1. 1944 年 7 月，美、英等 44 国在美国新罕布什尔州的（ ）举行会议，拟建立 3 个国际经济组织：国际货币基金组织、国际复兴开发银行和国际贸易组织。

A. 洛杉矶　B. 纽约　C. 东京　D. 布雷顿森林

2. 由于美国国会的阻挠及美国在国际社会的影响，（ ）未获通过，拟建的国际贸易组织胎死腹中。

A. 东京回合　B. 哈瓦那宪章　C. 乌拉圭回合　D. 千年回合

3. （ ）即关贸总协定第八轮贸易谈判，是关贸总协定成立以来规模最大、议题最多、对世界经济影响最大的议论多边贸易谈判。

A. 东京回合　B. 千年回合　C. 乌拉圭回合　D. 马拉喀什会议

4. 世界贸易组织的最高权力机构是（ ）。

A. 总理事会　B. 部长会议　C. 理事会　D. 秘书长

5.《关税与贸易总协定》的《临时适用议定书》避开各国国内的批准程序，于（ ）生效。

A. 1947 年 11 月 3 日　B. 1948 年 1 月 1 日
C. 1994 年 12 月 31 日　D. 1995 年 1 月 1 日

6. 根据 WTO 协定第 12 条的规定，加入 WTO 的决定由部长会议作出，部长会议的决定应由世界贸易组织成员（ ）多数通过。

A. 1/2　B. 2/3　C. 3/4　D. 3/5

7. 退出 WTO 协定和多边贸易协议在 WTO 总干事收到退出的书面通知之日起（ ）个月后生效。

A. 1　B. 3　C. 6　D. 12

8. （ ）年 7 月中国正式提出恢复在关贸总协定中的合法席位。

A. 1986　B. 1988　C. 1992　D. 1995

9. （ ）为 WTO 的日常办事机构，负责处理世贸组织的日常事务。

A. 总理事会　B. 理事会　C. 专门委员会　D. 秘书处

10. 中国加入 WTO 的时间是（ ）。

A. 1995 年 1 月 1 日　B. 1999 年 1 月 1 日
C. 2001 年 12 月 11 日　D. 2008 年 8 月 8 日

11. “乌拉圭回合”共历时（ ）年。

A. 9　B. 8　C. 10　D. 7

12. 在关贸总协定临时适用的议定书上签字的缔约国共有（ ）。

A. 15 个　B. 23 个　C. 102 个　D. 123 个

13. WTO对美国、欧盟、加拿大和日本等4个贸易实体进行每(　　)1次贸易政策审议。

A. 四年　　B. 三年　　C. 两年　　D. 一年

14. WTO承诺给予(　　)更多的特殊待遇。

A. 发达国家成员　　B. 发展中国家成员

C. 最不发达国家成员　　D. 以上答案均不正确

15. WTO成员分为创始成员和(　　)两种

A. 观察员　　B. 批准成员　　C. 加入成员　　D. 协议成员

三、多项选择题

1. 下面哪些是WTO的基本原则?(　　)

A. 非歧视原则　　B. 贸易自由化原则

C. 透明度原则　　D. 公平竞争原则

2. 非歧视原则主要通过以下哪些原则来实现?(　　)

A. 最惠国待遇　　B. 国民待遇　　C. 互惠原则　　D. 无差别待遇原则

3. WTO与之合作的组织有(　　)。

A. 联合国贸易与发展会议　　B. 世界银行

C. 国际货币基金组织　　D. 非政府组织

E. 世界卫生组织

4. WTO的宗旨有(　　)。

A. 提高生活水平，保证充分就业　　B. 扩大货物、服务的生产和贸易

C. 坚持走可持续发展之路　　D. 保证发达国家贸易和经济的发展

E. 建立更加完善的多边贸易体制

5. 理事会为总理事会的附属机构，其中(　　)为最重要的理事会，由所有成员方代表参加。

A. 货物贸易理事会　　B. 服务贸易理事会

C. 技术贸易理事会　　D. 知识产权理事会

6. 关贸总协定第一轮多边贸易谈判的参与国包括(　　)。

A. 英国　　B. 法国　　C. 美国　　D. 中国

7. WTO争端解决的基本程序包括(　　)。

A. 磋商　　B. 专家组审理争端

C. 斡旋、调节和调停　　D. 上诉机构审理

E. 争端解决机构裁决的执行及其监督

8. WTO审议贸易机制的目的是(　　)。

A. 促使成员方提高贸易政策和措施的透明度

B. 促使成员方履行所做的一切承诺

C. 促使成员方更好地遵守世界贸易组织规则

D. 有助于多边贸易体制平稳的运行

E. 促进非WTO成员加入世界贸易组织

9. 与《1947年关贸总协定》相比，WTO的法律地位有(　　)。

A. WTO具有法人资格

B. WTO 每个成员方向 WTO 提供其履行职责时所必需的特权与豁免权

C. WTO 官员和各成员方的代表在其独立执行与 WTO 相关的职能时，也享有每个成员提供的必要的特权与豁免权

D. WTO 可以缔结总部协议，与其他国际组织进行较密切的协商和合作

10. 关于关税与贸易总协定各轮谈判的别称，正确的说法是(　　)。

A. 第六轮多边贸易谈判又称为“东京回合”

B. 第七轮多边贸易谈判又称为“东京回合”

C. 第五轮多边贸易谈判又称为“狄龙回合”

D. 第六轮多边贸易谈判又称为“肯尼迪回合”

E. 第八轮多边贸易谈判又称为“乌拉圭回合”

四、实务操作题

A 国是 GATT(1947 年)的缔约方，但在 1984 年因为战争原因退出了 GATT。1994 年 A 国向 GATT 提交了要求恢复其作为 GATT 缔约方的请求，未被通过。1996 年 A 国又申请加入 WTO，并最终于 1997 年 12 月 11 日成为 WTO 的正式成员。A 国在加入 WTO 时对 WTO 法律框架中的附件 4 中的民用航空器贸易协定和国际奶制品协定做出了保留，即拒绝加入接受这两个诸边贸易协定。两年后，A 国又向 WTO 提出了豁免其作为成员国的 3 项义务，经 WTO 决议机构决策后予以同意。根据以上案情分析并回答下列问题：

(1) A 国是 WTO 的创始成员还是加入成员？

(2) A 国对 WTO 多边贸易协定的两个诸边贸易协定选择性不加入是否违背了 WTO 成员对 WTO 多边贸易协定的“一揽子接受”方式？

(3) WTO 的决策机构要通过豁免 A 国的 3 项义务的请求应该经多少票通过？

项目六

外汇、汇率和外汇交易

WAIHUI HUILÜ HE WAIHUI JIAOYI

【项目导读】

货币是一个国家的主权象征，货币交易是国际政治、经济、文化等交往的重要媒介。国际金融市场业务的不断创新，使外汇、汇率和汇率制度成为各国政府关注的重点。掌握有关的外汇与汇率基本知识，是研究整个国际金融理论与实践的基础；理解汇率的变化规律及影响因素等理论，对于维持各国经济稳定及世界经济的发展有着深远的意义。本项目将围绕外汇、汇率、外汇交易等内容进行介绍并辅以相应的案例分析。

任务一 外汇、汇率及汇率制度

【任务目标】

1. 理解外汇的基本含义和分类。
2. 熟悉汇率的主要分类及标价方法。
3. 了解人民币汇率制度。

【任务引入】

你认识下面的货币吗？下面哪种货币在中国可称为外汇？

【知识内容】

一、外汇

（一）外汇的概念

外汇(Foreign Exchange)是以外币表示的用于国际结算的支付凭证，是国际汇兑的简称。

外汇的概念具有双重含义，即有动态和静态之分。

（1）外汇的动态是指货币在各国间的流动以及把一个国家的货币兑换成另一个国家的货币，借以清偿国际间债权、债务关系的一种专门性的经营活动。

（2）外汇的静态分为狭义的外汇和广义的外汇。

① 狭义的外汇指的是以外国货币表示的，为各国普遍接受的，可用于国际债权债务结算的各种支付手段。它必须具备 3 个特点：可支付性(必须以外国货币表示的资产)、可获得性(必须是在国外能够得到补偿的债权)和可换性(必须是可以自由兑换为其他支付手段的外币资产)。

② 广义的外汇指的是一国拥有的一切以外币表示的资产。国际货币基金组织(IMF)对此的定义是：“外汇是货币行政当局(中央银行、货币管理机构、外汇平准基金及财政部)以银行存款、财政部库券、长短期政府证券等形式保有的在国际收支逆差时可以使用的债权。”

中国于 1997 年修正颁布的《外汇管理条例》规定：“外汇，是指下列以外币表示的可以用作国际清偿的支付手段和资产”，内容如下：

（1）国外货币，包括铸币、钞票等。

（2）外币支付凭证，包括票据、银行存款凭证、邮政储蓄凭证等。

（3）外币有价证券，包括政府公债、国库券、公司债券、股票、息票等。

（4）特别提款权、欧洲货币单位。

（5）其他外汇资产。

在理解外汇这个概念时应注意：外汇必须是以外币表示的国外资产，要具有国际性；外汇必须是在国外能得到偿付的货币债权(空头支票、拒付的汇票不能视为外汇)，要有可偿性；外汇必须是可以兑换成其他支付手段的外币资产(不能兑换成其他国家货币的，不能视为外汇)，要具有可兑换性。

目前，世界上主要的外汇包括美元(USD)、欧元(EUR)、日元(JPY)、英镑(GBP)、港元(HKD)、加拿大元(CAD)、澳大利亚元(AUD)、新加坡元(SIN)等。

【课堂思考】

列举你生活中使用外汇的实际例子。

（二）外汇的作用

（1）外汇作为国际结算的支付手段，是国际经济交流不可缺少的工具，促进国际经济贸易发展和政治文化交流。债务关系发生在不同国家之间，由于货币制度不同，一国货币不能在其他国家内流通，除了运送国际共同确认的清偿手段——黄金以外，不同国家间的购买力是不可能转移的。随着银行外汇业务的发展，国际大量利用代表外汇的各种信用工具（如汇票），使不同国家间的货币购买力的转移成为可能。

（2）促进国际贸易和资本流动的发展。外汇是国际经济往来的产物。没有外汇，就不能加速资金的国际间周转和运用，国际经济、贸易和金融往来就要受到阻碍。以外汇清偿国际间债权、债务关系，不仅可以节省运送现钞的费用与避免运送风险，而且可以避免资金积压，加速资金周转，从而促进国际商品交换和资本流动的发展。

（3）便利国际资金供需的调剂。发展中国家为加快建设步伐，需要有选择地利用国际金融市场上的长短期信贷资金，发达国家的剩余资金也有寻找出路的必要。因此，外汇可以发挥调剂国家之间资金余缺的作用。

（4）用于平衡国际收支、稳定汇率、偿还对外债务的外汇积累。

（三）外汇的分类

1. 按照外汇进行兑换时的受限制程度分类

（1）自由兑换外汇。是指在国际结算中用得最多、在国际金融市场上可以自由买卖、在国际金融中可以用于偿清债权债务、并可以自由兑换其他国家货币的外汇，如美元、港币、加拿大元等。

（2）有限自由兑换外汇。是指未经货币发行国批准，不能自由兑换成其他货币或对第三国进行支付的外汇。IMF规定凡对国际性经常往来的付款和资金转移有一定限制的货币均属于有限自由兑换货币。世界上有一大半的国家货币属于有限自由兑换货币，包括人民币。

（3）记账外汇。又称清算外汇或双边外汇，是指记账在双方指定银行账户上的外汇，不能兑换成其他货币，也不能对第三国进行支付。

2. 根据外汇的来源与用途不同分类

（1）贸易外汇。又称实物贸易外汇，是指来源于或用于进出口贸易的外汇，即由于国际商品流通所形成的一种国际支付手段。

（2）非贸易外汇。是指贸易外汇以外的一切外汇，即一切非来源于或用于进出口贸易的外汇，如劳务外汇、侨汇和捐赠外汇等。

（3）金融外汇。与贸易外汇、非贸易外汇不同，是属于一种金融资产外汇，如银行同业间买卖的外汇，既非来源于有形贸易或无形贸易，也非用于有形贸易，而是为了各种货币头寸的管理和摆布。资本在国家之间的转移，也要以货币形态出现，或是间接投资，或是直接投资，都形成在国家之间流动的金融资产，特别是国际游资数量之大，交易之频繁，影响之深刻，不能不引起有关方面的特别关注。

3. 根据外汇汇率的市场走势不同分类

在国际外汇市场上，由于多方面的原因，各种货币的币值总是经常变化的，汇率也总是经常变动的，因此根据币值和汇率走势又可将各种货币分为硬货币和软货币，或叫强势货币和弱势货币。硬币是指币值坚挺，购买能力较强，汇价呈上涨趋势的自由兑换货币。由于各国国内外经济、政治情况千变万化，各种货币所处硬币、软币的状态也不是一成不变的，经常是昨天的硬币变成了今天的软币，昨天的软币变成了今天的硬币。

【知识链接】

中国外汇分类

1. 按外汇管制分类

（1）现汇。中国《外汇管理暂行条例》所称的 4 种外汇均属现汇，是可以立即作为国际结算的支付手段。

（2）额度外汇。国家批准的可以使用的外汇指标。如果想把指标换成现汇，必须按照国家外汇管理局公布的汇率牌价，用人民币在指标限额内向指定银行买进现汇，按规定用途使用。

2. 按交易性质分类

（1）贸易外汇。来源于出口和支付进口的货款以及与进出口贸易有关的从属费用，如运费、保险费、样品、宣传、推销费用等所用的外汇。

（2）非贸易外汇。进出口贸易以外收支的外汇，如侨汇、旅游、港口、民航、保险、银行、对外承包工程等外汇收入和支出。

3. 按外汇使用权分类

（1）中央外汇。一般由国家计委掌握，分配给中央所属部委，通过国家外汇管理局直接拨到地方各贸易公司或其他有关单位，但使用权仍属中央部委或其所属单位。

（2）地方外汇。中央政府每年拨给各省、自治区、直辖市使用的固定金额外汇，主要用于重点项目或拨给无外汇留成的区、县、局使用。

（3）专项外汇。根据需要由国家计委随时拨给并指定专门用途的外汇。

4. 其他分类

（1）留成外汇。为鼓励企业创汇的积极性，企业收入的外汇在卖给国家后，根据国家规定将一定比例的外汇（指额度）返回创汇单位及其主管部门或所在地使用。

（2）调剂外汇。通过外汇调剂中心相互调剂使用的外汇。

（3）自由外汇。经国家批准保留的靠企业本身积累的外汇。

（4）营运外汇。经过外汇管理局批准的可以用收入抵支出的外汇。

（5）周转外汇额度和一次使用的外汇额度。一次使用外汇额度指在规定期限内没有使用完，到期必须上缴的外汇额度，而周转外汇额度在使用一次后还可继续使用。

（6）居民外汇和非居民外汇。境内的机关、部队、团体、企事业单位以及住在境内的中国人、外国侨民和无国籍人所收入的外汇属于居民外汇，驻华外交代表机构、领事机构、商务机构、驻华的国际组织机构和民间机构以及这些机构常驻人员从境外携入或汇入的外汇都属非居民外汇。

二、汇率

在国际经济交往中，对于每一个具体参与者来讲，债权与债务必须通过货币兑换、外汇买卖才能进行国际结算和企业会计登录。这就产生了外汇汇率的问题。

（一）汇率的概念

汇率(Exchange Tate/Rate of Exchange)是指两种货币之间的对换的比率，也可视为一个国家的货币对另一种货币的价值，又称外汇利率，外汇汇率或外汇行市。

（二）汇率的标价方法

通过银行用本国货币按汇率购买外汇，或将外汇按汇率兑换成本国货币，就叫外汇买卖。汇率是外汇买卖的标准。一个国家的外汇汇率是用外国货币表示本国货币的价格，还是用本币表示外币的价格，被称为外汇汇率的标价方法。由于采用的货币标准不一样，外汇汇率就出现了不同的标价方法。

1. 直接标价法

直接标价法(Direct Quotation)是以一定单位(1、100、1000、10000)的外国货币为标准来计算应付出多少单位本国货币。在国际外汇市场上，包括中国在内的世界上绝大多数国家目前都采用直接标价法，如日元兑美元汇率为119.05即1美元兑119.05日元。

在直接标价法下，若一定单位的外币折合的本币数额多于前期，则说明外币币值上升或本币币值下跌，叫做外汇汇率上升；反之，如果要用比原来较少的本币即能兑换到同一数额的外币，这说明外币币值下跌或本币币值上升，叫做外汇汇率下跌，即外币的价值与汇率的涨跌成正比。

2. 间接标价法

间接标价法(Indirect Quotation)是以一定单位(如1个单位)的本国货币为标准，来计算应收若干单位的外汇货币。在国际外汇市场上，欧元、英镑、澳元等均为间接标价法，如欧元兑美元汇率为0.9705即1欧元兑0.9705美元。

在间接标价法中，本国货币的数额保持不变，外国货币的数额随着本国货币币值的变化而变化。如果一定数额的本币能兑换的外币数额比前期少，这表明外币币值上升，本币币值下降，即外汇汇率下跌；反之，如果一定数额的本币能兑换的外币数额比前期多，则说明外币币值下降、本币币值上升，即外汇汇率上升，即外汇的价值和汇率的升跌成反比。

3. 美元标价法

美元标价法(US Dollar Quotation)又称纽约标价法，是指在纽约国际金融市场上，除对英镑用直接标价法外，对其他外国货币用间接标价法的标价方法。美元标价法由美国在1978年9月1日制定并执行，目前是国际金融市场上通行的标价法。在美元标价法中，美元单位始终保持不变，美元与其他货币比值是通过其他货币量变化体现出来的。

【课堂思考】

(1) USD/JPY = 77.8700 对美国而言是什么标价法?
(2) HKD/CNY = 0.8154 对中国来说是什么标价法?

（三）汇率的种类

外汇汇率的种类很多，有各种不同的划分方法，特别是在实际业务中，从不同角度划分，就有各种不同的汇率。

1. 按制订汇率的方法划分

(1) 基本汇率(Basic Rate)。各国在制定汇率时必须选择某一国货币作为主要对比对象，这种货币称之为关键货币。根据本国货币与关键货币实际价值的对比，制定出对它的汇率，这个汇率就是基本汇率。一般美元是国际支付中使用较多的货币。

(2) 套算汇率(Cross Rate)。套算汇率是指各国按照对美元的基本汇率套算出的直接反映其他货币之间价值比率的汇率。国际上货币币种很多，一国不可能对每一种货币都确定一个比价，运用套算方式可以方便得到每种货币汇率。

【课堂思考】

假设人民币同美元的基本汇率为 1 美元 = 6.835 元人民币，加拿大元对美元的基本汇率为 1 美元 = 1.243 加拿大元，则 1 加拿大元等于多少元人民币?

2. 按银行买卖外汇的角度划分

(1) 买入汇率(Buying Rate)。买入汇率也称买入价，即银行向同业或客户买入外汇时所使用的汇率。采用直接标价法时，外币折合本币数较少的那个汇率是买入价，采用间接标价法时则相反。人民币汇价举例见表 6-1。

表 6-1 人民币汇价表(2013 年 4 月 3 日)

币种	交易单位	中间价	现汇买入价	现钞买入价	卖出价
美元(USD)	100	620.17	618.93	613.97	621.41
港币(HKD)	100	79.90	79.74	79.18	80.06
欧元(EUR)	100	794.07	790.89	765.88	797.25
英镑(GBP)	100	935.40	931.66	902.19	939.14
日元(JPY)	100	6.63	6.60	6.39	6.66

(2) 卖出汇率(Selling Rate)。卖出汇率也称卖出价，即银行向同业或客户卖出外汇时所使用的汇率。采用直接标价法时，外币折合本币数较多的那个汇率是卖出价，采用间接标价法时则相反。买入卖出之间有个差价，这个差价是银行买卖外汇的收益，一般为 1%～5%。银行同业之间买卖外汇时使用的买入汇率和卖出汇率也称同业买卖汇率，实际上就是外汇市场买卖价。

【课堂思考】

某公司出口一批产品取得外汇收入 5000 美元，公司考虑到美元的不稳定性，决定将外汇收入结售给银行。当日外汇牌价为美元兑人民币买入价 6.3660 元，卖出价 6.3915 元，该公司可收回多少人民币?

(3) 中间汇率(Middle Rate)。中间汇率是指买入价与卖出价的平均数，其计算公式为

$$中间汇率=(买入汇率+卖出汇率)/2$$

中间汇率常用于对汇率的分析，报刊报道汇率一般是指中间汇率，套算汇率也用有关货币的中间汇率套算得出。因此，中间汇率的作用主要是：一来说明外汇市场的一般走势，二来作为企业内部本币与外币核算时的计算标准。

(4) 现钞汇率(Bank Rate)。一般国家都规定，不允许外国货币在本国流通，只有将外币兑换成本国货币，才能够购买本国的商品和劳务，因此产生了买卖外汇现钞的兑换率，即现钞汇率。按理现钞汇率应与外汇汇率相同，但因需要把外币现钞运到各发行国去，由于运送外币现钞要花费一定的运费和保险费，所以银行在收兑外币现钞时的汇率通常要低于外汇买入汇率；而银行卖出外币现钞时使用的汇率则高于其他外汇卖出汇率。

3. 按外汇交易交割期限划分

(1) 即期汇率(Spot Rate)。即期汇率也叫现汇汇率，是指买卖外汇双方成交当天或两天以内进行交割的汇率。即期汇率由当场交货时货币的供求关系情况决定的。一般在外汇市场上挂牌的汇率，除特别标明远期汇率以外，一般指即期汇率。

(2) 远期汇率(Forward Rate)。远期汇率是在未来一定时期进行交割，而事先由买卖双方签订合同、达成协议的汇率。到了交割日期，由协议双方按预订的汇率、金额进行钱汇两清。远期外汇买卖是一种预约性交易，是由于外汇购买者对外汇资金需要的时间不同，以及为了避免外汇汇率变动风险而引起的。远期外汇的汇率与即期汇率相比是有差额的。这种差额叫远期差价，有升水、贴水、平价 3 种情况，升水是表示远期汇率比即期汇率贵，贴水则表示远期汇率比即期汇率便宜，平价表示两者相等。

在不同标价法下，外汇汇率的升降与标价数的增减变化不同。在直接标价法下，外汇汇率的升降与本币标价数的增减呈同方向变化，远期汇率的计算公式为

$$远期汇率=即期汇率+升水(-贴水)$$

在间接标价法下，外汇汇率的升降与本币标价数的增减呈反方向变化，远期汇率的计算公式为

$$远期汇率=即期汇率-升水(+贴水)$$

三、汇率制度

汇率制度又称汇率安排，是指一国货币当局对汇率制度本国汇率变动的基本方式所作的一系列安排或规定。

(一) 汇率制度的类型

1. 固定汇率制

固定汇率制(Fixed Rate System)是指两国货币比价基本固定，其波动的界限规定在一定幅度内的一种汇率制度。从历史发展进程来看，自 19 世纪中晚期金本位制在西方各国确定以来，一直到 1973 年，世界各国的汇率制度基本属于固定汇率制度。固定汇率制度经历了两个阶段：一是从 1816 年到第二次世界大战前国际金本位制度时期的固定汇率制；二是 1944—1973 年的布雷顿森林体系的固定汇率制度。

2. 浮动汇率制

浮动汇率制(Floating Rate System)是本国货币与他国货币汇率不固定，货币当局也不承担维持汇率波动界限的义务，由外汇市场的供求关系决定而自由浮动的一种汇率制度。

(1) 按政府是否干预，浮动汇率制分为自由浮动和管理浮动。

① 自由浮动。又称为清洁浮动，是指货币当局对外汇市场不加任何干预，完全听任汇率随市场供求状况的变动而自由涨落。实际上，纯粹的自由浮动是不存在的。各国为了自身的利益，或明或暗地对外汇市场进行干预。

② 管理浮动。又称肮脏浮动，是指一国货币当局为使本国货币对外的汇率不致波动过大、或使汇率向着有利于本国经济发展的方向变动，通过各种方式，或明或暗地对外汇市场进行干预。目前，实行浮动汇率的国家大都属于管理浮动。

(2) 按照浮动的形式，浮动汇率制分为单独浮动和联合浮动。

① 单独浮动。是指一国货币不与任何国家货币发生固定联系，其汇率根据外汇市场供求变化而自动调整，如美元、日元、加拿大元、澳大利亚元和少数发展中国家的货币采取单独浮动。单独浮动能较好地反映一国外汇供求状况及货币关系的变化。

② 联合浮动。又称共同浮动，是指国家集团在成员国之间实行固定汇率，同时对非成员国货币采取共同浮动的方法，如在欧元推出之前欧洲货币体系成员国实行联合浮动。联合浮动的意义在于可以在集团内部创造一个稳定的汇率环境，减少汇率风险，促进集团内部经济贸易的发展，同时可形成与个别发达国家相抗衡的货币干预力量。

拓展阅读

香港的汇率制度经过了银本位制、英镑汇兑本位制和浮动汇率制最后发展成为联系汇率制。香港的银本位制始于19世纪。由于20世纪30年代的经济大恐慌导致国际银本位的崩溃，香港被迫放弃银本位而采取英镑汇兑本位制。从1935年开始实施，它以1英镑合16港元的比价与英镑挂钩。英国于1972年爆发了国际支付危机，香港只得放弃英镑汇兑本位制。从20世纪70年代初开始采取浮动汇率制。由于经济上受各国浮动汇率制的冲击，政治上受1982年中英谈判在香港引发的信心危机，在浮动制的最后两年终于爆发了一场空前的港元危机和银行危机，联系汇率制应运而生。

为了挽救不断疲弱的港元，港府于1983年10月15日宣布了两项港元稳定措施。其中一项措施是重新安排发钞的程序，发行银行在发钞前，必须以1美元兑78港元的汇率向外汇基金交纳等值美元，以换取“负债证明书”作为法定的发行准备；同时发行银行可以“负债证明书”同样基准价(78)向外汇基金赎回美元。这项措施于同年10月17日起生效，其结果改变了当时的浮动汇率制，成为今天的联系汇率制度。这是介乎固定汇率制与浮动汇率制之间的混合体制。联系汇率制对香港的经济稳定与发展起到过积极的作用。联系汇率制曾在最危急的关头1983年挽救了香港经济，稳定了港元汇率。金融体系稳定后，香港经济开始迅速复苏。联系汇率制具有极大的承受突发事件冲击的能力。在1987年的股灾，1990—1991年的海湾战争，1997年的东南亚货币危机等诸多事件的冲击下，港元对美元的汇率均能保持在78左右水平没有出现持久或大幅度的偏离，表现了联系汇率制对突发事件冲击的承受力。在十几年的运作中，联系汇率制基本实现了最初目标——稳定港元汇价进而稳定整个金融体系，这也是联系汇率制最本质最主要的作用。只有稳定了金融社会才能稳定，人心才能安定经济才能发展，各方面关系才能顺畅。

(二) 人民币汇率制度

1. 人民币汇率制度的特点

(1) 以市场供求为基础的汇率。新的人民币汇率制度，以市场汇率作为人民币对其他国家货币的唯一价值标准，这使外汇市场上的外汇供求状况成为决定人民币汇率的主要依据。根据这一基础确定的汇率与当前的进出口贸易、通货膨胀水平、国内货币政策、资本的输出输入等经济状况密切相连，经济的变化情况会通过外汇供求的变化作用到外汇汇率上。

(2) 有管理的汇率。我国的外汇市场是需要继续健全和完善的市场，政府必须用宏观调控措施来对市场的缺陷加以弥补，因而对人民币汇率进行必要的管理是必需的，主要体现在：国家对外汇市场进行监管、国家对人民币汇率实施宏观调控、中国人民银行进行必要的市场干预。

(3) 浮动的汇率。浮动的汇率制度就是一种具有适度弹性的汇率制度。中国人民银行于每个工作日闭市后公布当日银行间外汇市场美元等交易货币对人民币汇率的收盘价，作为下一个工作日该货币对人民币交易的中间价格。现阶段，每日银行间外汇市场美元对人民币的交易价仍在人民银行公布的美元交易中间价上下 0.3%的幅度内浮动，非美元货币对人民币的交易价在人民银行公布的该货币交易中间价 3%的幅度内浮动率稳定。

(4) 参考一篮子货币进行调节。一篮子货币是指按照我国对外经济发展的实际情况，选择若干种主要货币，赋予相应的权重，组成一个货币篮子。同时，根据国内外经济金融形势，以市场供求为基础，参考一篮子货币计算人民币多边汇率指数的变化，对人民币汇率进行管理和调节，维护人民币汇率在合理均衡水平上的基本稳定。篮子内的货币构成，将综合考虑在我国对外贸易、外债、外商直接投资等外经贸活动占较大比重的主要国家、地区及其货币。参考一篮子表明外币之间的汇率变化会影响人民币汇率，但参考一篮子货币不等于盯住一篮子货币，它还需要将市场供求关系作为另一重要依据，据此形成有管理的浮动汇率。

【课堂思考】

如何评价人民币汇率的特点?

2. 人民币汇率制度的发展方向

(1) 逐步完善人民币汇率的市场环境。我国人民币汇率形成的市场机制存在不完善之处。在改革的道路上，我国应当尝试建立市场化条件下的央行外汇市场干预模式，改进央行汇率调节机制，建立一套标准的干预模式，给市场一个比较明确的干预信号，尽量减少直接干预，让市场主体通过自主交易形成公平价格，强化央行的服务职能。

(2) 逐步实现人民币资本项目的可兑换性。中国自 1996 年实现人民币经常项目可兑换后，由于种种因素的制约，人民币资本项目仍不可兑换，这样一来，在外汇市场上，人民币不可能实现真正的自由兑换，这是与我国的经济实力所不吻合的。

(3) 舒缓人民币升值预期。降低以投机人民币升值为目标的外资流入。现今，公众对人民币升值预期过高，对于这一点，国家有必要采取必要的措施，可以考虑实施更加灵活的汇率政策，适度调整人民币汇率的货币篮子或设定阶段性升值上限，影响升值预期。另外，在人民币汇率没有完全市场化之前，不至于造成外汇出口打得开关不掉的被动局面，一旦人民币汇率预期掉头，大量的外资流出将是十分危险的。

总体来看，我国汇率制度改革正在也应该朝着更加具有弹性和灵活性的方向稳步推进，只有完善有管理的浮动汇率制度，发挥市场供求在人民币汇率形成中的基础性作用，保持人民币汇率在合理均衡水平上的基本稳定，金融市场才会变得安全。

【知识要点提醒】

外汇是以外币表示的用于国际结算的支付凭证，是国际汇兑的简称。汇率就是用一个单位的一种货币兑换等值的另一种货币。而汇率制度是指一国货币当局对汇率制度本国汇率变动的基本方式所作的一系列安排或规定。人民币汇率制度是以市场供求为基础、参考一篮子货币进行调节、有管理的浮动汇率制度。

任务二 汇率的决定及影响因素

【任务目标】

1. 掌握汇率的决定基础。
2. 理解影响汇率变动的主要因素。
3. 理解汇率变动对经济的影响。

【任务引入】

人民币对美元即期汇率的历史最高纪录又被刷新。2013 年 3 月 29 日，美元兑人民币询价交易开盘即以 6.2095 的报价，创下 1993 年以来的历史高点。而人民币对美元中间价昨天报 6.2692，距离 2012 年 5 月 2 日的历史高点 6.2670 也只差 22 个基点。

市场普遍认为，国际市场美元指数走低是昨天人民币走强的主要原因。2013 年 3 月 29 日，塞浦路斯与欧盟的援助协议谈判传出消息，塞浦路斯和国际贷款人达成救助协议关键条款，对塞浦路斯银行业不会强加任何存款税。市场风险情绪得到提振，美元指数快速走低，使得人民币即期汇率开盘即创历史新高。

目前不论是央行高层，还是市场人士或者专家学者基本达成共识，那就是人民币汇率已经进入均衡区间，不具有大幅升值的空间，但随着人民币汇率形成机制的推进，人民币的弹性还会变大。汇丰中国首席经济学家认为，2013 年人民币汇率将以更大幅度双向波动为特征，全年可能会有 1%升值空间。

（据北京青年报 2013 年 3 月 30 日消息改动）

讨论题：

(1) 2013 年以来人民币对美元汇率不断创新高的原因有哪些？

(2) 人民币升值会给国民经济带来怎样的影响呢？

【知识内容】

一、汇率的决定基础

各国货币之间具有可比性，在于它们都具有一定的价值。由于两种货币所代表的价值量不同，所以在不同时期，两种货币的兑换比率是有差异的。在不同的货币制度下，货币购买力测定标准不同，所以汇率的决定基础也不同。

(一) 金本位制度下汇率的决定基础

金本位制度是以黄金为本位币的货币制度，包括金币、金块和金汇兑本位制。第一次世界大战前，盛行典型的金币本位制，特点是金币为本位币；自由铸造和溶化；金币与银行券自由兑换；金币作为世界货币自由输出入。各国规定了每一金铸币单位包含的黄金重量与成色，即含金量，货币间的比价以含金量来折算，两国本位币的含金量之比即为铸币平价(Mint Par)。

拓展阅读

1英镑铸币的含金量为113.0016格令，1美元铸币含金量为23.22格令，铸币平价为113.0016÷23.22=4.8665，即1英镑约折合4.8665美元。

金本位制度下的汇率可能出现波动，但波幅有一定界限，这个界限称为黄金输送点。黄金输出点等于铸币平价加上从一国输出或从另一国输入黄金需要支出的费用，包括包装、运输黄金的费用和运输保险费，是汇率波动的最高点。如果汇率的波动使得两国间在进行国际结算时直接使用黄金比使用外汇更为合算，则贸易商宁可直接运送黄金，即在铸币评价的基础上减输送费用等，则构成黄金输入点，是汇率波动的最低点。黄金输入点和黄金输出点统称为黄金输送点，通过这一机制，汇率的波动可自动保持在一定范围内。

虽然国际金本位制具有相当的稳定性，从而把各国之间的经济联系往来纳入了稳定发展的轨道，但这种货币制度的稳定性不是绝对的，一些潜在的不稳定因素破坏着这种货币制度稳定的基础，最核心的问题就是黄金供应与需求的尖锐矛盾使真正的金本位制难以为继。引起这一矛盾的原因是多方面的，如世界商品贸易活动的日益扩大、黄金多用途的开发、有限的黄金储备等。同时，英镑对国际金融的实际支配权、发达国家之间国际货币关系的矛盾、弱小国家对国际货币体系的不满，使金本位制度的不足和缺陷暴露出来。第一次世界大战爆发以后，由于黄金流通量普遍感到不足和为了应付国家巨额开支而大量发行纸币等原因，欧洲各国都禁止黄金出口和纸币自由兑换黄金，国际金本位制陷入困境，如1929—1933年世界经济危机爆发后，金本位制彻底崩溃。

【知识链接】

黄金货币史

"金银天然不是货币，但货币天然是金银"。这种属性就决定了黄金在当今经济社会上仍具有货币的职能作用。每当通货膨胀加剧，纸币争相贬值的时期，金银的这种属性会更加突出；如果世界政治经济失衡，动荡加剧，金银必然是货币避险的首选。

黄金作为一种货币已经有2500多年的历史，但以黄金为本位货币的制度，也就是金本位制，是在1816年英国制定货币法，将英镑作为主要货币单位为标志才得以确立。金本位制度的实施及政府对黄金流通的控制程度与黄金交易的发展成反向关系。在很长一段历史时期内，由于各国政府对黄金流通的严格控制，黄金市场发育迟缓。第一次世界大战发生后的 11 年间，金本位制度曾经暂停实施。1931 年英国放弃金本位，其他国家也相继放弃，但在相当长一段时期内许多国家仍直接或间接地保持黄金与所发行的纸币之间的联系。1974 年 12 月 31 日，美国政府宣布公众可以自由持有和买卖黄金，黄金成为可以在市场上进行自由交易的商品，结束了黄金的货币身份，从而促成了纽约黄金期货市场的发育和成熟。

(二) 纸币本位制度下汇率的决定基础

金本位制度崩溃以后，西方各国都先后实行纸币流通。各国发行纸币作为金属货币的代表，并且参照过去的做法，以法令规定纸币的含金量。两种货币法定的含金量之比，被称为“黄金平价”(Par Value/Gold Parity)，所以在纸币流通制度下，两种货币的“黄金平价”之比，是决定该货币汇率的基础。

拓展阅读

第二次世界大战以后，1 英镑的法定含金量为 3.58134 克黄金，1 美元的法定含金量为 0.888671 克黄金。即 1 英镑＝3.58134/0.888671＝4.03 美元，这就是英镑与美元当时的汇率确定高标准。随着外汇市场供求关系的变化，英镑、美元之间的相对汇率必然发生变化，但《国际货币基金协定》要求，汇率波动幅度不超过金平价 1：4.03 的±1%，即 1 英镑汇率上限为 4.03×(1＋1%)＝4.0703 美元，下限为 4.03×(1－1%)＝3.9897 美元。如果超出此范围，英美两国政府的货币当局有义务采取各种手段，使英镑、美元间的汇率不得超过此限。

20 世纪 50 年代初，美国发动朝鲜战争，美元开始贬值；20 世纪 60 年代，美国国际收支危机进一步恶化。由于日本和联邦德国的崛起，美元的国际地位越来越弱，当货币危机来袭时，它常是被抛售的对象。要想不让美元汇率下跌，美国就要拿出巨额的黄金储备或举借巨额的外债，进行市场干预。1971 年 12 月，美国在难以重负和国际收支不能改善的情况下，不得不将美元法定贬值，贬值的幅度为 7.89%，黄金由每盎司 35 美元提高到 38 美元。西方国家只得重新调整汇率，波动幅度也由原来的±1%扩大到±2.25%。

由于扩大汇率波动幅度，仍不能解决因美元危机造成的德、日与美国日益加深的矛盾，德、日等国只得投放大量本国货币收回在市场上抛售出来的美元。1976 年国际货币基金组织开始推行黄金非货币化，各国不再法定其货币的含金量。在这种情况下，决定汇率的基础是两种货币实际所代表的价值量。人们把单位纸币所代表的一定量的商品称为该纸币的购买力平价(Purchasing Power Parity)，即通过比较两国纸币购买力平价就能得出两国纸币相互交换的比率。这种比率要受外汇市场供求状况和各国的政治、社会、经济条件的影响。

二、影响汇率变动的主要因素

(一) 国际收支

国际收支是一国对外经济活动中的各种收支的总和，是引起汇率变动最直接的原因。如果一国国际收支为顺差，则外汇收入大于外汇支出，外汇储备增加，该国对于外汇的供给大于对于外汇的需求，同时外国对于该国货币需求增加，则该国外汇汇率上升，本币对外升值；如果国际收支为逆差，将引起本国货币的贬值，外国货币的升值。

【课堂思考】

国际收支、汇率和进出口贸易之间有什么关系?

（二）通货膨胀率

通货膨胀是影响汇率变动的重要因素。从理论上讲，一国发生通货膨胀，纸币所实际代表的价值量减少，在其他国家货币所实际代表的价值量不变的条件下，要兑换同等数量的外国货币，会付出更多的本币，从而外汇汇率上涨。若一国通货膨胀率高于另一国，则表示该国货币实际代表的价值相对另一国减少得更多，外汇汇率也会上涨；反之，外汇汇率会下降。

（三）利率

利率水平对于外汇汇率的影响是通过不同国家的利率水平的不同，促使短期资金流动导致外汇需求变动。如果一国利率提高，外国对于该国货币需求增加，该国货币升值，则汇率降低。当然利率影响的资本流动是需要考虑远期汇率的影响，只有当利率变动抵消未来汇率不利变动仍有足够的好处，资本才能在国际间流动。

（四）市场预期心理

人们通过对汇率变化的预期而进行外汇买卖活动，贱买贵卖，以赚取利润的行为称为外汇投机。预期往往会引起投机活动，如果人们预期某国的通过膨胀将比其他国家高，利率将比其他国家低，对外收支的经常账户将有逆差，以及其他因素对该国经济将发生不利影响，那么该国的货币就会在市场上被抛售，它的汇率就会下降；反之，汇率就会上升。

（五）中央银行的直接干预

由于汇率变动对一国的国际收支、进出口贸易、资本流动等有着直接影响，这些又将影响到国内的生产、投资和价格等，所以西方国家为了避免汇率对国内经济造成不利影响，往往对汇率进行干预，即由央行在外汇市场上买卖外汇，使汇率变动有利于本国。

（六）宏观经济政策

宏观经济政策的目标是充分就业、物价稳定、经济增长和国际收支平衡。政策对经济增长率、物价上涨率、利息率和国际收支状况等会发生一定的影响，同样也会影响到汇率的变动。一般来说，扩张性货币政策、财政政策会造成财政赤字和通货膨胀，会使本国货币对外贬值；紧缩性的货币政策、财政政策会减少财政支出，稳定通货，使本国货币对外升值。

【课堂思考】

现在美国的巨额贸易逆差不断增加，但美元却保持长期的强势，这是很特殊的情况，为什么会出现这种情况呢?

三、汇率变动对经济的影响

（一）汇率变动对进出口贸易的影响

汇率对进出口的影响是最直接的也是最重要的。一国货币的对外贬值有利于该国增加出口、抑制进口。这是因为，该国货币贬值以后，以外币表示的出口商品价格会下跌，从而刺激外国居民对本国商品的需求，促使增加出口。同时，以本币所表示的进口商品价格会上涨，从而减少本国居民对外国产品的需求，而抑制进口；反之，如果一国货币对外升值，即有利于进口，而不利于出口。

（二）汇率变动对非贸易收支的影响

一国货币的贬值对该国国际收支经常账户中旅游和其他劳务的收支状况也会引起影响作用。因为一国货币贬值后，外国货币的购买力相对提高，贬值国的商品、劳务、交通、导游和住宿等费用，就变得相对便宜，这对外国游客无疑增加了吸引力；反过来，一国货币的升值提高了本国旅游和劳务的相对价格，从而引致了外国游客对该国旅游和劳务的需求，因而会降低该国的旅游和劳务等非贸易收入。

（三）汇率变动对资本流动的影响

一般来说，一国货币的贬值将对本国资本账户收支产生不利影响。这是因为，一国货币贬值后，本国资本为了防止货币贬值的损失，就大量抛出该国货币，购进其他币种，从而使资金从国内流向国外。如果本币升值，本币所表示的金融资产价值上升，吸引力增大，有利于外国资本的流入，使本国国际收支状况得到改善。

（四）汇率变动对国内就业、国民收入及资源配置的影响

当一国本币汇率下降，外汇汇率上升，有利于促进该国出口增加而抑制进口，这就使得其出口工业和进口替代工业得以大力发展，从而使整个国民经济发展速度加快，国内就业机会因此增加，国民收入也随之增加。反之，如果一国货币汇率上升，该国出口受阻；进口因汇率刺激而大量增加，造成该国出口工业和进口替代业萎缩，则资源就会从出口工业和进口替代业部门转移到其他部门。

（五）汇率变动对世界经济的影响

小国的汇率变动只对其贸易伙伴国的经济产生轻微的影响，发达国家的自由兑换货币汇率的变动对国际经济则产生比较大的甚至巨大的影响。因为这些国家的货币一般被国际社会普遍接受，其影响为：其一，这些国家的货币大幅度贬值或升值至少在短期内会不利于其他工业国和发展中国家的贸易收支，由此可能引起贸易战和汇率战；其二，这些国家的汇率变动将会引起国际金融领域的动荡；其三，这些国家的汇率不稳定会给国际储备体系和国际金融体系带来巨大影响，目前的国际货币多样化正是其结果之一。

【知识要点提醒】

金本位制度下汇率的决定基础是铸币平价，纸币本位制度下汇率的决定基础先后有黄金平价、购买力平价。影响汇率变动的主要因素有国际收支、通货膨胀率、利率、市场预期心理、中央银行的直接干预、宏观经济政策等。汇率变动对经济的影响主要包括对进出口贸易的影响、对非贸易收支的影响、对资本流动的影响、对国民收入、就业和资源配置的影响、对国际经济的影响等。

任务三　外汇交易及风险防范

【任务目标】

1. 掌握不同外汇交易的含义和特点。
2. 理解外汇风险的概念及外汇风险类型。
3. 掌握外汇风险管理。

【任务引入】

2013年1月，国内某集团公司与美国某公司签订出口订单1000万美元，当时美元/人民币汇率为6.20，6个月后交货时，人民币已经大大升值，美元/人民币汇率为6.10，由于人民币汇率的变动，该公司损失了200万元人民币。这一事件发生后，该公司为了加强外汇风险管理，切实提升公司外汇风险防范水平，于2013年3月召开了关于公司强化外汇风险管理的高层会议，总结本次损失发生的经验教训，制定公司外汇风险管理对策。以下是该公司有关人员的发言要点。

总经理：一是加强外汇风险管理工作十分重要，对于这一问题必须引起高度重视；二是外汇风险管理应当抓住重点，尤其是对于交易风险和折算风险的管理，必须制定切实的措施，防止汇率变化对于公司利润的侵蚀。

常务副总经理：在人民币汇率比较稳定的背景下，我们只要抓好生产，完成订单，利润就能够实现，而目前我国人民币汇率的形成机制发生了变化，我们不能再固守以往的管理方式，漠视汇率风险，必须对所有的外汇资产和外汇负债采取必要的保值措施。另外，总经理提出的加强折算风险管理的观点也十分重要，我们建立的海外子公司即将投入运营，应当采取必要的措施对于折算风险进行套期保值，避免出现账面损失。

总会计师：加强外汇管理的确十分重要。我最近对外汇风险管理的相关问题进行了初步研究，发现进行外汇风险管理的金融工具还是比较多的，采取任何一种金融工具进行避险的同时，也就失去了汇率向有利方面变动带来的收益，外汇的损失和收益主要取决于汇率变动的时间和幅度，因此强化外汇风险管理，首先必须重视对于汇率变动趋势的研究，根据汇率的不同变动趋势，采取不同的对策。

董事长：一是思想认识要到位。自2005年7月21日起，我国开始实行以市场供求为基础、参考一篮子货币进行调节、有管理的浮动汇率制度。人民币汇率不再盯住单一美元，形成了更富弹性的人民币汇率机制。在此宏观背景下，采取措施加强外汇风险管理十分必要。二是建议财务部成立外汇风险管理的小组，由财务部经理担任组长，具体负责外汇风险管理的日常工作。

讨论题：

(1) 案例中给出的汇率采用的是直接标价法还是间接标价法？

(2) 案例中的举例体现的是哪一种风险？

（3）从外汇风险管理基本原理的角度，分析总经理、常务副总经理、总会计师以及董事长在会议发言中的观点有何不当之处，并分别简要说明理由。

【知识内容】

一、外汇交易

外汇交易（Exchange Transactions）是指在不同国家的可兑换货币间进行买卖的行为。具体说就是以约定的汇率将一种货币转换成另一种货币，并在确定的日期进行资金的交割，其中既包括在国际金融市场通过现代通信设备进行的金额庞大的批发性买卖行为，也包括银行等金融机构以柜台方式进行的买卖行为。

【知识链接】

什么是外汇宝

个人外汇交易又称外汇宝，是指个人委托银行，参照国际外汇市场实时汇率，把一种外币买卖成另一种外币的交易行为。由于投资者必须持有足额的要卖出外币，才能进行交易，较国际上流行的外汇保证金交易缺少保证金交易的卖空机制和融资杠杆机制，所以也被称为实盘交易。

自从 1993 年 12 月上海工商银行开始代理个人外汇买卖业务以来，随着我国居民个人外汇存款的大幅增长，新交易方式的引进和投资环境的变化，个人外汇买卖业务迅速发展，已成为我国除股票以外最大的投资市场。

工、农、中、建、交、招 6 家银行都开展了个人外汇买卖业务，光大银行和浦发银行也正在积极筹备中。预计银行关于个人外汇买卖业务的竞争会更加激烈，服务也会更加完善，外汇投资者将享受到更优质的服务。

国内的投资者，凭手中的外汇，到上述任何一家银行办理开户手续，存入资金，即可透过互联网、电话或柜台方式进行外汇买卖。

（一）即期外汇交易

1. 即期外汇交易的含义

即期外汇交易（Spot Exchange Transactions）又称为现货交易或现期交易，是指即期外汇买卖成交后，交易双方于当天或两个交易日内办理交割手续的一种交易行为。即期外汇市场交易通常在当日或两个营业日内交割，一般在成交后的第二个营业日内进行交割，如伦敦、纽约、巴黎等市场。在中国香港市场，港元兑美元的即期交易是在当天交割，港元兑日元、新加坡元、澳元等则在次日交割，除此之外的其他货币则在第三天即成交后的第二个营业日交割。

【课堂思考】

现实生活中哪些经济活动会受到外汇汇率价格波动的影响？

2. 即期汇率交易的报价

外汇银行在交易中报出的买入或卖出外汇的汇价称为即期汇率交易的报价。一般采取"双档"报价法，即外汇银行在交易中同时报出买价(Bid rate)和卖价(Offer rate)。

在外汇市场上，报价银行在报出外汇交易价格时一向采用双向报价法，即同时报出银行买价与卖价。需要注意的是，这里的买价与卖价是对于银行来说的。

在直接标价法和间接标价法下，即期汇率交易的报价是不相同的。直接标价法下，银行报出的外汇交易价格是买价在前，卖价在后；间接标价法下，银行报出的即期外汇交易价格是卖价在前、买价在后。

拓展阅读

在即期外汇交易中，报价的最小单位(市场称基本点)是标价货币最小价格单位的1%，如德国马克的最小价格单位是1%马克(即芬尼)，则美元兑换德国马克的交易价格应标至0.0001马克，假如美元兑德国马克的汇率从1.6410/20上升到1.6430/40，则外汇市场称汇率上升了20个基本点或20个点。又如人民币，其最小单位是1%元(即分)，则美元兑人民币的交易价格应标至0.0001元。

各地外汇市场逐步形成了一些约定俗成的交易惯例，所以了解这些惯例是十分必要的。

(1) 除特殊标明外，所有货币的汇价都是针对美元的，即采用以美元为中心的报价方法。在外汇市场上，外汇交易银行所报出的买卖价格，如没有特殊表明外，均是指所报货币与美元的比价。如东京银行1998年3月18日报出日元的开市价是117.30/40，这一价格就是指日元与美元的即期买卖价格。

(2) 除英镑、爱尔兰镑、澳大利亚元、新西兰元和欧洲货币单位的汇价是采用间接标价法以外(以一单位货币等值多少美元标价)，其他可兑换货币的汇价均采用直接标价法表示(以一单位美元等于多少该币标价)。此外，任何标价法下，报价银行报出的买价是指其愿意以此报价买入标的货币的价格，反之亦然；买价与卖价之间的价格差别称为价差。

(3) 对所有可兑换货币的报价，报价银行都必须同时报出买、卖两个价。当报价银行的外汇交易员对问价方报出某种货币买卖价的同时，这一银行也就承担了以这一价格买进或卖出一定数额货币的义务，但条件是询价方同意在报价方报价的基础上立即成交时。至于报刊公布的外汇交易中间价，只是供读者参考，不能作为外汇交易的依据。

(4) 在通过电讯(如电话、电传等)报价时，报价银行只报汇价的最后两位数。如美元对德国马克的汇价如果是US$=DM1.6615/25，报价银行的交易员一般只报为15/25。

3. 即期汇率交易的套算

在国际市场上，几乎所有的货币兑美元都有一个兑换率。一种非美元货币对另外一种非美元货币的汇率往往就需要通过这两种对美元的汇率进行套算，这种套算出来的汇率就称为交叉汇率(Cross Rate)，又叫做套算汇率。例如，表6-2所列为2013年3月不同币种兑美元的折算率有效期限。

表 6－2　不同币种兑美元的折算率有效期限(2013 年 3 月)

货币名称		货币单位	对美元折算率
ASF	记账瑞士法郎	1 记账瑞士法郎	0.84633
AUD	澳大利亚元	1 元	1.0286
CAD	加拿大元	1 元	0.97780
CHF	瑞士法郎	1 法郎	1.07400
CNY	人民币元	1 元	0.15918
EUR	欧元	1 欧元	1.3185
GBP	英镑	1 镑	1.5130
HKD	中国港元	1 元	0.12892
JPY	日本元	1 元	0.01064
KRW	韩元	1 元	0.000920
MOP	澳门元	1 元	0.12530
MXN	墨西哥比索	1 比索	0.07866
NZD	新西兰元	1 元	0.8364
PHP	菲律宾比索	1 比索	0.02458
PKR	巴基斯坦卢比	1 卢比	0.01020
RUB	俄罗斯卢布	1 卢布	0.03292
SDR	特别提款权	1 特别提款权	1.51612
SEK	瑞典克朗	1 克朗	0.15609
SGD	新加坡元	1 元	0.80717
THB	泰国铢	1 铢	0.03352
TRY	土耳其里拉	1 里拉	0.55531
TWD	中国台湾元	1 元	0.03376
TZS	坦桑尼亚先令	1 先令	0.000613
ZAR	南非兰特	1 兰特	0.11249

交叉汇率的一个显著特征是一个汇率所涉及的是两种非美元货币间的兑换率，使用交叉汇率的货币对在外汇交易中又称为交叉盘，如英镑兑日元。

即期汇率交易的套算方法介绍如下：

(1) 如果两个即期汇率中，其中一个即期汇率是以美元为基础货币，另一个即期汇率是以美元作为报价货币，那么计算非美元货币之间的即期汇率应通过同边相乘计算出来。

【案例阅读】

如果以 100 万英镑进行套汇，同一时期内，伦敦，纽约和巴黎的外汇巴黎的汇率如下。

伦敦市场：100 英镑＝190 美元

纽约市场：100 美元＝90 欧元

巴黎巴黎：100 英镑＝160 欧元

如果以 100 万英镑进行套汇，可以获利多少?

参考答案：

(1) 先判断是否有利可图，即将汇率都折合成同一标价法，基准货币为 1。

伦敦市场：1 英镑＝1.90 美元

纽约市场：1 美元＝0.90 欧元

巴黎市场：1 欧元＝100/160 英镑

汇率相乘：1.90 × 0.90 × 100/160 = 1.06875，不等于 1，有利可图，因为乘积大于 1，拥有 1000000 英镑用顺套的办法套汇。

(2) 用 1000000 在伦敦市场兑换成美元，再在纽约市场兑换成欧元，再在巴黎市场兑换成英镑，减去本金 100000 英镑，即为获利。

1000000×1.90×0.90×100/160－1000000＝68750 英镑

(2) 如果两个即期汇率都是以美元作为基础货币，那么计算非美元货币之间的即期汇率应通过交叉相除计算出来。

【案例阅读】

US$1＝HK$7.6857－7.7011

US$1＝JY103.5764－103.8048

求 HK$1＝JY?

参考答案：

同为间接报价货币，应该是交叉相除。

HK$1＝JY103.5764/7.7011－103.8048/7.6857＝JY13.4496－13.4792

(3) 如果两个即期汇率都是以美元作为报价货币，那么计算非美元货币之间的即期汇率应通过交叉相除套算出来。

【案例阅读】

(1) 某日某外汇市场上汇率报价如下：1 英镑等于 1.5541 美元，1 美元等于 1.1675 加元，那么 1 英镑等于多少加元?

(2) 某日某外汇市场上，1 美元等于 1.5715/1.5725 欧元，1 美元等于 1.6510/1.6550 澳元，计算欧元与澳元之间的套算汇率。

(3) 某日某外汇市场上汇率报价如下：1 美元等于 1.5715/1.5725 澳元，1 欧元等于 1.4100/1.4140 美元，试计算欧元与澳元之间的套算汇率。

参考答案：

(1) 英镑/加元 = 1.5541 × 1.1675 = 1.8144

(2) 欧元/澳元 = (1.6510/1.5725)/(1.6550/1.5715) = 1.0499/1.0531 交叉相除

(3) 欧元/澳元 = (1.4100 × 1.5715)/(1.4140 × 1.5725) = 2.2158/2.2235 同边相乘

(二) 远期外汇交易

1. 远期外汇交易含义

远期外汇交易(Forward Exchange Transaction)又称期汇交易，是指交易双方在成交后并不立即办理交割，而是事先约定币种、金额、汇率、交割时间等交易条件，到期才进行实际交割的外汇交易。远期外汇交易与即期外汇交易的根本区别在于交割日不同。凡是交割日在成交两个营业日以后的外汇交易均属于远期外汇交易。

2. 远期外汇交易交割日的规则

远期外汇交易是有效的外汇市场中不可以缺少的组成部分。最常见的远期外汇交易交割期限一般有 1 个月、2 个月、3 个月、6 个月、12 个月。若期限再长则被称为超远期交易。远期外汇交易的作用是避险保值。确定其交割日或有效起息日的惯例如下：

(1) 任何外汇交易都以即期交易为基础，所以远期交割日是以即期加月数或星期数。若远期合约是以天数计算，其天数以即期交割日后的日历日的天数作为基准，而非营业日。

(2) 远期交割日不是营业日，则顺延至下一个营业日。顺延后跨月份的则必须提前到当月的最后一个营业日为交割日。

(3) 双底惯例。假定即期交割日为当月的最后一个营业日，则远期交割日也是当月的最后一个营业日。

3. 远期外汇交易的特点

(1) 双方签订合同后，无需立即支付外汇或本国货币，而是延至将来某个时间。

(2) 买卖规模较大。

(3) 买卖的目的，主要是为了保值，避免外汇汇率涨跌的风险。

(4) 外汇银行与客户签订的合同须经外汇经纪人担保。此外，客户还应缴存一定数量的押金或抵押品。当汇率变化不大时，银行可把押金或抵押品抵补应负担的损失；当汇率变化使客户的损失超过押金或抵押品时，银行就应通知客户加存押金或抵押品，否则，合同就无效。客户所存的押金，银行视其为存款予以计息。

4. 远期外汇交易的作用

远期外汇买卖产生的主要原因在于企业、银行、投资者规避风险之所需，具体包括以下几个方面：

(1) 进出口商预先买进或卖出期汇，以避免汇率变动风险。汇率变动是经常性的，在商品贸易往来中，时间越长，由汇率变动所带来的风险也就越大，而进出口商从签订买卖合同到交货、付款又往往需要相当长时间(通常达 30～90 天，有的更长)，因此，有可能因汇率变动而遭受损失。进出口商为避免汇率波动所带来的风险，就想尽办法在收取或支付款项时，按成交时的汇率办理交割。

【案例阅读】

某日本出口商向美国进口商出口价值 10 万美元的商品，共花成本 1200 万日元，约定 3 个月后付款。双方签订买卖合同时的汇率为 US＝J￥130。按此汇率，出口该批商品可换得 1300 万日元，扣除成本，出口商可获得 100 万日元。但 3 个月后，若美元汇价跌至 US＝ J￥128，则出口商只可换得 1280 万日元，比按原汇率计算少赚了 20 万日元；若美元汇价跌至 US＝ J￥120 以下，则出口商可就得亏本了。

可见，美元下跌或日元升值将对日本出口商造成压力。因此日本出口商在订立买卖合同时，就按 US＝ J￥130 的汇率，将 3 个月的 10 万美元期汇卖出，即把双方约定远期交割的 10 万美元外汇售给日本的银行，届时就可收取 1300 万日元的货款，从而避免了汇率变动的风险。

【课堂思考】

某公司向银行借入美元，期限 3 个月，要转换成欧元以进口德国货物，同时它们预计 3 个月后有一笔欧元收入，并担心借款期届满时美元升值，这时该公司如何避险?

(2) 外汇银行为了平衡其远期外汇持有额而交易。远期外汇持有额就是外汇头寸(Foreign Exchange Position)，进出口商为避免外汇风险而进行期汇交易，实质上就是把汇率变动的风险转嫁给外汇银行。外汇银行之所以有风险，是因为它在与客户进行了多种交易以后，会产生一天的外汇“综合持有额”或总头寸(Overall Position)，在这当中难免会出现期汇和现汇的超买或超卖现象。这样，外汇银行就处于汇率变动的风险之中。为此，外汇银行就设法把它的外汇头寸予以平衡，即要对不同期限不同货币头寸的余缺进行抛售或补进，由此求得期汇头寸的平衡。

(3) 短期投资者或定期债务投资者预约买卖期汇以规避风险。在没有外汇管制的情况下，如果一国的利率低于他国，该国的资金就会流往他国以谋求高息。假设在汇率不变的情况下纽约投资市场利率比伦敦高，两者分别为 9.8%和 7.2%，则英国的投资者为追求高息，就会用英镑现款购买美元现汇，然后将其投资于 3 个月期的美国国库券，待该国库券到期后将美元本利兑换成英镑汇回国内。这样，投资者可多获得 2.6%的利息，但如果 3 个月后，美元汇率下跌，投资者就得花更多的美元去兑换英镑，因此就有可能换不回投资的英镑数量而导致损失。为此，英国投资者可以在买进美元现汇的同时，卖出 3 个月的美元期汇，这样，只要美元远期汇率贴水不超过两地的利差(2.6%)，投资者的汇率风险就可以消除。当然如果超过这个利差，投资者就无利可图而且还会遭到损失。这是就在国外投资而言的，如果在国外有定期外汇债务的人，则就要购进期汇以防债务到期时多付出本国货币。

拓展阅读

如何理解外汇期权交易

外汇期权交易是指交易双方在规定的期间按商定的条件和一定的汇率，就将来是否购买或出售某种外汇的选择权进行买卖的交易。外汇期权交易是20世纪80年代早中期的一种金融创新，是外汇风险管理的一种新方法。

当你看中一套当前标价100万元的房子，想买但担心房价会下跌，再等等吧，又怕房价继续涨。如果房产商同意您以付2万元为条件，无论未来房价如何上涨，在3个月后你有权按100万元购买这套房，这就是期权。

如果3个月后的房价为120万元，你可以100万元的价格买入，120万元的市价卖出，扣除2万元的支出，净赚18万元；如果3个月后房价跌到95万元，你可以按95万元的市价买入，加上2万元的费用，总支出97万元，比当初花100万元买更合算。

因此，期权是指期权合约的买方具有在未来某一特定日期或未来一段时间内，以约定的价格向期权合约的卖方购买或出售约定数量的特定标的物的权利。买方拥有的是权利而不是义务，他可以履行或不履行合约所赋予的权利。

你拥有的是“购买”房产的权利，这就是看涨期权。如果你在支付了2万元后，允许你在3个月后以100万元“卖出”房产，这样的权利则是看跌期权。

在金融市场中，以外汇汇率为标的资产的期权合约称为外汇期权合约。与上述例子相似，价值100万元的房产，类似外汇期权中的标的汇率；约定房产购买价格为100万元，在外汇期权中称为执行价格；为获取购买的权利所付的2万元，在外汇期权中称为期权费；支付2万元后拥有的按约定价格购买房产的权利，在外汇期权中称为看涨期权；购买的权利能在3个月后行使，在外汇期权中称为到期日。

1982年，美国费城股票交易所成交了第一笔的外汇期权合约。从那以后，伴随着金融衍生品交易的不断成长，期权交易也进入了一个爆炸性的增长阶段。美国期货业协会的统计数据表明，1973年期权交易创始之初，其年成交量还不足1亿张，2005年已扩大发展为59.38亿张。

二、外汇风险

从事对外经济、贸易、投资及金融的公司、企业组织、个人及国家外汇储备的管理与营运等，通常在国际范围内收付大量外币，或持有外币债权债务，或以外币标示其资产、负债价值。由于各国使用的货币不同，加上各国间货币汇率经常变化，所以在国际经济往来中，在国际收付结算的时候，就会产生外汇风险。

（一）外汇风险的概念

外汇风险(Foreign Exchange Exposure)是指一个金融的公司、企业组织、经济实体、国家或个人在一定时期内对外经济、贸易、金融、外汇储备的管理与营运等活动中，以外币表示的资产(债权、权益)与负债(债务、义务)因未预料的外汇汇率的变动而引起的价值的增加或减少的可能性。

外汇风险是因外汇市场变动引起汇率的变动，致使以外币计价的资产上涨或者下降的可能性。外汇风险可能具有两种结果，一种是获得利(Gain)，另一种是遭受损失(Loss)。一个国际企业组织的全部活动中，即在它的经营活动过程、结果、预期经营收益中，都存在着由于外汇汇率变化而引起的外汇风险。

(二) 外汇风险的种类

从国际外汇市场外汇买卖的角度来看，买卖盈亏未能抵消的那部分，就面临着汇率变动的风险。该部分外汇风险的外币金额称为“受险部分”或“外汇敞口”。

1. 交易风险

交易风险(Transaction Exposure)是指在约定以外币计价成交的交易过程中，由于结算时的汇率与交易发生时即签订合同时的汇率不同而引起收益或亏损的风险，经济主体因外汇汇率的变动而蒙受损失的可能性。一个国际企业组织的全部活动中，即在它的经营活动过程、结果、预期经营收益中，都存在着由于外汇汇率变化而引起的外汇风险，在经营活动中的风险为交易风险。

交易风险主要发生在几种场合：商品劳务进口和出口交易中的风险；资本输入和输出的风险；外汇银行所持有的外汇头寸的风险。

交易风险主要包括以下内容：

(1) 以即期或延期付款为支付条件的商品或劳务的进出口，在货物装运和劳务提供后，而货款或劳务费用尚未收付前，外汇汇率变化所发生的风险。

(2) 以外币计价的国际信贷活动，在债权债务未清偿前所存在的汇率风险。例如，某项目借入是日元，到期归还的也应是日元，而该项目产生效益后收到的是美元。若美元对日元汇率猛跌，该项目要比原计划多花许多美元，才能兑成日元归还本息，结果造成亏损。

(3) 向外筹资中的汇率风险。借入一种外币而需要换成另一种外币使用，则筹资人将承受借入货币与使用货币之间汇率变动的风险。

(4) 待履行的远期外汇合同，约定汇率和到期即期汇率变动而产生的风险。

2. 会计风险

会计风险(Accounting Exposure)又称折算汇率风险，指因汇率波动，造成公司与外币相关的资产或负债在资产负债表上的本币值出现不利变动的风险。

【案例阅读】

一家欧洲公司向美国客户赊销计算机软件，以美元计价，货款价值为 100 万美元，目前汇率为 USD1 = EUR1.1000，但收款时，汇率变为 USD1 = EUR0.9500，欧元收入将会变为 95 万欧元，比预期的少收 15 万欧元。

会计风险主要产生于跨国公司对海外子公司财务报表进行的合并报表处理。跨国公司必须将以当地货币表示的海外子公司财务报表转化为以母国货币表示，与母公司的财务报表合并，如果按现行汇率折算，如果现行汇率与历史汇率不一致，就存在折算风险。如果按历史汇率折算，则不存在折算风险。

【案例阅读】

一家美国公司拥有一家英国子公司，对子公司的净投资为 1 亿英镑，年初汇率为 1 英镑 = 1.5 美元，到年底汇率变为 1 英镑 = 1.45 美元。尽管净投资仍然是 1 亿英镑，但是在这家美国公司的合并资产负债表上，对英国子公司的净投资价值从 1.5 亿美元变为 1.45 亿美元，发生了 500 万美元的账面损失。

3. 经济风险

经济风险(Economic Exposure)又称经营风险，指意料之外的汇率变动通过影响企业的生产销售数量、价格、成本，引起企业未来一定期间收益或现金流量减少的一种潜在损失。汇率的变动通过对企业生产成本、销售价格，以及产销数量等的影响，使企业的最后收益发生变化。

经济风险有以下几个特点：

(1) 经济风险不能被准确识别和测量。经济风险在很大程度上取决于销售量、价格或成本的变动对汇率变动的反映程度。对跨国经营的企业来说，汇率变动引起的不仅是临时的价格变化，而且对一些环境变量(如利率、需求结构等)有长期的甚至永久性的影响，环境变量的变化，会引起公司产品价格、市场份额、生产成本等指标变化，从而引起收益波动，给企业带来经济风险。

(2) 经济风险广泛存在。经济风险在长期、中期和短期内都存在，而不像交易风险和折算风险是短期的、一次性的。

(3) 经济风险通过间接渠道产生。汇率变化引起经济环境变化，进而导致收益变化，即使是纯粹的国内企业也会面临经济风险。经济风险通过两种形式表现出来：一是资产风险，即汇率的波动对企业资产(负债)以母国货币表示的价值影响；二是经营风险，即汇率的波动对企业的现金流的影响。

【知识链接】

其他常见类型的外汇风险

1. 国家外汇储备风险

一国所有的外汇储备因储备货币贬值而带来的风险，它主要包括国家外汇库存风险和国家外汇储备投资风险。

2. 市场风险

由于外汇市场 24 小时不间断的运转以及汇率的浮动没有最高最低的限制，波动剧烈时可能在一天之内的几个小时走完一个月甚至几个月的波动。由于外汇走势受众多因素的影响，所以没有人能确切地预测判断出外汇的走势。在持有头寸的时候，任何意外的汇率波动都有可能导致资金的大笔的亏损甚至所剩无几。

3. 杠杆风险

虽然每种投资都存在风险，但由于外汇交易使用的是资金杠杆模式，从而也放大了亏损的额度。尤其是在使用高倍杠杆的情况下，即便是与你交易的趋势相反的一丁点不同，都会带来巨大的损失，甚至包括所有的开户资金。所以尽量用生活必需资金之外的资金，也就是说，这些资金即便全部损失也不会对你的生活和财务造成明显影响。

4. 网络交易风险

电话交易系统虽然各大交易商都有，但是外汇保证金交易最主要的交易方式还是通过网络实现的。由于互联网本身的特性，经常会造成连接不到交易商的情况，客户在这种情况下是无法下单的，甚至无法止损自己的寸头，这也导致了诸多意外亏损的出现。但是交易商对此是不需要承担责任的，甚至他们自身交易系统出现问题也可能不需要承担责任。同样，国内银行的实盘交易对于此类风险也是免责的，这些都在交易开户书上交代得十分清楚，所以选择自己适合的交易商进行外汇开户可以很好地降低自己的交易风险。

三、外汇风险管理

外汇风险管理(Foreign Exchange Risk Management)是指外汇资产持有者通过风险识别、风险衡量、风险控制等方法，预防、规避、转移或消除外汇业务经营中的风险，从而减少或避免可能的经济损失，实现在风险一定条件下的收益最大化或收益一定条件下的风险最小化。

(一) 外汇风险管理的原则

1. 保证宏观经济原则

在处理企业、部门的微观经济利益与国家整体的宏观利益的问题上，企业部门通常是尽可能减少或避免外汇风险损失，而转嫁到银行、保险公司甚至是国家财政上去。在实际业务中，应把两者利益尽可能很好地结合起来，共同防范风险损失。

2. 分类防范原则

对于不同类型和不同传递机制的外汇汇率风险损失，应该采取不同适用方法来分类防范，以期奏效，但切忌生搬硬套。对于交易结算风险，应以选好计价结算货币为主要防范方法，辅以其他方法；对于债券投资的汇率风险，应采取各种保值为主的防范方法；对于外汇储备风险，应以储备结构多元化为主，又适时进行外汇抛补。

3. 稳妥防范原则

该原则从其实际运用来看，包括使风险消失、使风险转嫁、从风险中避损得利 3 个方面。

(二) 外汇风险管理的过程

1. 识别风险

企业在对外交易中要了解究竟存在哪些外汇风险，是交易风险、会计风险、还是经济风险。或者了解面临的外汇风险哪一种是主要的，哪一种是次要的；哪一种货币风险较大，哪一种货币风险较小；同时，要了解外汇风险持续时间的长短。

2. 度量风险

综合分析所获得的数据和汇率情况，并将风险暴露头寸和风险损益值进行计算，把握这些汇率风险将达到多大程度，会造成多少损失。

汇率风险度量方法可以用直接风险度量方法和间接风险度量方法，根据风险的特点，从各个不同的角度去度量汇率风险，这样才能为规避风险提供更准确的依据。

3. 规避风险

即在识别和衡量的基础上采取措施控制外汇风险，避免产生较大损失。汇率风险规避方案的确定需要在企业国际贸易汇率风险规避战略的指导下选择具体的规避方法。企业应该在科学的风险识别和有效的风险度量的基础上，结合企业自身的性质、经营业务的规模、范围和发展阶段等企业的经营特色，采取全面规避战略、消极规避战略或是积极规避战略。各种规避战略只有适用条件不同，并没有优劣之分。

（三）外汇风险管理的策略

企业在确定其规避战略的基础上，进一步选择其避险方法。可供企业选择的避险方法归纳起来有两类：一类是贸易谈判结合经营策略来规避汇率风险；另一类是利用金融衍生工具来规避交易风险，主要有期汇、期货、期权及其他金融衍生工具。不同的方法对应着不同的操作，但目的都是为了使“不确定性”得到确定，从而规避风险。

1. 利用经营策略来规避汇率风险

（1）选择有利的计价货币。

① 选择本币计价。本币计价指的是在对外经济交易中，只接受本企业所在国货币计价。本币计价因为不涉及货币的兑换问题，可以避免外汇风险。目前主要发达国家的出口贸易，以本币计价占总贸易额的75%左右。这种管理方法并没有消除外汇风险，只是将风险从交易的一方转嫁到了交易的另一方。例如，一美国出口商在向一德国进口商出口商品时，只接受美元计价。对于美国出口商来说，他完全避免了外汇交易风险，但德国进口商则要面临美元升值的风险。

② 选择有利的外币计价。根据货币汇率变化的趋势，选择有利的货币作为计价货币，是一种根本性的防范措施。其基本原则是收硬付软，即应收账款应选择以硬货币(即价值稳定且有升值潜力的货币)计价，应付账款应选择软货币(即汇率相对不稳定且有贬值趋势)计价。对于资产、债权最好用硬货币计价，对于负债、债务最好用软货币(即汇率相对不稳定且具有贬值趋势)计价。对于资产、债券最好用硬货币计价，对于负债、债务最好用软货币计价。

【案例阅读】

> 市场上欧元升值，美元贬值，1欧元由兑换1.2美元升为可以兑换到1.5美元，这样，在签订合同时，出口商以硬币欧元计价，在收到欧元货款后就可以兑换到更多的美元，进口商以软币美元计价，花费更少的欧元就可以兑换到相同数额的美元货款。

在现实中这种避险方法通常难以运用。其原因在于：一是汇率走势难以预测，一种货币软或硬的地位是暂时的、相对的，在多变的外汇市场中，软硬货币经常易位；二是这种方法对交易双方来说是对立的，对一方有利的计价货币，往往是对另一方不利的计价货币，货币的选择取决于双方的谈判水平。

(2) 加列一篮子货币保值条款。在签订合同时，双方协商确定货币篮子中各种保值货币与支付货币之间的汇率，并规定汇率变动的调整幅度。如果在支付货款时汇率发生变动，按变动后的汇率结算，从而达到保值的目的。由于一篮子货币当中，货币的汇率有升有降，汇率风险分散化，这就可以有效避免外汇风险，把较大的外汇风险限制在规定的幅度内。目前在国际支付中，对一些金额较大、期限长的合同和贷款，用特别提款权等一篮子货币保值极为普遍。

【案例阅读】

我国出口企业有价值为 60 万美元的合同，以欧元、英镑、日元 3 种货币保值，它们所占的权数为 40%、35%、25%，和美元的汇率定为 USD1 = EUR0.8200、USD1 = GBP0.6000、USD1 = JPY110.00，汇率变动的幅度以 2%为界，则以此 3 种货币计算的价值分别为 24 万美元、21 万美元、15 万美元，相当于 24×0.8200 = 19.68 万欧元、21×0.6000 = 12.6 万英镑、15×110 = 1650 万日元。若到期结算时这 3 种货币与美元之间的汇率变为 USD1 = EUR0.8000、USD1 = GBP0.6100、USD1 = JPY116，则按这些汇率将篮子货币重新折算为美元，分别是 19.68÷0.8000 = 24.6 万美元、12.6÷0.6100 = 20.66 万美元、1650÷116 = 14.22 万美元。付款时我国出口企业可收回 59.48 万美元的货款。

(3) 调整价格。在国际贸易中坚持“收硬付软”无疑是防范汇率风险的有效方法。但在实际中，计价货币的选择要受交易意图、市场要求、商品价值等因素的制约，结果往往是出口不得不使用软币，进口不得不使用硬币。在这种情况下，可以结合商品价格的调整，达到减少外汇风险的目的。

调整价格具体做法有加价保值法和压价保值法两种。加价保值法用于出口交易，是指远期收汇的出口商接受软币计价成交时，可以将汇差损失计入出口商品价格中以转嫁风险；压价保值法用于进口交易，是指远期付汇的进口商接受硬币计价成交时，从商品价格中扣除汇差损失以转嫁风险。

【案例阅读】

某英国出口商出口以软货币美元计价，如果按签订合同时 GBP1 = USD1.8500 的即期汇率来计算，其价值 100 万英镑货物的美元报价应为 185 万美元。考虑到 6 个月后美元对英镑要贬值，英国出口商要做一笔卖出美元的远期外汇交易予以防范。当时 6 个月的远期汇率中 GBP1 = USD1.8560，美元对英镑的贴水为 0.0060，贴水率为 0.0060÷1.8500 = 0.3243%。到期收汇时，按远期汇率交割，185 万美元仅 68 万英镑，亏损 0.32 万英镑。有鉴于此，英国出口商应则美元报价应为 185×(1+0.3243%) = 185.6 万美元。按照这个报价，到期英国出口商就可兑换到 100 万英镑而不至于亏损。

（4）配对法。配对法又称平衡法，是指在同一时间内创造一个与存在风险相同货币、相同金额、相同期限的反向资金流动，以避免外汇风险的方法。

【案例阅读】

某葡萄酒有限公司出口一批葡萄酒，价值 700 万美元，6 个月后收款，为了避免美元汇率贬值的损失，它可以再安排进口一批货物，价值 700 万美元，尽力将付款日安排在收款日。这样，在它收进 700 万美元出口货款的当日，就可以用这一笔款项支付进口货款。

（5）参加汇率保险。西方很多国家政府都设有专门的官方或半官方保险机构办理汇率保险业务，比如美国的进出口银行、英国的出口信贷保证局、日本的输出入银行、荷兰的尼德兰信贷保险公司。参加汇率保险是控制外汇风险的手段之一，一般的做法是投保企业向保险机构提供有关单据证明，并缴纳一定比例的保险费，保险机构对投保企业货币汇率的波动幅度加以规定。若汇率波动在规定的幅度内，保险机构对投保企业遭受的损失负责赔偿，对超过规定幅度的损失，则不负赔偿责任；若因汇率变动超过规定幅度而产生收益，则该收益归保险机构所有。采用汇率风险保险法，支付的保费是减少汇率风险损失的代价。

2. 利用金融衍生工具来规避交易风险

（1）即期合同法(Spot Contract)。即期合同法指具有近期外汇债权或债务的公司与外汇银行签订出卖或购买外汇的即期合同，以消除外汇风险的方法。即期交易防范外汇风险需要实现资金的反向流动。企业若在近期预定时间有出口收汇，就应卖出手中相应的外汇头寸；企业若在近期预定的时间有进口付汇，则应买入相应的即期外汇。

（2）远期合同法(Forward Contract)。远期合同法指具有外汇债权或债务的公司与银行签订卖出或买进远期外汇的合同，以消除外汇风险的方法。

远期合同法的具体做法是：出口商在签订贸易合同后，按当时的远期汇率预先卖出合同金额和币别的远期，在收到货款时再按原定汇率进行交割。进口商则预先买进所需外汇的远期，到支付货款时按原定汇率进行交割。这种方法优点在于：一方面，将防范外汇风险的成本固定在一定的范围内；另一方面，将不确定的汇率变动因素转化为可计算的因素，有利于成本核算。该法能在规定的时间内实现两种货币的风险冲销，能同时消除时间风险和价值风险。

（3）期货交易合同法(Future Contract)。期货交易合同法指具有远期外汇债务或债券的公司，委托银行或经纪人购买或出售相应的外汇期货，借以消除外汇风险的方法。

【知识要点提醒】

外汇交易就是一国货币与另一国货币进行交换。常见的外汇交易有即期外汇交易、远期外汇交易和外汇期权交易。外汇风险可分为交易风险、折算风险(会计风险)、经济风险(经营风险)。外汇风险管理是指外汇资产持有者通过风险识别、风险衡量、风险控制等方法，预防、规避、转移或消除外汇业务经营中的风险，从而减少或避免可能的经济损失，实现在风险一定条件下的收益最大化或收益一定条件下的风险最小化。

【项目小结】

1. 外汇是以外币表示的用于国际结算的支付凭证，是国际汇兑的简称。

2. 汇率即两种货币之间的对换的比率，简要地说，就是用一个单位的一种货币兑换等值的另一种货币。汇率有直接标价法、间接标价法和美元标价法。

3. 汇率制度又称汇率安排，是指一国货币当局对汇率制度本国汇率变动的基本方式所作的一系列安排或规定。传统上，按照汇率变动的幅度，汇率制度被分为两大类型，即固定汇率制和浮动汇率制。

4. 影响汇率变动的主要因素有国际收支、通货膨胀率、利率、市场预期心理、中央银行的直接干预、宏观经济政策等。汇率变动对经济的影响主要包括对进出口贸易的影响、对非贸易收支的影响、对资本流动的影响、对国民收入、就业和资源配置的影响、对国际经济的影响等。

5. 外汇交易就是一国货币与另一国货币进行交换。即期外汇交易是指即期外汇买卖成交后，交易双方于当天或两个交易日内办理交割手续的一种交易行为；远期外汇交易又称期汇交易，是指交易双方在成交后并不立即办理交割，而是事先约定币种、金额、汇率、交割时间等交易条件，到期才进行实际交割的外汇交易。

6. 外汇风险是指一个金融的公司、企业组织、经济实体、国家或个人在一定时期内对外经济、贸易、金融、外汇储备的管理与营运等活动中，以外币表示的资产(债权、权益)与负债(债务、义务)因未预料的外汇汇率的变动而引起的价值的增加或减少的可能性。

7. 交易风险是指在约定以外币计价成交的交易过程中，由于结算时的汇率与交易发生时即签订合同时的汇率不同而引起收益或亏损的风险，经济主体因外汇汇率的变动而蒙受损失的可能性。

8. 会计风险指因汇率波动，造成公司与外币相关的资产或负债在资产负债表上的本币值出现不利变动的风险。

9. 经济风险指意料之外的汇率变动通过影响企业的生产销售数量、价格、成本，引起企业未来一定期间收益或现金流量减少的一种潜在损失。

10. 外汇风险管理是指外汇资产持有者通过风险识别、风险衡量、风险控制等方法，预防、规避、转移或消除外汇业务经营中的风险，从而减少或避免可能的经济损失，实现在风险一定条件下的收益最大化或收益一定条件下的风险最小化。

【项目演练】

一、判断题

1. 外汇就是以外国货币表示的支付手段。（ ）
2. 我国采用直接标价法，而美国采用间接标价法。（ ）
3. 在间接标价法下，当外国货币数量减少时，称外国货币汇率下浮或贬值。（ ）
4. 升水与贴水在直接与间接标价法下含义截然相反。（ ）
5. A国对B国货币汇率上升，对C国下跌，其有效汇率可能不变。（ ）

6. 外汇市场通常上是一种无形市场。（ ）
7. “套汇”是指在外汇市场中利用汇率差异而谋利的行为。（ ）
8. 国际收支状况一定会影响到汇率。（ ）

二、单项选择题

1. 在国际金融市场上进行外汇交易时，习惯上使用的汇率标价方法是（ ）。
A. 直接标价法 B. 间接标价法
C. 美元标价法 D. 一篮子货币标价法
2. 在汇率标价方法上采用间接标价法的国家有（ ）。
A. 美国、英国、日本 B. 美国、英国
C. 欧盟国家 D. 第三世界国家
3. 在间接标价法下，汇率的变动以（ ）。
A. 本国货币数额的变动来表示
B. 外国货币数额的变动来表示
C. 本国货币数额减少，外国货币数额增加来表示
D. 本国货币数额增加，外国货币数额减少来表示
4. 商业银行的买入汇率与卖出汇率相差的幅度一般为（ ）
A. 1‰～5‰ B. 1%～5% C. 5‰～10‰ D. 5%～10%
5. 常用来预测和衡量某种货币汇率变动的趋势和幅度的汇率是（ ）。
A. 买入汇率 B. 卖出汇率 C. 金融汇率 D. 中间汇率
6. 在直接标价法下，汇率的变动以（ ）。
A. 本国货币数额的变动来表示
B. 外国货币数额的变动来表示
C. 本国货币数额减少，外国货币数额增加来表示
D. 本国货币数额增加，外国货币数额减少来表示
7. 一个国家的货币对另一个国家的货币都规定有一个汇率，其中最重要的是对（ ）。
A. 发达国家货币的汇率 B. 一篮子货币的汇率
C. 特别提款权的汇率 D. 美元等少数国家货币的汇率
8. 判断一国是否存在多重汇率，可依据其本币与各种外币的即期外汇交易的买卖价是否超过（ ）。
A. 5% B. 3% C. 2% D. 1%
9. 在纸币本位的固定汇率制度下，当外国货币价格下跌，有超过汇率波动上限的趋势时，各国货币当局调节汇率的惯用手段是（ ）。
A. 提高贴现率 B. 降低贴现率 C. 冻结物价 D. 限制资金流出
10. 在直接标价法下，外汇市场上挂牌的外汇价的后一个数字是（ ）。
A. 开盘价 B. 收盘价 C. 买入价 D. 卖出价
11. 原则上，即期外汇交易的交割期限为（ ）。
A. 一个营业日 B. 两个营业日 C. 3 个营业日 D. 一周的工作日
12. 在直接标价法下，升水时的远期汇率等于（ ）。
A. 即期汇率＋升水 B. 即期汇率－升水
C. 中间汇率＋升水 D. 中间汇率－升水

三、多项选择题

1. 外汇现钞买入价低于外汇买入价的原因有(　　)。

A. 银行要承受一定的利息损失

B. 将外币现钞运送并存入外国银行的过程中有运费、保险费等支出

C. 将外币现钞存入国内银行不计利息

D. 买入外币现钞容易出现假币

E. 法律规定如此

2. 外汇市场的参与者有(　　)。

A. 外汇银行　　B. 外汇经纪人　　C. 外汇交易商

D. 中央银行　　E. 一般客户

3. 现代外汇市场的主要特点(　　)。

A. 外汇市场高度一体化

B. 全球范围交易

C. 外汇交易规模大

D. 外汇交易币种集中在少数发达国家货币

E. 主要在有形市场进行交易

4. 在外汇管制较严的国家，官定汇率是(　　)。

A. 法定汇率　　B. 实际汇率　　C. 市场汇率

D. 中间汇率　　E. 单一汇率

5. 能使一国降低其受汇率波动影响的条件是(　　)。

A. 较高的经济对外开放程度　　B. 较低的经济对外开放程度

C. 商品生产多样化　　D. 商品生产结构单一

E. 货币完全自由兑换

6. 外汇市场的层次包括(　　)。

A. 外汇银行与顾客之间的外汇交易

B. 外汇银行同业间的外汇交易

C. 顾客与中央银行直接的外汇交易

D. 外汇银行与中央银行之间的外汇交易

E. 以上都是

7. 外汇的特征有(　　)。

A. 可自由兑换性　　B. 普遍接受性

C. 可偿性　　D. 增加就业

E. 稳定物价

8. 干预外汇市场的主要目的是(　　)。

A. 避免外汇市场的混乱　　B. 调整汇率的发展趋势

C. 促进国内货币政策与外汇政策的协调　D. 改善国际收支

E. 增加就业

9. 在外汇市场上，远期外汇的卖出者主要有(　　)。

A. 进口商　　B. 出口商

C. 持有外币债权的债权人　　D. 负有外币债务的债务人

E. 对远期汇率看跌的投机商

10. 在外汇市场上，远期外汇的购买者主要有(　　)。

A. 进口商　　B. 出口商

C. 持有外币债权的债权人　　D. 负有外币债务的债务人

E. 对远期汇率看涨的投机商

四、实务操作题

1. 已知某日某外汇市场上汇率报价为 1 美元＝1.5720 马克，1 美元＝103.55 日元。试计算马克与日元的交叉汇率。

2. A 公司欲购入 10 万英镑，它得到的银行报价为 1 英镑＝1.6710/1.6750 美元，则 A 公司需要为这笔外汇交易支付多少美元?

3. 若某年 6 月 6 日我国 A 公司按当时汇率 USD1＝EUR0.8395 向德国 B 商人报出销售花生的美元价和欧元价，任其选择，B 商人决定按美元计价成交，与 A 公司签订了数量为 1000 吨的合同，价值为 750 万美元。但到了同年 9 月 6 日，美元与欧元的汇率却变为 USD1＝EUR0.8451，于是 B 商人提出按 6 月 6 日所报欧元价计算，并以增加 0.5%的货价作为交换条件。你认为 A 公司能否同意 B 商人的要求吗? 为什么?

项目七

国际收支与国际储备

GUOJI SHOUZHI YU GUOJI CHUBEI

【项目导读】

随着科学技术的发展和国际交通业、通信业的发达，各国间的经济交往日益深化，促进了国际商品交易、资本流通、金融市场和生产要素市场一体化的进程，从而使国际收支问题成为各国政府以及国际经济组织关注的热点。通过对国际收支平衡表这一主线的解读，有对一国的经济、地位、政策走向有一个清晰的了解和把握。另外，国际储备对于促进商品和资本的国际流通，维持国际金融秩序的稳定和保障世界经济的正常运行发挥着重要作用，多元化的国际储备体系和合理的国际储备管理对整个世界意义都重大。本项目主要围绕国际收支、国际储备两大方面进行探讨和分析。

任务一 国际收支和国际收支平衡表

【任务目标】

1. 理解国际收支的基本含义。
2. 熟练掌握国际收支平衡表的账户构成、记账原理和方法。
3. 掌握国际收支失衡的类型及政策调节办法。

【任务引入】

2013 年 2 月，国家外汇管理局发布了 2012 年国际收支平衡表初步数据，显示 2012 年我国国际收支状况继续改善。

从经常项目来看，经常项目收支继续保持基本平衡。2012 年，货物贸易顺差虽有所增长，但服务贸易和收益项目逆差扩大、经常转移顺差减少，经常项目总顺差 2138 亿美元，同比仅增长 6%，与同期 GDP 之比为 2.6%，较上年下降 0.2 个百分点。国际上将经常项目差额控制在 GDP 的 4%以内视为国际收支平衡的重要指标，而我国远低于此。其中，运输和旅游项目较大逆差是服务贸易逆差大幅上升的主要原因。2012 年全年，服务贸易逆差 895 亿美元，运输逆差 470 亿美元，旅游逆差 519 亿美元。运输项目长期保持较大逆差主要是由于我国外贸进出口总量持续增加，境内企业对国际货物运输的需求上升，带动运输服务支出较快增长。旅游方面，内地居民出境，带动境外观光、购物、留学等旅游支出大幅增加。

从资本项目来看，2012 年，资本和金融项目逆差 1173 亿美元，与上年为顺差 1861 亿美元相比形成鲜明反差。回顾上年，除第一季度外，第二至第四季度资本项目和金融均呈现逆差。在过去 20 年中，中国仅有 1998 年出现资本项小额逆差，其他时间都保持着双顺差。分析认为，全年资本和金融项目逆差反映了过去的一年，由于世界经济增速放缓、国际金融动荡加剧、国内经济增长减速，我国总体面临资金流出的压力。

我国国际收支从以前的“双顺差”转为经常项目顺差、资本和金融项目逆差的新格局，表明我国国际收支自主平衡的能力增强，符合国家宏观调控方向，也体现了藏汇于民的积极成效。但同时也应看到，2013 年全球经济仍面临着不确定性因素。资本和金融项目逆差具有较强的顺周期性，平衡的基础尚不稳固。如果 2013 年国内外环境一旦向好，不排除有可能出现阶段性的资本流入压力。

讨论题：

(1) 什么是国际收支？什么是经常项目、资本项目？

(2) 试分析有哪些原因导致我国国际收支“双顺差”格局转为新格局。

【知识内容】

一、国际收支

(一) 国际收支的概念

国际收支(Balance of Payment，BOP)是由一个国家对外经济、政治、文化等各方面往来活动而引起的。生产社会化与国际分工的发展，使得各国之间的贸易日益增多，国际交往日益密切，从而在国际产生了货币债权债务关系，这种关系必须在一定日期内进行清算与结算，从而产生了国际货币收支。国际货币收支及其他以货币记录的经济交易共同构成了国际收支的主要内容。国际收支的概念可以从狭义与广义的角度来理解。

1. 狭义的国际收支

狭义的国际收支是一个国家(或地区)在一定时期(一年、一季或一个月)内，由于各种对外交往而发生的、必须立即结清的，来自其他国家的外汇收入总额与付给其他国家的外汇支出总额的对比。凡在报告期内涉及外汇收支的交易，均属于国际收支的范畴。由于狭义国际收支是建立在现金基础上的，其状况就影响着一国的外汇供求关系。第一次世界大战以后至第二次世界大战后初期，各国普遍采用这一概念。

2. 广义的国际收支

广义国际收支是指一个国家(或地区)在一定时期(一年、一季或一个月)内各种对外往来所产生的全部国际经济交易的统计。

理解国际收支的概念，应注意以下 3 个方面：

(1) 国际收支是个流量概念。当人们提及国际收支时，总是需要指明是属于哪一段时期的。这一报告期可以是一年，也可以是一个季度或一个月，但通常以一年作为报告期。也就是说，只有一定时期的国际收支，而没有一定时刻的国际收支。各项数字表示的只是发生额或变动额，而不是持有额。

【课堂思考】

一国某年进口价值 200 万美元的食品，在年初的 6 个月内已经全部消费掉，7 月份这批进口产品早已不复存在，是否记入到今年的国际收支平衡表?

(2) 国际收支所反映的内容是以经济交易为基础。经济交易是指经济价值从一个经济单位向另一个经济单位的转移，它包括：金融资产与商品劳务之间的交换；商品和劳务的交换；金融资产和金融资产之间的交换；无偿的单向的商品和劳务转移；无偿的单向的金融资产转移。这一特点说明国际收支的概念不再以支付为基础，而是以交易为基础。

(3) 国际收支所记载的是居民与非居民之间的交易。判断一项经济交易是否应包括在国际收支范围内，所依据的不是交易双方的国籍，而是依据交易双方是否分别是该国的居民与非居民。居民与居民之间的经济交易属于国内交易，不属于国际收支范畴。只有居民与非居民之间的经济交易才属于国际收支范畴。

居民是指在一个国家(或地区)的经济领土内具有经济利益的经济单位，包括自然人、企业、政府和非营利机构等。自然人一般是根据其居住地点和居住时间来判断，凡是在一国居住时间长达一年以上的自然人，不论其国籍如何，都是该国的居民。就法人组织而言，一个企业或者非营利性团体在哪个国家成立注册的，就是哪个国家的居民。政府机构，包括在其境内的各级政府机构以及设在境外的大使馆、领事馆和军事机构等都是本国居民，凡设在该国的外国使领馆和国际组织机构都是该国的非居民。联合国、国际货币基金组织以及世界银行等是任何国家的非居民。

【知识链接】

国际收支的发展过程

早在 17 世纪初叶的重商主义时代就有了国际收支概念。当时的葡萄牙、法国、英国等一些国家的经济学家在提倡“贸易差额论”即通过扩大出口限制进口的方式积累金银货币的同时，就提出了国际收支的概念，并把它作为分析国家财富积累、制定贸易政策的重要依据。但由于当时的国际经济仍处于发展阶段，国际收支被解释为一个国家的对外贸易的差额。

随着国家经济的交往不断扩大，国家收支的含义也不断发展和丰富。在金本位制度崩溃后，国际收支的含义逐渐被扩展为反映一国外汇收支。凡是涉及一国外汇收支的各种国际交易都属于国际收支的范畴，并把外汇收支作为国际收支的全部内容，这时国际收支就是人们所称的狭义国际收支的概念。这一定义以现金支付为基础，即只有以现金支付的国际经济交易才能计入国际收支，对其他的形式债权债务则不予理会。

但是，一国在对外交易中，并非所有的交易都涉及货币的支付，如补偿贸易。其中有些交易根本不需要支付，如以实物形式提供的无偿援助和投资等。这些不涉及货币支付的对外贸易在国际交易中的比重不断增加，以跨国公司为载体的国际资本流动日益频繁。在这种情况下，国际收支的概念又有了新的发展，由狭义的概念逐步成为现在各个国家使用的广泛概念。

（二）国际收支平衡表

1. 国际收支平衡表的概念

国际收支平衡表(Balance of International Payments)是一种统计报表，以特定的格式记录、分类、整理一个经济体(国家或地区)一定时期内各种经济交易的详细情况(包括数量和金额)，是国际收支核算的重要工具。通过国际收支平衡表，可综合反映一国的国际收支平衡状况、收支结构及储备资产的增减变动情况，为制定对外经济政策，分析影响国际收支平衡的基本经济因素，采取相应的调控措施提供依据，并为其他核算表中有关国外部分提供基础性资料。

2. 国际收支平衡表编制原理与记账方法

国际收支平衡表是按照会计学“有借必有贷，借贷必相等”的复式记账原则来系统记录每笔国际经济交易。按照这一记账原则要求，对每一笔交易要同时进行借方记录和贷方记录。一切收入项目或负债增加、资产减少的项目都列为贷方，或称正号项目；一切支出项目或资产增加、负债减少的项目都列为借方，或称负号项目。例如，某出口商出口了一批商品，并得到了相应数额的美元汇票。在该出口商所在国的国际收支平衡表上，货物项下出现了一笔外汇收入，而金融账户将出现相应数额的支出(例如，该出口商将这笔外汇存入美国银行)。在记账时，凡引起本国外汇收入的项目均记入贷方，凡引起本国外汇支出的项目均记入借方。

【课堂思考】

日本向美国出口价值为 100000 日元的商品，美国以其在日本的银行存款支付货款，这笔国际经济交易日本如何进行记账？

每笔经济交易同时分别记有关的借贷两方，金额相等，因此原则上国际收支平衡表全部项目的借方总额与贷方总额总是相等的，其净差额为零。但国际收支平衡表每一具体项目的借方和贷方经常是不相等，如贸易差额、劳务差额等。如果收入大于支出，出现盈余，称为顺差，可在顺差之前冠以“+”号(可省略)；反之，如果支出大于收入，出现亏损，称为逆差，应在逆差之前冠以“－”号。也有人称顺差为“黑字”，逆差为“赤字”。

3. 国际收支平衡表的内容

根据国际货币基金组织规定的方法和内容，国际收支平衡表包括经常项目、资本与金融项目、储备资产、错误与遗漏四大项。例如，2012 年前三季度中国国际收支平衡表见表 7－1。

表 7－1　中国国际收支平衡表

2012 年前三季度

金额单位：亿美元

项　　目	行次	差　额	贷　方	借　方
一、经常项目	1	1480	18136	16655
A. 货物和服务	2	1458	16390	14932
a. 货物	3	2158	15008	12851
b. 服务	4	－700	1382	2081
1. 运输	5	－347	289	637
2. 旅游	6	－408	361	769
3. 通信服务	7	1	13	12
4. 建筑服务	8	71	97	25
5. 保险服务	9	－129	23	152
6. 金融服务	10	0	9	9
7. 计算机和信息服务	11	77	105	28
8. 专有权利使用费和特许费	12	－124	6	129
9. 咨询	13	99	241	142
10. 广告、宣传	14	14	34	21
11. 电影、音像	15	－3	1	4
12. 其他商业服务	16	51	195	144
13. 别处未提及的政府服务	17	－1	7	8
B. 收益	18	－16	1364	1380
1. 职工报酬	19	112	126	14
2. 投资收益	20	－129	1238	1367
C. 经常转移	21	39	382	343
1. 各级政府	22	－23	7	30
2. 其他部门	23	61	375	313

续表

项目	行次	差额	贷方	借方
二、资本与金融项目	24	－368	9675	10043
A. 资本项目	25	32	34	2
B. 金融项目	26	－400	9640	10041
a. 直接投资	27	1285	2063	778
1. 我国在外直接投资	28	－417	147	564
2. 外国在华直接投资	29	1702	1916	214
b. 证券投资	30	250	515	264
1. 资产	31	－47	180	227
(1) 股本证券	32	8	76	68
(2) 债务证券	33	－55	104	159
①(中)长期债券	34	－32	98	130
②货币市场工具	35	－22	6	29
2. 负债	36	297	334	37
(1) 股本证券	37	149	186	37
(2) 债务证券	38	148	148	0
①(中)长期债券	39	121	121	0
②货币市场工具	40	27	27	0
c. 其他投资	41	－1936	7062	8998
1. 资产	42	－1907	702	2609
(1) 贸易信贷	43	－463	4	467
长期	44	－9	0	9
短期	45	－454	4	458
(2) 贷款	46	－623	10	633
长期	47	－313	0	313
短期	48	－310	9	320
(3) 货币和存款	49	－905	579	1485
(4) 其他资产	50	85	109	25
长期	51	0	0	0
短期	52	85	109	25
2. 负债	53	－29	6360	6389
(1) 贸易信贷	54	503	503	0
长期	55	9	9	0

续表

项目	行次	差额	贷方	借方
短期	56	494	494	0
（2）贷款	57	−65	4763	4828
长期	58	113	367	254
短期	59	−177	4396	4574
（3）货币和存款	60	−505	1029	1534
（4）其他负债	61	38	65	27
长期	62	42	43	1
短期	63	−4	22	26
三、储备资产	64	−624	129	754
1. 货币黄金	65	0	0	0
2. 特别提款权	66	4	6	2
3. 在基金组织的储备头寸	67	11	11	0
4. 外汇	68	−640	112	752
5. 其他债权	69	0	0	0
四、错误与遗漏	70	−487	0	487

（根据中国外汇管理局数据整理）

（1）经常项目。经常项目是国际收支平衡表中的主要项目之一，用于统计商品、劳务和单方面转移等国际收支活动的项目。它主要反映一国与他国之间实际资源的转移，是国际收支中最重要的项目。经常项目包括货物（贸易）、服务（无形贸易）、收益和单方面转移（经常转移）4 个项目。

① 货物。该项目是经常项目交易最重要的一个内容，记录一国有形商品的进口和出口。出口记入贷方，进口记入借方，其差额称为贸易差额，也称为有形贸易差额。在国际进出口业务惯例中，出口以离岸价格 FOB 来计算金额，而进出口则以包括成本、保险费和运费的 CIF 来计算。为了统一进口与出口的计价，IMF 建议进出口均采用离岸价格 FOB 计算，保险费和运费另列入劳务开支。

② 服务。它是经常项目的第二大内容。相对于商品的有形贸易来说，服务贸易是无形贸易。服务输出记入贷方，服务输入记入借方。服务项目主要包括商品的运输费、保险费和其他附属费用，如港口费用、客运的车、船票及车、船上的其他劳务费用等；旅游，即旅游者在该国停留期间为本人或他人购买的商品和劳务。此外，使领馆人员工资等开支，本国居民在国外的财产收入，商品进出口以外的商业销售、专业服务和技术服务，如通信和计算机服务，金融服务如贷款的利息，版权及许可证费等，也包括在劳务费用项目中。

③ 收益。记录因生产要素在国际间流动而引起的要素报酬收支，包括职工报酬和投资收益两部分。职工报酬是指非居民经济体中为该经济体居民工作而获得的现金或实物形式的工资、薪水和福利；投资收益是指居民与非居民之间有关金融资产与负责的收入与支出，包括

直接投资、证券投资和其他投资所得的收入和支出等。凡是引起报酬和投资收益流入的记为贷方，凡是引起报酬和投资收益流出的记为借方。

④ 单方面转移。又称为无偿转移或经常转移，主要包括移民转移款项、侨民汇款，政府无偿援助、赠款，政府向国际组织缴纳的行政费用等。由本国向外国的转移记入借方，而从外国向本国转移则记入贷方。

【课堂思考】

投资移民应该怎样记入一国的国际收支平衡表?

(2) 资本与金融项目。资本与金融项目反映的是国际资本流动，包括长期或短期的资本流出和资本流入，是国际收支平衡表的第二大类项目。资本流出记为借方，资本流入记为贷方。

① 资本项目。包括资本转移和非生产、非金融资产的收买或出售，前者主要是投资捐赠和债务注销；后者主要是土地和无形资产，如专利、版权、商标、经销权等的收买或出售。

② 金融项目。包括直接投资、证券投资和其他投资。直接投资表明直接投资者对在国外投资的企业拥有10%(含10%)以上的普通股或投票权，从而对该企业的管理拥有有效的发言权。证券投资是指跨国界的股本证券和债务证券的投资。其他投资是指直接投资和证券投资之外的金融交易，包括贸易信贷、贷款、货币和存款等。

(3) 储备资产。储备资产是指一个国家的货币当局直接掌握的并可随时动用的主要用于平衡国际收支与稳定汇率的系列金融资产，它包括外汇、货币性黄金、在国际货币基金组织的储备头寸和该组织分配给成员国而又未动用的特别提款权。储备资产项目的增加体现为经常账户或某一金融账户上有一笔顺差发生。另外，经常账户上的净差额又要通过储备账户的减少(或增加)或其他金融账户的对外净借入来平衡。

(4) 错误与遗漏。该账户是人为设置的抵消账户，用来抵消编制国际收支平衡表出现的净的借方或贷方余额。国际收支平衡表按复式记账法，原则上，借方与贷方总额是相等的，差额为零。但实际上，一国收支平衡表总是不可避免地会出现净的借方或净的贷方余额，很难达到平衡。

为使得国际收支平衡，需要在国际收支平衡表中设置“错误与遗漏”项目。如果经常账户、资本和金融账户、储备资产账户的贷方出现余额，就在错误与遗漏项下的借方列出与余额相等的数字；如果这几个账户的借方出现余额，则在错误与遗漏的贷方列出与余额相等的数字。

【知识链接】

国际收支平衡表中数据误差的原因

造成统计资料数据有误差的主要原因是：一是统计资料不完整，比如商品走私、以隐蔽形式进行的资本外逃等；二是统计数字的重复计算和漏算，比如，统计资料有的来自海关，有的来自银行，有的来自官方主管机构，难免造成错算和漏算；三是统计资料本身缺乏真实性和准确性，比如，有的数据是估算出来的，当事人故意瞒报或虚报统计数据，短期资本在国家之间的投机性流动造成统计上的困难等。

二、国际收支分析

国际收支是经济分析的主要工具，一国的国际收支记录了他与世界各国的经济金融往来的全部情况，反映了该国的对外经济特点及变动对国际金融的影响。因此，认真全面地对国际收支平衡表进行分析，对了解国内外经济状况，制定相应的措施具有极其重要的意义。

（一）国际收支平衡表的4个差额

1. 贸易收支差额

贸易收支在全部国际收支中所占的比重相当大，贸易收支差额在很大程度上决定了国际收支的总差额，同时贸易收支的数字尤其是商品贸易收支的数字易于通过海关的途径及时收集，能够比较快地反映出一国对外经济交往情况。此外，贸易账户余额表现了一个国家或地区创汇的能力，反映了一国的产业结构和产品在国际上的竞争力及在国际分工中的地位，是一国对外经济交往的基础。因此，对贸易收支的差额进行分析，是十分重要的。

2. 经常项目差额

经常项目差额是一定时期内一国商品、服务、收入和经常转移项目上借方总值和同期商品、服务、收入和经常转移项目上贷方总值之差。当贷方总值大于借方总值时，经常项目顺差；反之，则为经常项目逆差。

经常项目差额是国际收支平衡表中最重要的收支差额。如果出现经常项目顺差，则意味着由于有商品、服务、收入和经常转移的贷方净额，该国的国外财产净额增加；如果经常项目有逆差，表示从国外净动用了一些商品、服务供国内使用，相应地减少了本国在外国的资产或是增加对外的负债。因此，经常项目差额又被国际银行家视为评估向外国贷款的重要变量之一。

3. 资本和金融账户差额

资本与金融账户差额是指本国一定时期内对外资本输出/入与金融交易收支的汇总差额，反映本国资本输出/入与金融产品跨国交易等收支的平衡状态。差额为正值时，表明该国资本与金融资源流入大于流出的净盈余；反之，差额为负值时，该国资本与金融资源流出大于流入的净赤字。

此账户差额具有两方面的作用：其一，通过资本和金融账户余额可以看出一个国家资本市场的开放程度和金融市场的发达程度，对一国货币政策和汇率政策的调整提供有益的借鉴；其二，资本与金融账户和经常账户之间具有融资关系，所以资本和金融账户的余额可以折射出一国账户的状况和融资能力。

4. 国际收支总差额

国际收支总差额又称综合差额，包含了除官方储备以外的所有国际收支项目差额，具体由经常项目与资本和金融项目中的资本转移、直接投资、证券投资、其他投资项目所构成的余额，是经常账户差额和金融账户差额的加总。国际收支总差额的状况将导致该国国际储备量的变化，如果总差额表现为盈余，则国际储备增加；如果总差额呈现为赤字，则国际储备就会相应减少。目前看来，国际收支总差额是分析国际收支状况时最常用的指标，按惯例，在没有特别说明的情况下，通常人们讲的国际收支盈余或赤字指的是国际收支总差额。

【课堂思考】

国际收支平衡表中，储备资产项目显示为－100 亿美元，这说明该国国际储备发生了怎样的变动?

(二) 国际收支失衡

国际收支失衡是指一国经常账户、金融与资本账户的余额出现问题，即对外经济出现了需要调整的情况。一国国际收支失衡的经济影响表现在：一是对外，国际收支失衡造成汇率、资源配置、福利提高的困难；二是对内，国际收支失衡造成经济增长与经济发展的困难，即对外的失衡影响到国内经济的均衡发展，因此需要进行调整。

根据引起国际收支失衡的原因，可以将国际收支失衡分为以下 6 种。

1. 偶发性失衡

偶发性失衡是由于偶发的国内外突发事件所引起的国际收支失衡，如意外的自然灾害、骚乱、战争等因素造成国内产量下降(如谷物歉收)，使得出口减少或进口增加。同样，国外贸易伙伴国的这类突发性也可能带来进口供给和出口需求下降。这些因素都会带来贸易条件的恶化，或者出口数量的减少、进口数量的增加，从而导致本国的国际收支赤字。但这种类型的冲击是暂时性的，一旦这些因素消失，国际收支便会恢复到正常状态。

2. 结构性失衡

一国经济结构失调造成的国际收支失衡称为结构性失衡。经济结构失衡可分为产品供求结构失衡和要素价格结构失衡。如果本国产品的供求结构无法跟上国际市场产品供求结构的变化，本国的国际收支将发生这种长期性失衡，如国际市场对本国具有比较利益的出口产品需求减少，或者国际市场上本国进口产品的供给减少，价格上升，而本国无法改变出口结构，则本国的国际收支将出现赤字。同样，如果本国要素的价格变动使本国出口产品在国际市场上所具有的比较优势逐渐减弱直至消失，也会导致本国贸易赤字的长期存在。如本国原是劳动力禀赋丰富的国家，相对劳动密集型的产品具有比较优势，但如果本国工资上涨的程度大于劳动生产率提高的程度，则本国劳动力不再是较便宜的生产要素，本国出口产品的生产成本就会提高，逐渐丧失国际竞争的能力。

3. 周期性失衡

在经济周期的各个阶段，由于人均收入和社会需求的消长，会使一国的国际收支产生不平衡，称为周期性失衡，这也是世界各国国际收支不平衡常见的原因。如果本国经济处于繁荣阶段，贸易伙伴国的经济处于衰退阶段，这样本国对外国产品的需求就较外国对本国产品的需求旺盛，因此造成本国贸易收支赤字。战后西方主要国家的经济周期具有同步性，这一类型的失衡在工业国家有所减轻。工业国家的经济周期的影响主要发生在发展中国家的国际收支上。当它们处于衰退阶段，对发展中国家的出口产品的需求就会减弱，造成发展中国家出口的下降。

4. 收入性失衡

收入性失衡是指各国收入平均增长速度差异所引起的国际收支不平衡。一国当国民收入增加，导致进口需求的增长超过出口增长或其他方面的国际支付增加时，国际收支容易发生逆差；相反，国民收入减少，则贸易支出和非贸易支出也会减少，居民消费和投资的需求会下降，国际收支容易发生顺差。

5. 货币性失衡

由于一国的价格水平、成本、汇率、利率等货币性因素变动所造成的国际收支失衡称为货币性失衡。如果一国货币数量发行过多，该国的成本与物价普遍上升，由此必然导致出口减少，进口增加。另外，本国利息率也会下降，造成资本流出增加，流入减少，使国际收支出现赤字。货币性失衡不仅与经常账户收支有关，也与资本账户收支有关。

6. 过度债务性失衡

一些发展中国家在发展民族经济的过程中，违背了量力而行的原则，借入大量外债，超过了自身的承受能力，同时一些发达国家实施高利率政策和保护主义措施，结果使发展中国家贸易条件进一步恶化，国际收支逆差不断扩大。

【课堂思考】

持续的国际收支顺差对一国经济发展和稳定一定是有利的吗？持续的国际收支逆差对一国经济发展和稳定又会产生怎样的影响呢？

（三）国际收支的政策调节

国际收支的政策调节是指国际收支不平衡的国家通过改变其宏观经济政策和加强国际间的经济合作，主动地对本国的国际收支进行调节，以使其恢复平衡。一般来讲，当一国出现国际收支失衡时，政府调节国际收支所采取的政策主要有以下 6 个方面。

1. 外汇缓冲政策

外汇缓冲政策是指一国运用所持有的一定数量的国际储备，主要是黄金和外汇，作为外汇稳定或平准基金，来抵消市场超额外汇供给或需求，从而改善其国际收支状况。它是解决一次性或季节性、临时性国际收支不平衡简便而有利的政策措施。

一国国际收支不平衡往往会导致该国国际储备的增减，进而影响国内经济和金融。因此，当一国国际收支发生逆差或顺差时，中央银行可利用外汇平准基金，在外汇市场上买卖外汇，调节外汇供求，使国际收支不平衡产生的消极影响止于国际储备，避免汇率上下剧烈动荡，而保持国内经济和金融的稳定。但是动用国际储备，实施外汇缓冲政策不能用于解决持续性的长期国际收支逆差，因为一国储备毕竟有限，长期性逆差势必会耗竭一国所拥有的国际储备而难以达到缓冲的最终政策，特别是当一国货币币值不稳定，使人们对该国货币的信心动摇，因而引起大规模资金外逃时，外汇缓冲政策更难达到预期效果。

2. 财政政策

财政政策主要是采取缩减或扩大财政开支和调整税率的方式，以调节国际收支的顺差或逆差。如果国际收支发生逆差：首先，可削减政府财政预算、压缩财政支出，由于支出乘数的作用，国民收入减少，国内社会总需求下降，物价下跌，增强出口商品的国际竞争力，进口需求减少，从而改善国际收支逆差；其次，可提高税率，国内投资利润下降，个人可支配收入减少，导致国内投资和消费需求降低，在税赋乘数作用下，国民收入倍减，迫使国内物价下降，扩大商品出口，减少进口，从而缩小逆差。

可见，通过财政政策来调节国际收支不平衡主要是通过调节社会总需求、国民收入的水平来起作用的，这一过程中最中心环节是社会企业和个人的“需求伸缩”，它在不同的体制背景下作用的机制和反应的快捷程度是不一致的，这取决于其产权制约关系的状况。

3. 货币政策

货币政策主要是通过调整利率来达到政策实施目标的。调整利率是指调整中央银行贴现率，进而影响市场利率，以抑制或刺激需求，影响本国的商品进出口，达到国际收支平衡的目的。当国际收支产生逆差时，政府可实行紧缩的货币政策，即提高中央银行贴现率，使市场利率上升，以抑制社会总需求，迫使物价下跌，出口增加，进口减少，资本也大量流入本国，从而逆差逐渐消除，国际收支恢复平衡；相反，国际收支产生顺差，则可实行扩张的货币政策，即通过降低中央银行贴现率来刺激社会总需求，迫使物价上升，出口减少，进口增加，资本外流，从而顺差逐渐减少，国际收支恢复平衡。

但是，利率政策对国际收支不平衡的调节存在着一些局限性。其一，利率的高低只是影响国际资本流向的因素之一，国际资本流向很大程度上还要受国际投资环境政治因素的影响，如一国政治经济局势较为稳定，地理位置受国际政治动荡事件的影响小，则在这里投资较安全，可能成为国际游资的避难所。此外，国际资本流向还与外汇市场动向有关，汇率市场，游资金融转向投机目的以获取更高利润，因此一国金融市场动荡，即使利率较高也难以吸引资本流入。其二，国内投资、消费要对利率升降有敏感反应，而且对进口商品的需求弹性、国外供给弹性要有足够大，利率的调整才能起到调节国际收支不平衡的效果；反之，若国内投资、消费对利率反应迟钝，利率提高时，国内投资、消费不能因此减少，则进口需求也不会减少，出口也难以提高。国际收支逆差也难以改善。其三，提高利率短期内有可能吸引资本流入本国，起到暂时改善国际收支的作用，但从国内经济角度看，由于利率上升，经济紧缩，势必削弱本国的出口竞争力，从而不利于从根本上改善国际收支；相反，为了促进出口而活跃经济必须降低利率，这又会导致资本外流，势必加剧国际收支不平衡，因此利率政策调节国际收支不平衡容易产生内外均衡的矛盾。

4. 汇率政策

汇率政策是指通过调整汇率来调节国际收支的不平衡。这里所谓的“调整汇率”是指一国货币金融当局公开宣布的货币法定升值与法定贬值，而不包括金融市场上一般性的汇率变动。

汇率调整政策是通过改变外汇的供需关系，并经由进出口商品的价格变化，资本融进、融出的实际收益(或成本)的变化等渠道来实现对国际收支不平衡的调节。当国际收支出现逆差时实行货币贬值，当国际收支出现顺差时实行货币升值。

汇率调整政策同上述财政政策、货币政策相比较而言，对国际收支的调节无论是表现在经常项目、资本项目或是储备项目上都更为直接、更为迅速。因为汇率是各国间货币交换和经济贸易的尺度，同国际收支的贸易往来、资本往来的“敏感系数”较大；同时，汇率调整对一国经济发展也会带来多方面的副作用。比如说，贬值容易给一国带来通货膨胀压力，从而陷入“贬值→通货膨胀→贬值”的恶性循环。它还可能导致其他国家采取报复性措施，从而不利于国际关系的发展等。

5. 直接管制政策

财政、货币和汇率政策的实施有两个特点：一是这些政策发生的效应要通过市场机制方能实现；二是这些政策的实施不能立即收到效果，其发挥效应的过程较长。因此，在某种情况下，各国还必须采取直接的管制政策来干预国际收支。

直接管制政策包括外汇管制和贸易管制两个方面：

(1) 外汇管制方面主要是通过对外汇的买卖直接加以管制以控制外汇市场的供求，维持本国货币对外汇率的稳定。如对外汇实行统购统销，保证外汇统一使用和管理，从而影响本国商品及劳务的进出口和资本流动，调节国际收支不平衡。

(2) 贸易管制方面的主要内容是奖出限入。在奖出方面常见的措施有：出口信贷；出口信贷国家担保制；出口补贴。而在限入方面，主要是实行提高关税、进口配额制和进口许可证制，此外，还有许多非关税壁垒的限制措施。

实施直接管制措施调节国际收支不平衡见效快，同时选择性强，对局部性的国际收支不平衡可以采取有针对性的措施直接加以调节，不必涉及整体经济。例如，国际收支不平衡是由于出口减少造成的，就可直接施以鼓励出口的各种措施加以调节。但直接管制会导致一系列行政弊端，如行政费用过大，官僚、贿赂之风盛行等，同时它往往会激起相应国家的报复，以致使其效果大大减弱，甚至起反作用。因此，在实施直接管制以调节国际收支不平衡时，各国一般都比较谨慎。

6. 国际借贷

国际借贷就是通过国际金融市场、国际金融机构和政府间贷款的方式，弥补国际收支不平衡。国际收支逆差严重而又发生支付危机的国家，常常采取国际借贷的方式暂缓国际收支危机。但在这种情况下的借贷条件一般比较苛刻，这又势必增加将来还本付息的负担，使国际收支状况恶化，因此运用国际借贷方法调节国际收支不平衡仅仅是一种权宜之计。

每一种国际收支调节政策都会对宏观经济带来或多或少的调节成本，所以必须进行相机抉择，搭配使用各种政策，以最小的经济和社会代价达到国际收支的平衡或均衡。

【知识要点提醒】

广义国际收支是指一个国家(或地区)在一定时期(一年、一季或一个月)内各种对外往来所产生的全部国际经济交易的统计。

国际收支平衡表反映一国国际收支的总貌和具体构成，是国际收支核算的重要工具。根据国际货币基金组织规定的方法和内容，国际收支平衡表包括经常项目、资本与金融项目、储备资产、错误与遗漏四大项。

一国的国际收支失衡，会给国内经济产生不利影响。因此，政府应制定多种调节国际收支的宏观政策。

任务二 国际储备

【任务目标】

1. 掌握国际储备的概念。
2. 掌握国际储备的构成。
3. 了解国际储备的来源。

【任务引入】

中国人民银行发布的数据显示，截至2012年年底，国家外汇储备余额为3.31万亿美元，与2011年末相比，全年外汇储备增加约1300亿美元，增幅是2004年以来最低值。历史数据显示，近10年来，国家外汇储备增长不断加快，并于2007年达到年度增加4600多亿美元的历史最高水平。但2011年开始，外汇储备增幅开始明显放缓。

专家认为，国际收支不平衡是多年来我国外汇储备不断快速增长的重要原因。近年来，我国在改善国际收支方面做了很多努力，经常项目顺差占国内生产总值的比率从2007年峰值的10%降至2011年的不到3%。随着国际收支顺差变小、人民币汇率预期出现分化以及国际金融形势的变化，我国外汇储备出现季度增减交替的局面，年度增幅随之放缓。

继2011年第四季度我国外汇储备出现1998年以来首次季度负增长后，2012年一季度外汇储备一度大幅增长1238亿美元，随后于二季度再次出现季度负增长，较一季度减少650亿美元。下半年外汇储备呈小幅增长趋势，三季度增长500亿美元，四季度小幅增长约200亿美元。

多年来，在外贸顺差和人民币不断升值的推动下，我国外汇储备始终处于高速增长状态，巨额的外汇储备给人民币造成了升值压力，也使得国内货币政策调控的空间日益窄小。同时，持有的巨额的外汇储备也面临着巨大的保值风险。

金融专家认为，外汇储备改变了以往持续高速增长的态势而趋于稳定，这是我国多年来所期待看到的结果，对降低人民币升值压力，保持人民币汇率基本稳定具有重要意义。

国家外汇局有关负责人此前也表示，当前，我国国际收支顺差减少、外汇储备增长放缓，符合国家宏观调控方向，有利于促进对外经济平衡。

（据新华网北京2013年1月10日消息节选）

讨论题：

(1) 什么是外汇储备？它对一国的经济发展会产生什么影响？

(2) 2012年中国外汇储备增幅创9年新低的原因有哪些？

【知识内容】

一、国际储备概述

(一) 国际储备的概念

国际储备(International Reserve)也称“官方储备”或“自由储备”，是一国货币当局为弥补国际收支逆差，维持本国货币汇率稳定及应付各种紧急支付而持有，为世界各国所普遍接受的资产。

某种资产成为国际储备应一般必须同时具备3个条件。

1. 官方持有性

作为国际储备的资产必须是一国货币当局所持有的，而不是其他机构或经济实体所持有的。这是国际储备又被称为官方储备的主要原因。

2. 流动性

用作国际储备的资产必须具备高度的流动性。这样，当一国国际收支赤字出现时，就可迅速动用这些资产予以弥补，或干预外汇市场来维持汇率的稳定。

3. 普遍接受性

作为国际储备的资产，必须是在外汇市场上或在政府间清算国际收支差额时能被普遍接受的资产。

（二）国际储备的构成

根据国际货币基金组织对国际储备构成的规定，一国的国际储备应包括黄金储备、外汇储备，会员国在国际货币基金组织的储备头寸以及会员国所持有的特别提款权。

1. 黄金储备

黄金储备(Gold Reserve)指一国货币当局持有的，用以平衡国际收支，维持或影响汇率水平，作为金融资产持有的黄金。它在稳定国民经济、抑制通货膨胀、提高国际资信等方面有着特殊作用。在典型的国际金本位制度下，黄金是最重要的国际储备形式。除一国货币当局外，其他经济实体所拥有的黄金一般视为非货币黄金，不能算为黄金储备。但是，并不是一国货币当局所持有的全部黄金都可从当国际储备资产，因为某些国家往往规定以黄金作为国内货币发行的准备。因此，从当国际储备资产的黄金储备只是货币当局持有的全部黄金扣除充当国内货币发行准备后的剩余部分。

黄金之所以成为国际储备构成中的重要组成部分，是因为它具有其他任何形式储备资产所不具备的特点：一是黄金本身是价值实体，是一种可靠的保值手段；二是黄金储备完全属于一国的主权所拥有的国家财产，不受任何国家权力的干预和支配。但是黄金储备在流动性上有其自身存在局限性，一般国际支付时需要将黄金变为外汇后再支付。黄金储备量作为国际储备的一个部分只是衡量国家财富的一个方面，黄金储备量高则抵御国际投资基金冲击的能力加强，有助于弥补国际收支赤字，有助于维持一国的经济稳定。不过，过高的黄金储备量会导致央行的持有成本增加，因为黄金储备的收益率从长期来看基本为零，而且在金本位制度解体以后黄金储备的重要性已大大降低。

拓展阅读

2008 年 3 月全球黄金储备 29872.7 吨。其中，美国是世界上最大的黄金储备国，储备黄金 8133 吨，占其外汇比例近 70%，其他依次是法国 2586.9 吨，意大利的 2451.8 吨。2010 年中国调整之后的黄金储备(1054 吨)也仅仅排在全球第五位。通过大幅度调整，中国黄金储备占 1.9 万亿美元外汇储备的比例依然不到 2%，和美、德、法、意四国高达 50%以上的高比例相比，差距之大，超乎想象。中国是名副其实的外汇储备大国，黄金储备小国。

2. 外汇储备

外汇储备(Foreign Exchange Reserve)又称为外汇存底，指一国政府所持有的对外流动性资产，是目前国际储备中最主要、最活跃的部分。外汇储备主要形式有政府在国外的短期存款，其他可以在国外兑现的支付手段，如外国有价证券，外国银行的支票、期票、外币汇票等。

在第一次世界大战前，英镑是最主要的储备货币。20 世纪 30 年代，美元崛起，与英镑共享主要储备货币的地位。第二次世界大战后，美元是唯一在一定条件下可兑换成黄金的货币，处于“等同”黄金的地位，成为各国外汇储备中最主要的储备货币。从 20 世纪 60 年代开始，美元频频发生危机，其储备货币地位逐渐下降，当时的马克、日元的储备货币地位却不断上升，形成储备货币多元化的局面。1999 年 1 月 1 日，欧元问世，各国普遍看好欧元。欧元与美元、日元、英镑、瑞士法郎等在国际外汇储备中占据重要的份额。

目前，在国际储备资产总额中，外汇储备比例不断增高。外汇储备的多少，从一定程度上反映一国应付国际收支的能力，关系到该国货币汇率的维持和稳定。它是显示一个国家经济、货币和国际收支等实力的重要指标。

【课堂思考】

为什么国际储备会出现“黄金→英镑→美元→国际储备货币多元化”的发展历程?

3. 储备头寸

储备头寸(Reserve Position in the IMF)也称普通提款权，是指会员国在国际货币基金组织的普通资金账户中可自由提取和使用的资产。一国在 IMF 的储备头寸包括以下几方面：

(1) 会员国向 IMF 所交份额中 25%的黄金或外汇部分。按照 IMF 规定，会员国可自由提取这部分资金，无须经特殊批准。

(2) IMF 为满足会员国借款需要而使用掉的该国货币持有量部分。按照 IMF 规定，会员国认缴份额的 75%可用本国货币缴纳。IMF 向其他会员国提过本国货币的国际储备贷款，会产生该会员国对 IMF 的债权。一国对 IMF 债权，该国可无条件地提取并用于支付国际收支逆差。

(3) IMF 向该会员国借款的净额，也构成该会员国对 IMF 的债权。

4. 特别提款权

特别提款权(Special Drawing Right，SDR) 是国际货币基金组织在 1969 年 9 月创设的一种储备资产和记账单位，也称“纸黄金(Paper Gold)”。它是 IMF 分配给会员国的一种使用资金的权利。会员国在发生国际收支逆差时，可用它向国际货币基金组织指定的其他会员国换取外汇，以偿付国际收支逆差或偿还基金组织的贷款，还可与黄金、自由兑换货币一样充当国际储备。但由于其只是一种记账单位，不是真正货币，使用时必须先换成其他货币，不能直接用于贸易或非贸易的支付。因为它是国际货币基金组织原有的普通提款权以外的一种补充，所以称为特别提款权。

特别提款权同普通提款权相比，具有以下几个特点：

(1) 它是一种没有任何物质基础的记账单位，虽创设时也规定含金量，但实际上不像黄金具有内在价值，同时也不像美元等储备货币有一国的政治和经济实力为后盾。

(2) 成员国可无条件享有它的分配额，无须偿还。它与成员国原先享有的提款权不同，后者必须在规定期限内偿还给基金组织，而特别提款权 70%无须偿还，可以继续使用下去，但必须先换成其他货币。

（3）它主要用于弥补成员国国际收支逆差或者偿还基金组织的贷款，任何私人和企业均不得持有和使用，也不能用于贸易或非贸易支付，更不能用它兑换黄金。

（4）它不受任何一国政策的影响而贬值，因此是一种比较稳定的储备资产。

国际储备的 4 个组成部分在世界国际储备的比重也极不平衡。20 世纪 90 年代以来，储备头寸和特别提款权在国际储备中的比重不到 5%，并呈下降的趋势，而外汇储备的比重一直在上升，占据绝对优势地位。

【知识链接】

关于特别提款权

特别提款权创立初期，它的价值由含金量决定，当时规定 35 特别提款权单位等于 1 盎司黄金，即与美元等值。

1971 年 12 月 18 日，美元第一次贬值，而特别提款权的含金量未动，因此 1 个特别提款权就上升为 1.08571 美元。1973 年 2 月 12 日美元第二次贬值，特别提款权含金量仍未变化，1 个特别提款权再上升为 1.20635 美元。

1973 年西方主要国家的货币纷纷与美元脱钩，实行浮动汇率以后，汇价不断发生变化，而特别提款权同美元的比价仍固定在每单位等于 1.20635 美元的水平上，特别提款权对其他货币的比价，都是按美元对其他货币的汇率来套算的，特别提款权完全失去了独立性，引起许多国家不满。二十国委员会主张用一篮子货币作为特别提款权的定值标准，1974 年 7 月，基金组织正式宣布特别提款权与黄金脱钩，改用“一篮子”16 种货币作为定值标准。这 16 种货币包括截至 1972 年的前 5 年中在世界商品和劳务出口总额中占 1% 以上的成员国的货币。除美元外，还有联邦德国马克、日元、英镑、法国法郎、加拿大元、意大利里拉、荷兰盾、比利时法郎、瑞典克朗、澳大利亚元、挪威克朗、丹麦克朗、西班牙比塞塔、南非兰特以及奥地利先令。每天依照外汇行市变化，公布特别提款权的牌价。

1976 年 7 月基金组织对“一篮子”中的货币作了调整，去掉丹麦克朗和南非兰特，代之以沙特阿拉伯里亚尔和伊朗里亚尔，对“一篮子”中的货币所占比重也作了适当调整。为了简化特别提款权的定值方法，增强特别提款权的吸引力，1980 年 9 月 18 日，基金组织又宣布将组成“一篮子”的货币，简化为 5 种西方国家货币，即美元、联邦德国马克、日元、法国法郎和英镑，它们在特别提款权中所占比重分别为 42%、19%、13%、13%、13%。第一次调整后的权数(1986 年 1 月 1 日生效)依次为 42%、19%、15%、12%、12%。第二次调整后的权数(1991 年 1 月 1 日生效)依次为 40%，21%，17%，11%，11%。第三次调整后的权数(1996 年 1 月 1 日生效)依次为 39%，21%，18%，11%，11%。第四次调整后权数(2001 年 1 月 1 日生效)美元：45%，日元：15%，英镑：11%，欧元：29%。2004 年 6 月 19 日，1SDR 的价值为 1.46221 美元。

特别提款权的利率每周调整一次，基数是特别提款权定值篮子中的货币发行国货币市场上具有代表性短期债务利率加权平均数。

（三）国际储备的来源

1. 收购黄金

收购黄金包括两方面：一是一国从国内收购黄金并集中至中央银行手中；二是一国中央银行在国际金融市场上购买黄金。不过，因黄金在各国日常经济交易中使用价值不大，加上黄金产量也有限，因此，黄金在国际储备中的比重一般不会增加。

2. 国际收支顺差

国际收支顺差也包括两方面：一是国际收支中经常项目的顺差，它是国际储备的主要来源。该顺差中最重要的是贸易顺差，再就是劳务顺差。目前，劳务收支在各国经济交往中，地位不断提高，许多国家的贸易收支逆差甚至整个国际收支逆差，都利用劳务收支顺差来弥补。二是国际收支中资本账户的顺差，它是国际储备的重要补充来源。目前国际资本流动频繁且规模巨大，当借贷资本流入大于借贷资本流出时，就形成资本账户顺差。如果这时不存在经常账户逆差，这种顺差就形成国际储备。

3. 中央银行干预外汇市场取得的外汇

中央银行干预外汇市场的结果也可取得一定的外汇，从而增加国际储备。当一国的货币汇率受供求的影响而有上升的趋势或已上升时，该国的中央银行往往就会在外汇市场上进行公开市场业务，抛售本币，购进外汇，从而增加该国的国际储备。另外，当一国的货币汇率有下浮趋势或已下浮时，该国就会购进本币，抛售其他硬货币，从而减少该国储备。一般来说，一个货币汇率上升的国家，往往是国际收支顺差较多的国家，因此，没有必要通过购进外汇来增加已过多的外汇储备，但由于共同干预的需要，会自觉或不自觉地增加该国的外汇储备。

4. 国外借款

一国货币当局可以直接从国际金融市场或国际金融机构借款来补充外汇储备。

【课堂思考】

一国国际储备最主要的来源是什么？为什么？

（四）国际储备的作用

1. 弥补国际收支逆差

理论与经验证明，当一个国家在国际交易中出现出口减少或因特大自然灾害以及战争等突发情况而造成临时性国际收支逆差，而这部分逆差又无法依靠举借外债来平衡时，人们首要的选择就是动用国际储备来弥补此逆差。这样，既可维护该国国际信誉，又可避免事后被迫采取诸如限制进口等“削足适履”的措施来平衡逆差而影响该国经济的正常发展。此时，运用部分国际储备来平衡逆差，会减缓逆差国政府为平衡国际收支而采取的一些剧烈的经济紧缩政策对国内经济所产生的负面影响。国际储备在此可以起到缓冲作用。但是，如果一国国际收支出现根本性的不平衡，动用国际储备并不能彻底解决问题；相反，会导致国际储备的枯竭。因此，当一国经济因政策失误或经济结构不合理而造成国际收支持续性逆差时，对包括外汇储备在内的储备资产的动用，必须谨慎进行。

2. 干预外汇市场，维持本国货币汇率

保持充足的国际储备特别是外汇储备对维护一国货币或区域性货币的汇率，稳定外汇和货币市场，具有重要的作用。

当一国货币汇率在外汇市场上发生变动或波动时，可以利用外汇储备来缓和汇率的波动，甚或改变其变动方向。通过外汇储备干预外汇市场，影响外汇供求，将本国货币汇率维持在一国政府所希望的水平或有利于本国经济发展的水平上。当外汇汇率上升而本币汇率下跌，超出政府的目标界限时，货币当局将抛售外汇储备，购入本国货币，可抑制本币汇率的下跌，或使本币汇率上升；相反，将购入外汇抛出本币，可增加市场上本币的供应，从而使本国货币汇率下浮，外汇汇率上升。因此，国际储备是一国干预外汇市场、稳定本国汇率的一个主要手段。

3. 为国家对外借债和偿还外债提供保证

国际储备状况是反映一国的对外金融实力和评定一国偿债能力和资信的重要标志。一国拥有充足的国际储备，政府才有足够的实力采取灵活的汇率政策，争取国际竞争的优势；才有能力保持本国货币的价值稳定，维护本国货币在国际市场的信誉；才能够提高国家的信用级别，通过各种渠道借入国际资金并保证所借外债的到期偿还。如果一国要争取外国政府贷款、国际金融机构信贷或在国际资本市场上进行融资，其良好的资信和稳定的偿债能力是十分重要的前提条件，而一国能支配的储备资产的数量便是其基本的保证。

4. 增强综合国力，抵御风险

国际上在评价一国的综合实力时，通常把国际储备作为一项重要指标。国际储备的增加也就是一国对外清偿能力和综合国力的增强。同时，在经济、政治和社会发展的过程中，会出现不确定的因素，会有各种风险，保持一定的国际储备对于应付各种风险和突发事件是十分必要的。

二、国际储备管理

国际储备管理是一国政府或货币当局根据一定时期内本国的国际收支状况和经济发展的要求，对国际储备的规模、结构和储备资产的使用进行调整、控制，从而实现储备资产的规模适度化、结构最优化和使用高效化的整个过程。

一个国家的国际储备管理包括两个方面：一是国际储备规模的管理，以求得适度的储备水平；二是国际储备结构的管理，使储备资产的结构得以优化。通过国际储备管理，一方面可以维持一国国际收支的正常进行，另一方面可以提高一国国际储备的使用效率。

（一）国际储备的规模管理

国际储备的规模管理实际上主要就是合理确定和保持国际储备的适度规模。为了弥补国际收支逆差和维持汇率稳定，各国都需要保持一定数量的国际储备，以保证充足的国际清偿力。

如果一个国家国际储备规模过多，将产生很多不利的影响。首先，将人为地减少本国国民经济对其资源、物质的有效利用，从国际储备的来源来看，主要是出口商品换取的外汇资金，这部分储备资产实质是国内的物资以资金形式存放在国外。因此，外汇储备越多，意味着从国内抽出的物资越多，这是一种变相的物资闲置，是资源的浪费。其次，国际储备过多将对一国的通货膨胀带来压力。一国的国际储备增加将导致该国货币发行量的扩大，因而必然对其通货膨胀产生压力。再次，国际储备过多对于发展中国家来说尤其不利，因为它让国际社会认为该国具有充裕的资金，这样该国就可能失去享受国际金融组织低利息优惠贷款的机会，从而难以借助国际力量加快经济发展。最后，由于国际储备的构成中外汇储备占大部分，所以国际储备过多，其实质往往就是外汇储备过多，而外汇储备是一国存放在其他国家银行的国外资产，因此，难免要受到外汇汇率波动的冲击。

如果一个国家国际储备规模过低，说明国家对外支付能力会降低，则不能满足其对外贸易及其他对外经济往来的需要，降低其贸易和对外经济交往的水平，轻者会引起国际支付危机，重者则可能导致国内经济失衡，经济活动无法正常进行。国际储备尤其是外汇储备过少，意味着对外币的需求加大，而对本币的需求减少，导致外汇汇率上升，本币汇率下降。

因此，一国的国际储备不能过多，也不能太少，最好将其维持在一个合理的水平上，这一合理的国际储备水平被称为国际储备的适度规模。由于影响适度国际储备量的因素众多而且复杂，国家要真正保持最适度国际储备量困难重重。进口比率法是目前国际上普遍采用的一种简便易行的衡量方法。美国耶鲁大学的经济学家罗伯特·特里芬在1960年出版的《黄金和美元危机》一书中总结了几十个国家的历史经验并得出结论认为，一国的国际储备额与其贸易进口额之间存在着一定的比例关系。根据他的验证，认为一国的国际储备与进口额的比例一般应以40%为最高限，20%为最低限。目前，国际上一般认为，国际储备额应能满足3～4个月进口额的需要。由于黄金及其他储备资产数量极其有限，故而当今也把这一比例视为外汇储备的参考标准。

利用进口比率法衡量储备的适度规模简单易行，并且进口额与储备额二者之间确实存在一种稳定关系，许多国家均采用这种方法来测算储备的适度性。然而，此分析方法过于简单，尚存在不少缺陷。首先，国际储备是一个包括许多变量的函数，进口仅仅用单独一项变量来决定储备需求，难免有失偏颇；其次，特里芬分析的国际经济背景是20世纪60年代以前的情况，当时进出口贸易是国际间经济交往的主要活动，国际资本流动规模较小。但20世纪80年代以来，随着世界经济的迅速发展，国际资本流动规模的增长大大快于世界贸易额的增长，资本往来已成为国际间经济活动的主要形式，资本流动对外汇储备的影响已远远超过贸易收支。因此，简单地以进口指标作为考察对象不能完全说明当今世界外汇储备适度规模的普遍意义和实用性。

拓展阅读

有关人士认为，人民币应保持基本稳定，但要增加灵活性，建议人民币汇率实行灵活的双重汇率目标区域制度。他同时指出，中国外汇储备的合理规模应为目前水平的1/3，即最多8000亿美元；并认为中国外汇储备资产运用中，对于美国债券，可少量买卖，不建议大量买卖。

该人士就目标区域制度解释称，在目标区内时，汇率由市场供求关系决定，央行货币当局不进行干涉，但在货币目标区边界上时，央行采取市场手段干预，大量买进外汇或抛售外汇，这就是目标区域制度。所谓双重汇率目标区域制度中的“双重”是指“硬”和“软”汇率目标区域。硬汇率目标区域是政府对外宣布的汇率目标区域；软汇率目标区域是对内执行的汇率目标区域。“这个制度第一好处是保持一定的灵活性，起一定的市场机制作用，但是央行还是保持一定的控制”。目标区域制度涉及两个问题，第一个目标区多大，第二是中心汇率如何确定。他建议可分三步走：第一步设立一个窄目标区，比如正负3%的波幅；且第一阶段初始时，中心汇率不要用均衡汇率，因均衡汇率在理论上很复杂；第二步逐步扩大目标区；第三步进一步扩大目标区域，过渡到人民币自由可兑换。

（据路透社上海 2010 年 3 月 31 日消息节选）

（二）国际储备的结构管理

结构管理是指各国货币当局对储备资产所进行的最佳配置，使黄金储备、外汇储备、普通提款权和特别提款权 4 种形式的国际储备资产的持有量及其构成要素之间保持合理比例，以便分散风险、获取收益，充分发挥国际储备资产应有的作用。

一国货币当局在进行储备结构管理中应贯彻 3 项原则：

（1）安全性。即要保持国际储备资产的安全、有效和价值稳定。

（2）流动性。即国际储备资产能及时转化为满足需要的各种国际支付手段。这些需求包括国际贸易所引起的国际支付、对外债务的到期还本付息、外商直接投资企业合法收益的汇出，以及对外汇市场的必要干预，战争、自然灾害等突发事件的应急需要等。

（3）盈利性。即在国际储备资产保值的基础上能够增值、获利。

由于储备资产的安全性、流动性和盈利性呈负相关关系，安全性与流动性高，盈利性较低；如果盈利性高，安全性与流动性较差，所以货币当局对这 3 个原则应统筹兼顾，互相补充，在安全性、流动性有保证的前提下，争取最大盈利。

在国际储备中，黄金储备、普通提款权和特别提款权在整个储备中占的比重较小而且变动幅度较小，所以国际储备结构管理的主要对象是外汇储备。对外汇储备的结构管理重点是储备货币的币种选择，即合理地确定各种储备货币在整个储备资产中所占的权重。

① 储备货币的币种和数量要与对外支付的币种和数量保持大体一致。即外汇储备币种结构应当与该国对外汇的需求结构保持一致或者说取决于该国对外贸易支付所使用的货币、当前还本付息总额的币种结构和干预外汇市场所需要的外汇，这样可以降低外汇风险。

② 排除单一货币结构，实行以坚挺的货币为主的多元化货币结构。外汇储备中多元化货币结构，可以保护外汇储备购买力相对稳定，以求在这些货币汇率有升有跌的情况下，大体保持平衡，做到在一些货币贬值时遭受的损失，能从另一些货币升值带来的好处中得到补偿，提高外汇资产的保值和增值能力。在外汇头寸上应尽可能多地持有汇价坚挺的硬货币储备，而尽可能少地持有汇价疲软的软货币储备，并要根据软硬货币的走势，及时调整和重新安排币种结构。

③ 采取积极的外汇风险管理策略，安排预防性储备货币。如果一国货币当局有很强的汇

率预测能力，那么它可以根据无抛补利率平价(预期汇率变动率等于两国利率差)来安排预防性储备的币种结构。例如，若利率差大于高利率货币的预期贬值率，则持有高利率货币可增强储备资产的盈利性；若利率差小于高利率货币的预期贬值率，则持有低利率货币有利于增强储备资产的盈利性。

三、中国国际储备

(一) 中国国际储备的现状

表 7-2 列出的 2000—2012 年中国外汇储备资料中显示，截至 2012 年年末，我国外汇储备高达 3.31 万亿美元，而 2001 年年底，这个数字仅为 0.21 万亿美元。2006 年 2 月底中国的外汇储备总额为 8537 亿美元，首次超过日本，位居全球第一。中国外汇储备的主要组成部分是美元资产，其主要持有形式是美国国债和机构债券。中国外汇储备作为国家资产，由中国人民银行下属的中国外汇管理局管理，部分实际业务操作由中国银行进行。

表 7-2 2000—2012 年中国外汇储备

年 份	国际储备额/亿美元	年 份	国际储备额/亿美元
2001	2121.65	2007	15282.49
2002	2864.07	2008	19460.30
2003	4032.51	2009	23991.52
2004	6099.32	2010	28473.38
2005	8188.72	2011	31811.48
2006	10663.44	2012	33115.89

【知识链接】

我国外汇管理历史 3 个阶段

改革开放前，我国实行严格外汇集中计划管理，国家对外贸和外汇实行统一经营，外汇收支实行指令性计划管理。改革开放后，我国外汇管理体制根据经济社会发展和经济体制改革的根本要求，沿着逐步缩小指令性计划，不断培育和增强市场机制在配置外汇资源中的基础性作用的方向转变，已经初步建立起了适应社会主义市场经济要求的外汇管理体制。1978 年以来，外汇管理体制改革大致经历 3 个重要阶段。

第一阶段(1978—1993 年)，外汇管理体制改革起步。这一阶段以增强企业外汇自主权、实行汇率双轨制为特征。外汇管理体制处于由计划体制开始向市场调节的转变过程，计划配置外汇资源仍居于主导地位，但市场机制萌生和不断发育，对于促进吸引外资、鼓励出口创汇、支持国内经济建设发挥了积极作用。

第二阶段(1994—2000 年)，社会主义市场经济条件下的外汇管理体制框架初步确定。1994 年初，国家对外汇体制进行了重大改革，取消外汇留成制度，实行银行结售汇制度，实行以市场供求为基础的、单一的、有管理的浮动汇率制度，建立统一规范的外汇市场。

第三阶段(2001 年以来)，以市场调节为主的外汇管理体制进一步完善。2001 年年底加入 WTO 以来，外汇储备经营以规范化、专业化和国际化为目标，建立了投资基准经营管理模式和风险管理框架，完善了大规模外汇储备经营管理的体制机制。2005年7月启动的人民币汇率形成机制改革为深化外汇管理体制改革注入新的活力。2008年9月国际金融危机全面爆发以来，及时启动应急机制，做好国际收支逆转的应急预案，积极防范金融风险，确保了外汇储备资产的总体安全，顶住了国际金融危机的冲击。2009年以来，针对跨境资金流向复杂和规模增大、市场主体便利化需求不断增长的现实，外汇管理加快了理念和方式的"五个转变"，即从重审批转变为重监测分析、从重事前监管转变为强调事后管理、从重行为管理转变为更加强调主体管理、从"有罪假设"转变到"无罪假设"、从"正面清单"（法无明文授权不可为）转变到"负面清单"（法无明文禁止即可为）。总体来看，这一阶段，外汇管理体制改革进一步深化，外汇管理的理念和方式加快转变，市场配置外汇资源的作用不断增强，对于促进外贸持续快速发展、引导资本有序双向流动、充分利用两个市场两种资源、服务实体经济发展等发挥了积极的作用。

（二）中国国际储备存在的问题

1. 国际储备总量增长速度过快

我国国际储备的飙升主要归因于持续的经常项目顺差与资本项目顺差。自1994年至今，中国连续10多年出现了经常项目和资本项目"双顺差"。尤其是自2005年7月人民币汇改以来，由于中国政府选择了"小幅、稳健、可控"的升值策略，吸引了大量国际短期资本流入中国套利，这加速了我国国际储备的累积。

2. 币种以及资产结构不合理

美元资产在中国国际储备中所占比例过高，美元资产在国际储备中约占65%，其他的主要国际储备货币的比重较低。另外，虽然我国最近几年增加黄金储备，截至2009年4月，我国的黄金储备达1054吨(约3388万盎司)，但黄金储备在整个储备资产中占比仍不到2%。而发达国家黄金在国际储备中的占比普遍高达40%～60%，欧元区国家黄金在国际储备中占比达到了60.8%。

【课堂思考】

为什么美元在我国外汇储备中所占比例最大?

3. 外汇储备的汇率风险

巨额的外汇储备加大了人民币升值压力，影响对外贸易。同时，巨额的外汇储备改变了货币供应机制，在一定程度上加大了通货膨胀压力，影响我国货币政策的独立性。

4. 造成国内资源和财富的浪费

我国外汇储备中90%左右用于购买传统上低风险、低收益、高流动性的国债和机构债。以美国国债形式投资到美国的外汇储备，经由美国政府以信贷方式发放给美国的企业，而绝大多数的海外投资市场却选择了在中国。根据世界银行2006年对中国120个城市的12400家企业进行的调查表明，外资企业在中国投资回报率高达22%，而我国外汇储备购买美国国债的收益率不到4%。这意味着外资不仅利用中国廉价的劳动力，廉价的资源，而且还可以通过国债形式利用中国廉价的资本。如果再把外商投资对我国资源浪费、环境污染造成的损失考虑进来，我国购买美国国债的收益可能还不到3%，接近20%的收益率的差额实际上是我国国民财富的变相流失。

（三）外汇储备管理的建议

1. 币种多元化分散投资风险

币种多元化要把握好度的问题，在不对美元市场汇率造成显著冲击的前提下，将提高欧元及其他货币资产比重，逐渐降低美元资产比重作为中国外汇管理当局的中长期目标。在美元汇率走强的背景下减持美元资产对外汇市场造成的冲击较小，虽然这可能会造成短期亏损，但是长期来看我国可以摆脱单一美元外汇的束缚，使我国外汇储备走向健康化、安全化。

2. 资产多元化分散投资风险

中国外汇管理当局应逐渐提高股权、企业债在资产组合中的比重，适度降低国债、机构债在资产组合中的比重，这一方面有助于提高外汇储备的整体收益率，另一方面也有助于进一步分散风险。发达国家股票市场目前已经处于多年来的低位，投资价值明显上升。相比于继续购买美国国债，在欧美市场上大举购入非金融类蓝筹股股票，无论从潜在收益率还是从潜在风险上来看，后者都可能是更优选择。我国可以利用外汇储备采取普遍撒网的战略投资发达国家的股票市场，以期降低风险与阻力。

3. 积极建立能源、金属与其他大宗商品市场的储备

目前这类资源处于至少 10 年来的低位，投资价值明显上升。例如，尽管美国在次贷危机中损失惨重，但美国仍在利用目前的原油市场低迷时期大举囤油。相比之下，中国的原油和大宗商品进口量却在下降。2009 年 1 月，中国原油进口 1282 万吨，同比减少 8%，成品油进口 239 万吨，同比下降 26.2%。这固然与中国企业在能源与大宗商品价格上升期间大量进口以规避价格进一步上涨，如今不得不进行痛苦的去库存化有关，但也反映了中国政府在能源与大宗商品进口方面缺乏整体战略。因此，必须高度重视以合理成本建立资源储备的必要性，对于一个对进口能源与大宗商品依赖程度很高的发展中大国而言，利用这一稍纵即逝的时间窗口以较低成本建立能源与大宗商品储备提供了难得的机遇。

【知识要点提醒】

国际储备是一国货币当局为弥补国际收支逆差，维持本国货币汇率稳定及应付各种紧急支付而持有，为世界各国所普遍接受的资产。一国的国际储备应包括黄金储备、外汇储备、会员国在国际货币基金组织的储备头寸以及会员国所持有的特别提款权。

【项目小结】

1. 狭义的国际收支是一个国家(或地区)在一定时期(一年、一季或一个月)内，由于各种对外交往而发生的、必须立即结清的，来自其他国家的外汇收入总额与付给其他国家的外汇支出总额的对比。

2. 广义的国际收支是指一个国家(或地区)在一定时期(一年、一季或一个月)内各种对外往来所产生的全部国际经济交易的统计。

3. 国际收支平衡表是一种统计报表，以特定的格式记录、分类、整理一个经济体(国家或地区)一定时期内各种经济交易的详细情况(包括数量和金额)，是国际收支核算的重要工具。国际收支平衡表是按照“有借必有贷，借贷必相等”的复式记账原则来系统记录每笔国际经济交易。根据国际货币基金组织规定的方法和内容，国际收支平衡表包括经常项目、资本与金融项目、储备资产、错误与遗漏四大项。

4. 国际收支失衡是指一国经常账户、金融与资本账户的余额出现问题，即对外经济出现了需要调整的情况。对外，一国国际收支失衡造成汇率、资源配置、福利提高的困难；对内，造成经济增长与经济发展的困难，因此需要进行调整。

5. 国际储备是一国货币当局为弥补国际收支逆差，维持本国货币汇率稳定及应付各种紧急支付而持有，为世界各国所普遍接受的资产。

6. 国际储备管理是一国政府或货币当局根据一定时期内本国的国际收支状况和经济发展的要求，对国际储备的规模、结构和储备资产的使用进行调整、控制，从而实现储备资产的规模适度化、结构最优化和使用高效化的整个过程。它包括国际储备规模的管理和国际储备结构的管理。

【项目演练】

一、判断题

1. 国际收支是一个流量的、事后的概念。 (　　)

2. 国际货币基金组织采用的是狭义的国际收支概念。 (　　)

3. 资产减少、负债增加的项目应记入借方。 (　　)

4. 由于一国的国际收支不可能正好收支相抵，所以国际收支平衡表的最终差额绝不恒为零。 (　　)

5. 国际收支平衡有时被称为国际收支均衡。 (　　)

6. 资本和金融账户可以无限制地为经常账户提供融资。 (　　)

7. 综合账户差额比较综合地反映了自主性国际收支状况，对于全面衡量和分析国际收支状况具有重大的意义。 (　　)

二、单项选择题

1. 国际收支总差额是(　　)。

A. 经常账户差额与资本账户差额之和

B. 经常账户差额与长期资本账户差额之和

C. 资本账户差额与金融账户差额之和

D. 经常账户差额、资本账户差额、金融账户差额、净差错与遗漏四项之和

2. 国际收支是统计学中的一个(　　)。

A. 存量概念　　B. 流量概念　　C. 衡量概念　　D. 变量概念

3. 本国居民因购买和持有国外资产而获得的利润、股息及利息应记入(　　)。

A. 经常账户　　B. 资本账户　　C. 金融账户　　D. 储备资产账户

4. 按照《国际收支手册》第五版的定义，IMF 判断个人居民的标准是(　　)。

A. 国籍标准　　B. 时间标准　　C. 法律标准　　D. 住所标准

5. 广义国际收支建立的基础是(　　)。

A. 收付实现制　B. 国际交易制　C. 权责发生制　D. 借贷核算制

6. 国际收支平衡表的实际核算与编制过程，没有完全按照复式借贷记账法去做，由此导致了平衡表中(　　)的产生。

A. 经常项目　B. 资产项目　C. 平衡项目　D. 错误与遗漏

7. 我国国际收支平衡表中经常账户的借方记录(　　)。

A. 商品的进出口额 100 万元　B. 好莱坞电影大片的进口额 20 万美元

C. 对外经济援助 50 万美元　D. 外国人到中国旅游支出 2 万美元

8. 国际收支系统记录的是一定时期内一国居民与非居民之间的(　　)。

A. 贸易收支　B. 外汇收支　C. 国际交易　D. 经济交易

9. 一国使用国际货币基金组织的信贷和贷款记录包括在该国国际收支平衡表的(　　)中。

A. 经常账户　B. 资本金融账户

C. 储备与相关项目　D. 净差错与遗漏项目

10. 国际收支平衡表中一项人为设置的项目是(　　)。

A. 经常项目　B. 资本金融项目

C. 储备与相关项目　D. 错误与遗漏项目

二、多项选择题

1. 国际收支平衡表中的官方储备项目是(　　)。

A. 一国官方储备的持有额

B. 一国官方储备的变动额

C. 平衡项目

D. 储备增加记入贷方，储备减少记入借方

E. 储备增加记入借方，储备减少记入贷方

2. 国际收支平衡表的贷方记录(　　)。

A. 本国商品劳务出口收入　B. 对外资产的减少

C. 对外负债的减少　D. 对外资产的增加

E. 对外负债的增加

3. 国际收支平衡表中借方记录的内容有(　　)。

A. 对外资产的增加　B. 对外负债的增加

C. 官方储备的增加　D. 商品出口收入

E. 服务进口支出

4. 国际收支平衡表中经常账户包括(　　)。

A. 货物项目　B. 服务项目　C. 收入项目

D. 经常转移项目　E. 投资项目

5. 国际收支平衡表中的储备与相关项目包括(　　)。

A. 储备资产　B. 使用 IMF 的信贷和贷款

C. 对外国官方负债　D. 例外融资

E. 无形资产的收买或出售

6. 国际收支平衡表的分析方法通常有(　　)。
A. 静态分析法　B. 动态分析法　C. 实证分析法
D. 比较分析法　E. 均衡分析法
7. 国际收支平衡表中经常账户包括(　　)。
A. 货物项目　B. 服务项目　C. 收入项目
D. 经常转移项目　E. 投资项目
8. 一国国际收支发生顺差，一般会导致(　　)。
A. 外汇占款增大　B. 货币供应量扩大　C. 物价下跌
D. 通货膨胀加重　E. 本币汇率下降
9. 国际收支的长期性不平衡包括(　　)。
A. 偶发性不平衡　B. 结构性不平衡　C. 货币性不平衡
D. 周期性不平衡　E. 收入性不平衡
10. 造成国际收支收入性不平衡的原因有(　　)。
A. 经济周期的更替　B. 国民收入的增减
C. 经济结构的滞后　D. 经济增长率的变化
E. 货币价值的改变
11. 我国国际收支调节手段主要有(　　)。
A. 汇率政策　B. 税收政策　C. 信贷政策
D. 外汇管理　E. 产业政策

三、实务操作题

1. 表7-3为我国1985—2007年国际收支平衡表，请登录中国国家外汇管理局网站http：//www.safe.gov.cn收集相关资料，将表中内容更新至目前，并根据所学知识，对我国国际收支情况进行分析。

表7-3　1985—2007年中国国际收支平衡表

单位：百万美元

年　份	经常项目	资本项目	误差和遗漏	储备资产	总余额
1985	−11417	8972	92	2353	−2353
1986	−7035	5944	−863	1954	−1954
1987	300	6002	−1371	−4931	4931
1988	−3803	7032	−1011	−2318	2318
1989	−4317	3724	90	503	−503
1990	11997	3255	−3134	−12118	12118
1991	13270	8032	−6748	−14554	14554
1992	6401	−251	−8252	2102	−2102
1993	−11903	23474	−9804	−1767	1767
1994	7658	32644	−9775	−30527	30527

续表

年　份	经常项目	资本项目	误差和遗漏	储备资产	总余额
1995	1618	38675	−17812	−22481	22481
1996	7242	39967	−15566	−31643	31643
1997	36962	21015	−22254	−35723	35724
1998	31471	−6321	−18703	−6426	6446
1999	21114	5179	−17788	−8505	8505
2000	20519	1922	−11893	−10548	10548
2001	17405	34775	−4855	47325	47325
2002	35421	32290	7794	−75507	75507
2003	45874	52725	18422	−117023	117023
2004	68659	110659	27045	−206364	206364
2005	160818	60963	−16766	−207016	205016
2006	249865	10036	−12877	−247025	247025
2007	371832	73509	16402	−461744	461744

问题：

（1）研究我国国际收支历年的发展趋势，并进行结构性分析。

（2）分析我国经常账户和资本金融账户的发展特点。

（3）分析我国经常账户和资本金融账户差额及其产生的主要原因。

（4）分析我国国际收支统计误差的特点，并分析可能产生这种误差的原因。

2. 目前，全球央行外汇储备总额从21世纪初的2万亿美元增至7万亿美元，创历史新高纪录。相比之下，全球外汇储备从1万亿美元增加到2万亿美元，耗费了20世纪90年代整整10年的时间。这些储备集中在亚洲和石油生产国，其中近60%的储备仅为6个国家和地区持有。中国拥有世界最大的外汇储备，超过1.7万亿美元；其次是日本的近万亿美元和俄罗斯的5000多亿美元。印度和韩国等国也都超过2000亿美元。

2008第一季度的IMF官方外汇储备数据显示，美元占比持续下降，欧元比重继续上升。美元储备下降了4.5%，占总储备的63%，较2007年第四季度的比重64.02%有所下降。欧元储备增加了7.7%，占总储备的比重为26.80%，较2007年第四季度的比重26.42%有所上升。

分析讨论：

（1）全球国际储备呈现的几个新特点是什么？

（2）研究全球国际储备的新特点对我国成立的中国投资公司，在储备货币的选择、储备资产的配置、复杂金融工具的运用、投资风险与回报之间的权衡等方面，有什么借鉴意义？

（3）探讨在金融危机背景下我国应如何管理国际储备资源。

项目八

国际金融机构与国际货币体系

GUOJI JINRONG JIGOU YU GUOJI HUOBI TIXI

【项目导读】

为适应国际经济发展的需要，曾先后出现各种进行国际金融业务的政府间国际金融机构。国际金融机构在重大的国际经济金融事件中协调各国的行动，提供短期资金缓解国际收支逆差稳定汇率，提供长期资金促进各国经济发展。特别是第二次世界大战后，建立了众多的国际金融机构，在国际金融机构不断发展壮大的同时，国际货币体系也发生着重大变化。国际货币体系经历了国际金本位体系、布雷顿森林体系和牙买加体系的产生、发展、壮大和瓦解。

任务一 国际金融机构

【任务目标】

1. 掌握国际金融机构的主要类型。
2. 掌握国际货币基金组织与世界银行的异同。

【任务引入】

2011 年 7 月 26 日，中国人民银行前副行长朱民正式出任国际货币基金组织(IMF)副总裁职位，他成为史上首位进入该组织高级管理层的中国人。朱民的上任增加了新兴经济体在国际金融领域的话语权，增加了中国在国际金融领域的话语权。但是，这仅仅是起步，将来要走的路还很长。

朱民担任 IMF 新设的副总裁一职，与其他三位副总裁一道为总裁提供支持。这是自 1944 年国际货币基金组织成立以来，首次打破管理层“一正三副”的模式，为朱民增设第四个副总裁职位。

或许，林毅夫更多地代表着“中国的民间”，那么，朱民可视为“中国的官方”。朱民毕业于上海复旦大学经济系，是美国约翰一霍普金斯大学经济学博士，1990 年至 1996 年曾任世界银行经济学家，此后回国发展，先后担任中国银行行长助理及副行长、中国人民银行副行长。2010 年 2 月，朱民被 IMF 前总裁卡恩任命为总裁特别顾问，开始在 IMF 就职。

讨论题：

(1) 你知道林毅夫吗？能不能查询相关资料，简单地介绍一下？

(2) 你认为中国人进入 IMF 任职的意义有哪些？

【知识内容】

一、国际金融机构的含义

国际金融机构是指从事国际金融管理和国际金融活动的超国家性质的组织机构，能够在重大的国际经济金融事件中协调各国的行动；提供短期资金缓解国际收支逆差稳定汇率；提供长期资金促进各国经济发展。

为适应国际经济发展的需要，曾先后出现各种进行国际金融业务的政府间国际金融机构，其发端可以追溯到 1930 年 5 月在瑞士巴塞尔成立的国际清算银行。第二次世界大战后建立了布雷顿森林国际货币体系，并相应地建立了几个全球性国际金融机构，作为实施这一国际货币体系的组织机构。1957 年到 20 世纪 70 年代，欧洲、亚洲、非洲、拉丁美洲、中东地区的国家为发展本地区经济的需要，通过互助合作方式，先后建立起区域性的国际金融机构，如泛美开发银行、亚洲开发银行、非洲开发银行等。

【课堂思考】

国际金融机构与国内金融机构有何关系?

二、主要的国际金融机构

（一）全球性国际金融机构

1. 国际货币基金组织

（1）创始背景。

1944 年，联合国赞助的财经会议于美国新罕布什尔州的布雷顿森林举行。同年 7 月 22 日，各国在会议上签订了成立国际货币基金的协议。国际货币基金的主要设计者是费边社成员约翰·梅纳德·凯恩斯以及美国副财政部长亨利·迪克特·怀特。协议的条款于 1945 年 12 月 27 日付诸实行，1946 年 5 月国际货币基金组织正式成立，是第二次世界大战完结后之重建计划的一部分，1947 年 3 月 1 日正式运作。有时国际货币基金、国际清算银行(BIS)及世界银行被称为“布雷顿森林机构”。

（2）组织宗旨。

该组织宗旨是通过一个常设机构来促进国际货币合作，为国际货币问题的磋商和协作提供方法；通过国际贸易的扩大和平衡发展，把促进和保持成员国的就业、生产资源的发展、实际收入的高水平，作为经济政策的首要目标；稳定国际汇率，在成员国之间保持有秩序的汇价安排，避免竞争性的汇价贬值；协助成员国建立经常性交易的多边支付制度，消除妨碍世界贸易的外汇管制；在有适当保证的条件下，基金组织向成员国临时提供普通资金，使其有信心利用此机会纠正国际收支的失调，而不采取危害本国或国际繁荣的措施；按照以上目的，缩短成员国国际收支不平衡的时间，减轻不平衡的程度等。

（3）主要职能。

① 制定成员国间的汇率政策和经常项目的支付以及货币兑换性方面的规则，并进行监督。

② 对发生国际收支困难的成员国在必要时提供紧急资金融通，避免其他国家受其影响。

③ 为成员国提供有关国际货币合作与协商等会议场所。

④ 促进国际间的金融与货币领域的合作。

⑤ 促进国际经济一体化的步伐。

⑥ 维护国际间的汇率秩序。

⑦ 协助成员国之间建立经常性多边支付体系等。

（4）组织结构。

国际货币基金组织的组织结构由理事会、执行董事会、总裁和常设职能部门等组成。

① 理事会。理事会是国际货币基金组织的最高决策机构，由各成员国各派一名理事、一名副理事组成，任期 5 年。理事通常由该成国际货币基金组织总部成员国的财政部长或中央银行行长担任，有投票表决权。副理事在理事缺席时才有投票权。理事会的主要职权是：批准接纳新的成员国；批准国际货币基金组织的份额规模与特别提款权的分配，批准成员国货币平价的普遍调查；决定成员国退出国际货币基金组织；讨论有关国际货币制度的重大问题。理事会通常每年开一次年会，一般同世界银行理事会年会联合举行。

② 执行董事会。执行董事会是国际货币基金组织负责处理日常业务工作的常设机构，由

24 名执行董事组成，任期 2 年。执行董事包括指定与选派两种。指定董事由持有基金份额最多的 5 个成员国，即美、英、德、法、日各派一名，中国、俄国与沙特阿拉伯各派一名。选派董事由其他成员国按选区轮流选派。执行董事会的职权主要有：接受理事会委托定期处理各种政策和行政事务，向理事会提交年度报告，并随时对成员国经济方面的重大问题，特别是有关国际金融方面的问题进行全面研究。执行董事会每星期至少召开 3 次正式会议，履行基金协定指定的和理事会赋予它的职权。当董事会需要就有关问题进行投票表决时，执行董事按其所代表的国家或选区的投票权进行投票。

③ 总裁。总裁是国际货币基金组织的最高行政长官，其下设副总裁协助工作。总裁负责管理国际货币基金组织的日常事务，由执行董事会推选，并兼任执行董事会主席，任期 5 年。总裁可以出席理事会和执行董事会，但平时没有投票权，只有在执行董事会表决双方票数相等时，才可以投决定性的一票。虽然国际货币基金组织和世界银行都是全球性机构，但二者仍处于西方国家的控制之下。国际货币基金组织的总裁通常由欧洲人担任，而世界银行的一把手总是由美国人出任。

④ 常设职能部门。国际货币基金组织设有 16 个职能部门，负责经营业务活动。此外，国际货币基金组织还有两个永久性的海外业务机构，即欧洲办事处(设在巴黎)和日内瓦办事处。

【课堂思考】

理事会制度与股东大会制度有什么区别呢?

拓展阅读

中国是国际货币基金组织的创始国之一，新中国诞生后我国的席位长期被台湾当局所占据。

1950 年，政务院总理兼外交部长周恩来致电国际货币基金组织，严正声明中华人民共和国是代表中国的唯一合法政府，要求恢复中国在国际货币基金组织的合法席位。然而，由于国际政治环境的制约，中国在国际货币基金组织的代表权问题长期得不到解决。

1971 年 10 月，第 26 届联合国大会通过决议，恢复中华人民共和国在联合国的合法席位，为我国恢复在联合国序列下各专门机构的席位创造了条件。1978 年，党的十一届三中全会关于改革开放的决议为我国加入国际金融组织创造了有利的内部环境。

1979 年 1 月，中、美建交，加入国际金融组织的外部条件最终趋于成熟。

1980 年 3 月，国际货币基金组织派团来华与我方谈判；4 月 17 日，国际货币基金组织的执行董事会通过了由中华人民共和国政府代表中国的决议，恢复了中华人民共和国在国际货币基金组织的合法席位；9 月，国际货币基金组织通过决议，将中国份额从 5.5 亿特别提款权增加到 12 亿特别提款权；11 月，中国份额又随同国际货币基金组织的普遍增资而进一步增加到 18 亿特别提款权。

2001 年 2 月 5 日，中国份额增至 63.692 亿特别提款权，占总份额的 2.98%，升至第 8 位，投票权也增加至 2.95%，中国也由此获得了在国际货币基金组织单独选区的地位，从而有权选举自己的执行董事。

2008 年国际货币基金组织改革之后，中国份额增至 80.901 亿特别提款权，所占份额仅次于美、日、德、英、法五大股东国，投票权上升到 3.65%。

2010 年 11 月 6 日国际货币基金组织执行董事会通过改革方案，中国份额占比计划从 4%升至 6.39%。2013 年 3 月 11 日，美国国会否决这一提案。

2. 世界银行集团

世界银行集团是联合国系统下的多边发展机构，它包括 5 个机构：国际复兴开发银行、国际开发协会、国际金融公司、多边投资担保机构和国际投资争端解决中心。其宗旨是通过向发展中国家提供中长期资金和智力的支持，来帮助发展中国家实现长期、稳定的经济发展。中国是世界银行创始会员之一。本书只介绍世界银行、国际开发协会和国际金融公司 3 个组织。

(1) 世界银行。

世界银行(World Bank，WB)是根据 1944 年美国布雷顿森林会议上通过的《国际复兴开发银行协定》成立的。

世界银行的宗旨是：通过对生产事业的投资，资助成员国的复兴和开发工作；通过对贷款的保证或参与贷款及其他私人投资的方式促进外国私人投资，当成员国不能在合理的条件下获得私人资本时，则在适当条件下以世界银行本身资金或筹集的资金及其他资金给予成员国直接贷款，来补充私人投资的不足；通过鼓励国际投资，开发成员国的生产资源，提供技术咨询和提高生产能力，以促进成员国国际贸易的均衡增长及国际收支状况的改善。

① 组织机构。

a. 理事会。世界银行的最高权力机构是理事会，由每一会员国选派理事和副理事各一人组成。任期 5 年，可以连任。副理事在理事缺席时才有投票权。理事会的主要职权包括：批准接纳新会员国；增加或减少银行资本；停止会员国资格；决定银行净收入的分配，以及其他重大问题。理事会每年举行一次会议，一般与国际货币基金组织的理事会联合举行。

b. 执行董事会。世界银行负责组织日常业务的机构是执行董事会，行使由理事会授予的职权。按照世界银行章程规定，执行董事会由 21 名执行董事组成，其中 5 人由持有股金最多的美国、日本、英国、德国和法国委派。另外 16 人由其他会员国的理事按地区分组选举。近年，新增 3 个席位，中国、俄罗斯、沙特阿拉伯 3 个国家可单独选派一名执行董事，世界银行执行董事人数达到 24 人。

c. 行政管理机构。世界银行行政管理机构由行长、若干副行长、局长、处长、工作人员组成。行长由执行董事会选举产生，是银行行政管理机构的首脑，他在执行董事会的有关方针政策指导下，负责银行的日常行政管理工作，任免银行高级职员和工作人员，行长同时兼任执行董事会主席，但没有投票权。只有在执行董事会表决中双方的票数相等时，可以投关键性的一票。

② 贷款规定。

a. 贷款对象。主要有会员国官方、国有企业、私营企业。若借款人不是政府，则要政府担保。

b. 贷款用途。多为项目贷款，用于工业、农业、能源、运输、教育等诸多领域。银行只提供项目建设总投资的20%～50%，其余部分由借款国自己筹措，即人们通常所说的国内配套资金。银行借款必须专款专用，借款国必须接受银行监督。

c. 贷款期限。20～30年，宽限期5～10年。

d. 贷款利率。根据世界银行从资金市场筹资的利率来确定。每3个月或半年调整一次。贷款利率比市场利率要低一些，对贷款收取的杂费也较少，只对签约后未支付的贷款收取0.75%的承诺费。

e. 贷款额度。根据借款国人均国民生产总值、债务信用强弱、借款国发展目标和需要、投资项目的可行性及在世界经济发展中的次序而定。

f. 贷款种类。一是具体投资贷款；二是部门贷款；三是结构调整贷款；四是技术援助贷款；五是紧急复兴贷款。

g. 贷款手续。手续烦琐，要求严格，一般需要一年半到两年的时间。

h. 还款。到期归还，不得拖欠，不得改变还款日期。

i. 风险承担。借款国家承担汇率变动的风险。

③ 贷款种类。

a. 项目贷款。这是世界银行传统的贷款业务，也是最重要的业务。世界银行贷款中约有90%属此类贷款。该贷款属于世界银行的一般性贷款，主要用于成员国的基础设施建设。

b. 非项目贷款。这是一种不与具体工程和项目相联系的，而是与成员国进口物资、设备及应付突发事件、调整经济结构等相关的专门贷款。

c. 技术援助贷款。它包括两类：一是与项目结合的技术援助贷款，如对项目的可行性研究、规划、实施，项目机构的组织管理及人员培训等方面提供的贷款；二是不与特定项目相联系的技术援助贷款，也称“独立”技术援助贷款，主要用于资助为经济结构调整和人力资源开发而提供的专家服务。

d. 联合贷款。这是一种由世界银行牵头，联合其他贷款机构一起向借款国提供的项目融资。该贷款设立于20世纪70年代中期，主要有两种形式：一是世界银行与有关国家政府确定，贷款项目后，即与其他贷款者签订联合贷款协议，而后它们各自按通常的贷款条件分别与借款国签订协议；各自提供融资；二是世界银行与其他借款者按商定的比例出资，由前者按贷款程序和商品、劳务的采购原则与借款国签订协议，提供融资。

e. “第三窗口”贷款，也称中间性贷款，是指在世界银行和国际开发协会提供的两项贷款(世行的一般性贷款和开发协会的优惠贷款)之外的另一种贷款。该贷款条件介于上述两种贷款之间，即比世界银行贷款条件宽，但不如开发协会贷款条件优惠，期限可长达25年，主要贷放给低收入的发展中国家。

f. 调整贷款。它包括结构调整贷款和部门调整贷款。结构调整贷款的目的在于：通过1～3年的时间促进借款国宏观或部门经济范围内政策的变化和机构的改革，有效地利用资源，5～10年内实现持久的国际收支平衡，维持经济的增长。结构调整问题主要是宏观经济问题和影响若干部门的重要部门问题，包括贸易政策（如关税改革、出口刺激、进口自由化)、资金流通(如国家预算、利率、债务管理等)、资源有效利用(如公共投资计划、定价、刺激措施等)以及整个经济和特定部门的机构改革等。部门调整贷款的目的在于支持特定部门全面的政策改变与机构改革。

(2) 国际开发协会。

国际开发协会(International Development Association，IDA)成立于1960年，是世界银行集团成员，也是世界银行的无息贷款(软贷款)和赠款窗口。国际开发协会通过向生产性项目提供贷款，促进欠发达国家的经济社会发展。

① 组织机构。

a. 理事会。国际开发协会一切权力都归理事会。凡世界银行会员国又是协会会员国者，其指派的银行理事和副理事，依其职权，同时也是协会的理事和副理事。副理事除在理事缺席外，无投票权。世界银行理事会主席同时也是国际开发协会理事会主席。理事会每年召开年会一次，出席会议的法定人数应为过半数理事，并持有不少于2/3的总投票权。

理事会有权决定接纳新会员和决定接纳其入会的条件；批准追加认股和决定相关的规定和条件；暂时停止会员国资格；裁决因执行董事会对本协会条文所在地作解释而产生的异议；决定永远停止协会业务和分配其资产；决定协会净收益的分配。

理事会第一创始会员国享有500票的投票权，另按其首次认缴额每5000美元增加一票。首次认股以外的股金所在地应享有的投票权，由理事会视情况决定，除另有特殊规定外，协会一切事务均采取简单多数原则通过。

b. 执行董事会。执行董事会负责处理协会的日常业务。世界银行当选的执行董事，其所在地属国是协会会员同时，在国际开发协会中享有的投票权。每一董事就有的投票权应作为一个单位投票。董事缺席时，由其指派的副董事会全权代行其全部职权。当董事出席时，副董事可参加会议，但无投票权。执行董事会议的法定人数应是过半数并行使至少1/2总投票权的董事。

② 业务经营。

a. 资金的运用和提供资金的条件。

国际开发协会提供的资金旨在促进欠发达会员国的经济发展。其坚持优先为发展中国家服务的原则，根据实际情况将资金用于具体项目，如果贷款中法人可以从世界银行或私人处获得贷款协会就不会提供资助。

贷款申请应经合格的委员会仔细审核，提出推荐。这种委员会均应由协会指定，其中包括代表审议中项目所在地(一或几个)会员国的(一或几个)理事提名的人员一人，以及顽固不化会的技术人员一或数人。如果项目所在地的会员反对此项资助，则协会不对该项目提供资金，向公共和国际或区域性组织提供资金时，委员会的组成人员不须由项目所在地会员国提名，协会也没必要弄清是否有个别会员国反对贷款。

协会不得提出条件，限定贷款应在某一或某引起特定会员国国境内使用。但也允许其按规定对资金使用进行限制，包括根据协会与提供资金者之间商定的对补充资金所加的限制。

协会的贷款只用于提供贷款所定的目的，并应充分注意节约、效率和竞争性的国际贸易，并不得涉及政治的或其他非经济的问题。

只有在支付因资助项目而确定发生有关费用时，才可提供。

b. 资助的方式和条件。

国际开发协会的资助一般采取贷款方式，同时也采取其他资助形式。其方式有二：一是从规定认缴的资金角度由该款衍生和作用本金、利息或其他费用而得资金中提供；或在特殊情况下，由提供给协会的补充资金中，及由该款衍生的作为本金、利息或其他费用而得来的资金中提供；二是在注意到有关地区的经济状况和发展前景以及资助项目的性质和要求后，国际开发协会可按其认为适当的方式和条件提供资助。

协会对会员国(包括在协会会员国内某一地区的政府及其下属政治部门)，领土内的公私实体，以及国际或区域性组织提供资助。在对实体而非对会员国贷款时，协会可斟酌情况，要求适当的政府担保或其他担保。

在特殊情况下，协会可提供外汇供当地开支使用。

③ 与世界银行的关系。

国际开发协会和世界银行是相互独立的实体，协会的资金与世界银行的资金也分别保存。协会不得向世界银行借入资金也不得借资金给世界银行，协会可将贷款业务所不需要的资金投资于世界银行所发行的债券。协会可就设施、人员和反提供服务等方面的事项，以及一方组织为另一方垫付的行政费用的偿付事项与世界银行协调和沟通。

协会不对世界银行的任何行动或债务承担责任，世界银行也不对协会的行动或债务承担任何责任。

(3) 国际金融公司。

国际金融公司(International Finance Corporation，IFC)也是世界银行下属机构之一。1956 年 7 月正式成立，总部也设于华盛顿。它虽是世界银行的附属机构，但它本身具有独立的法人地位。

① 成立宗旨。

配合世界银行的业务活动，向成员国特别是其中的发展中国家的重点私人企业提供无须政府担保的贷款或投资，鼓励国际私人资本流向发展中国家，以推动这些国家的私人企业的成长，促进其经济发展。

② 业务内容。

国际金融公司致力于促进发展中国家私营部门的可持续发展。尤其注重通过促进成员国生产企业和高效资本市场的成长来推动经济发展。

国际金融公司在新兴市场公司和金融机构的投资能够创造就业、增强经济并带来税收。也认识到经济增长只有在保障环境和社会福祉，改善发展中国家人民生活质量的前提下才具有可持续性。

国际金融公司利用自有资源和在国际金融市场上筹集的资金为项目融资，同时它还向政府和企业提供技术援助和咨询。

国际金融公司是世界上为发展中国家提供股本金和贷款最多的多边金融机构。

国际金融公司与发起公司和融资伙伴共同承担风险，但不参与项目的管理。

国际金融公司投资不需要政府担保。

由国际金融公司参与的项目通常能增强各方，如外国投资者、当地合作伙伴、其他债权人和政府机构的信心同时平衡各方的利益。

【课堂思考】

世界银行与国际货币基金组织有什么区别呢?

（二）区域性国际金融机构

1. 亚洲开发银行

亚洲开发银行（Asian Development Bank，ADB）是亚洲和太平洋地区的区域性金融机构。它不是联合国下属机构，但它是联合国亚洲及太平洋经济社会委员会（联合国亚太经社会）赞助建立的机构，同联合国及其区域和专门机构有密切的联系。根据1963年12月在马尼拉由联合国亚太经社会主持召开的第一届亚洲经济合作部长级会议的决议，1965年11月至12月在马尼拉召开的第二届会议通过了亚洲开发银行章程，同年12月19日正式营业，总部设在菲律宾首都马尼拉。

（1）成立宗旨。

建立亚行的宗旨是通过发展援助帮助亚太地区发展中成员消除贫困，促进亚太地区的经济和社会发展。亚行对发展中成员的援助主要采取4种形式：贷款、股本投资、技术援助、联合融资相担保。

（2）组织机构。

① 理事会。亚行最高的决策机构是理事会，一般由各成员国财长或中央银行行长组成，每个成员在亚行有正、副理事各一名。亚行理事会每年召开一次会议，通称年会。理事会的主要职责是：接纳新会员；改变注册资本；选举董事或行长；修改章程。

② 董事会。亚行67个成员分成12个选区，每个选区各派出1个董事和副董事。董事会由12个董事和12个副董事组成。67个成员中，日本、美国和中国三大股东国是单独选取区，各自派出自己的董事和副董事。其他成员组成9个多国选取区，董事和副董事一职由选区内不同成员根据股份大小分别派出或轮流排出。

③ 行长（总裁）。亚洲开发银行设行长（总裁）一名，负责主持董事会，管理亚行的日常工作。行长是该行的合法代表，由理事会选举产生，任期5年，可连任。行长下设3名副行长（副总裁），分管东、西国别区、财务和行政。共有职工1996名，其中专业人员673名。

④ 代表处（团）。亚行在阿拉木图、科伦坡、达卡、河内、伊斯兰堡、雅加达、加德满都、新德里、金边、维拉港和塔什干等设立11个亚行常驻代表团。在东京、华盛顿、法兰克福设立代表处，协助总部工作。

（3）主要业务。

① 贷款。亚洲开发银行所在地发放的贷款按条件划分，有硬贷款、软贷款和赠款三类。硬贷款的贷款利率为浮动利率，每半年调整一次，贷款期限为10～30年（2～7年宽限期）。软贷款也就是优惠贷款，只提供给人均国民收入低于670美元（1983年的美元）且还款能力有限的会员国或地区成员，贷款期限为40年（10年宽限期），没有利息，仅有1%的手续费。赠款用于技术援助，资金由技术援助特别基金提供，赠款额没有限制。

② 股本投资。股本投资是对私营部门开展的一项业务，也不要政府担保。除亚行直接经营的股本投资外，还通过发展中成员的金融机构进行小额的股本投资。自1983年开展对私营部门的投资业务以来，亚行已对12个国家约92个企业进行了股本投资，总金额达2.822亿美元。此外，亚行还对15个区域性机构或基金进行了总额约1.85亿美元的投资。

③ 技术援助。技术援助可分为项目准备技术援助、项目执行援助、咨询技术援助和区域活动技术援助。技术援助项目由亚洲开发银行董事会批准，如果金融不超过 35 万美元，行长也有权批准，但须通报董事会。

在 1967—1996 年期间，亚行批准的赠款技援项目 435 个，总金额达 12.937 亿美元，受益国家达 36 个。

④ 联合融资和担保。亚行不仅自己为其发展中成员的发展提供资金，而且吸引多边、双边机构以及商业金融机构的资金，投向共同的项目。这是亚行所起的催化作用。这种做法对各方都有利。对受款国来说，增加了筹资渠道，而且条件优惠于纯商业性贷款。对亚行来说，克服了资金不足的困难。对联合融资者来说，可以节省对贷款的审查费用。

拓展阅读

2009 年 7 月 8 日，ADB 向中国内蒙古的一家私营公司提供 2400 万美元的贷款建设风能项目，以帮助该地区战胜气候变化的需要。该风能项目总投资 7300 万美元，是内蒙古的一家私营公司与日本公司合资建设的，这是第一个中日合资的风能项目。ADB 官员指出，由于缺乏合理的融资条件而阻碍了在中国发展清洁能源的项目。该项目将作为将来中国国有企业与外国企业在再生能源项目方面合资合作的典范，同时也鼓励中国的私营企业投资风能项目。

2. 非洲开发银行

1963 年 7 月，非洲高级官员及专家会议和非洲国家部长级会议在喀土穆召开，通过了建立非洲开发银行的协议。1964 年，非洲开发银行(African Development Bank，ADB)正式成立。1966 年 7 月 1 日开业。总部设在科特迪瓦的经济中心阿比让。2002 年，因科政局不稳，临时搬迁至突尼斯至今。

非洲开发银行是非洲最大的地区性政府间开发金融机构，其宗旨是促进非洲地区成员的经济发展与社会进步。

(1) 组织机构。

理事会为最高决策机构，由各成员国委派一名理事组成，一般为成员国的财政和经济部长，通常每年举行一次会议，必要时可举行特别理事会，讨论制定银行的业务方针和政策，决定银行重大事项，并负责处理银行的组织和日常业务。理事会年会负责选举行长和秘书长。董事会由理事会选举产生，是银行的执行机构，负责制定非行各项业务政策。理事会共有 18 名执行董事，其中非洲以外国家占 6 名，任期 3 年，一般每月举行两次会议。

(2) 合办机构。

① 非洲开发基金。1972 年在经济合作与发展组织援助下设立，由该行和 22 个非洲以外的工业发达国家出资。其宗旨与职能是协助非洲开发银行对非洲 29 个最贫穷的国家贷款，重点是农业、乡村开发、卫生、教育事业等。此项基金对非洲国家提供长达 50 年的无息贷款(包括 10 年宽限期)，只收取少量手续费。其业务由非洲开发银行管理，其资金来源于各成员国认缴的股本。

② 尼日利亚信托基金。成立于 1976 年，由该行和尼日利亚政府共同建立。主要目

的是与其他基金合作，向成员国有关项目提供贷款。期限 25 年，包括最长为 5 年的宽限期。

③ 非洲投资与开发国际金融公。1970 年 11 月设立，总公司设在瑞士日内瓦。目的是促进非洲企业生产力的发展。股东是国际金融公司以及美国和欧洲、亚洲各国约 100 家金融和工商业机构。法定资本 5000 万美元，认缴资本 1259 万美元。

④ 非洲再保险公司。1976 年 2 月建立，1977 年 1 月开始营业。其宗旨是加速发展非洲保险业。总公司设在拉各斯，法定资本 1500 万美元，该行出资 10%。

【知识要点提醒】

国际金融机构是指从事国际金融管理和国际金融活动的超国家性质的组织机构，能够在重大的国际经济金融事件中协调各国的行动；提供短期资金缓解国际收支逆差稳定汇率；提供长期资金促进各国经济发展。国际金融机构按范围可分为全球性国际金融机构和区域性的国际金融机构两类。

任务二　国际货币体系

【任务目标】

1. 掌握国际货币体系的含义。
2. 了解国际货币体系的演变过程。

【任务引入】

2008 年金融危机的爆发与蔓延使人们再次面对一个古老而悬而未决的问题，那就是什么样的国际储备货币才能保持全球金融稳定、促进世界经济发展。2009 年博鳌亚洲论坛召开之际，中国人民银行行长周小川撰文提出“创造一种与主权国家脱钩、并能保持币值长期稳定的国际储备货币，从而避免主权信用货币作为储备货币的内在缺陷”；日本重弹“亚元”老调；俄罗斯捡起“新兴经济体话语权”；英国强调现行国际货币体制现必须改变；美国则表态说：还是美元最合适，也最强势。

历史上的银本位、金本位、金汇兑本位、布雷顿森林体系都是解决该问题的不同制度安排，这也是 IMF 成立的宗旨之一。但此次金融危机表明，这一问题不仅远未解决，由于现行国际货币体系的内在缺陷反而愈演愈烈。

此次危机再次警示人们，必须创造性地改革和完善现行国际货币制度，推动国际储备货币向着币值稳定、供应有序、总量可调的方向完善，才能从根本上维护全球经济金融的稳定。

讨论题：

(1) 什么是国际货币制度？

(2) 国际历史上先后采用过的国际货币制度的类型有哪些？

【知识内容】

一、国际货币体系概述

国际货币体系(International Monetary System)又称国际货币制度，是指支配各国货币关系的规则和机构，以及国际间进行各种交易、支付所依据的一套安排和惯例。其具体内容包括以下几个方面：

(1) 各国货币汇率的确定。根据国际交往与国际支付的需要，使货币在国际市场上发挥世界货币的职能，各国之间的货币一定要确定一个比价，即汇率；同时各国政府还都规定：货币比价确定的依据、货币比价波动的界限、货币比价的调整、维持货币比价所采取的措施、对同一货币是否采取多元化比价等。

(2) 各国货币的兑换性与对国际支付所采取的措施。为进行国际支付，各国政府都要确定它的货币能否自由兑换成其他任何国家的货币，在对外支付方面是否加以全部或部分限制，或者完全不加限制。

(3) 国际储备资产的确定。为平衡国际收支的需要，一国需要有一定数量的国际储备。保存一定数量的、为世界各国普遍接受的国际储备资产以及它们的构成是国际货币制度的一项重要内容。

(4) 国际结算的原则。一国对外的债权债务，或者立即进行结算，并在国际结算中实行自由的多边结算；或者定期进行结算，并实行有限制的双边结算。

(5) 黄金、外汇的流动与转移是否自由。黄金、外汇的流动与转移是否加以限制而不能自由流动，或者只能在一定地区范围内自由流动，或者完全自由流动，都须由国家明确规定。

此外，国际货币体系是国际贸易与金融活动顺利进行的保证。参与国际经济活动的主体一般都是独立的政治实体。同处于一种互相联系和彼此依赖的世界经济格局之中，在国际分工和贸易交往日趋广泛深入的情况下，自然需要一种能协调各国独立的经济活动的货币体系，来确保世界贸易及其支付过程的顺利进行，否则就无法形成和维持正常的国际贸易和金融秩序。这种经济协调作用是国际货币体系的基本职能，也是其存在的重要意义所在。

【课堂思考】

试举例说明一种国际货币体系的情况。

拓展阅读

2002年1月1日，经过3年的过渡，欧洲单一货币——欧元正式进入流通。

早在1969年3月，欧共体海牙会议提出建立欧洲货币联盟的构想，并委托时任卢森堡首相的皮埃尔·维尔纳就此提出具体建议。

1971年3月，“维尔纳计划”通过，欧洲单一货币建设迈出了第一步。“计划”主张在10年内分3个阶段建成欧洲经济货币联盟。但是，随后发生的石油危机和金融风暴，致使“维尔纳计划”搁浅。

1979年3月，在法国、德国的倡导和努力下，欧洲货币体系宣告建立，同时欧洲货币单位“埃居”诞生。

1986年2月，欧共体签署《单一欧洲文件》，提出最迟在1993年初建立统一大市场。

1989 年 6 月，“德洛尔报告”通过，报告主张分 3 个阶段创建欧洲经货联盟：第一步，完全实现资本自由流通；第二步，建立欧洲货币局(即欧洲中央银行的前身)；第三步，建立和实施经货联盟，以单一货币取代成员国货币。

1991 年 12 月 10 日，欧共体首脑会议通过了《欧洲联盟条约》(通称《马斯特里赫特条约》，简称《马约》)，决定将欧共体改称为欧洲联盟。《马约》规定，最迟在 1999 年 1 月 1 日，经欧洲理事会确认，如达到“趋同标准”的成员国超过 7 个，即可开始实施单一货币。

1994 年 12 月 15 日，马德里首脑会议决定将欧洲单一货币定名为欧元，取代埃居。1998 年 5 月，布鲁塞尔首脑会议正式排定欧元 11 个创始国名单。

1999 年 1 月 1 日，欧元正式启动，1 月 4 日，欧元在国际金融市场正式登场。

2002 年 1 月 1 日，欧元纸币和货币正式进入市面成为流通货币。2 月 28 日，成员国本国货币全面退出流通领域，欧元与成员国货币并存期结束。

二、国际货币体系的演变

(一) 国际金本位制度

国际金本位制度是以黄金作为国际储备货币或国际本位货币的国际货币制度。世界上首次出现的国际货币制度是国际金本位制度，它大约形成于 1880 年年末，到第一次世界大战爆发时结束。在金本位制度下，黄金具有货币的全部职能，即价值尺度、流通手段、储藏手段、支付手段和世界货币。英国作为世界上最早发达的资本主义国家，于 1821 年前后采用了金本位制度。19 世纪 70 年代，欧洲和美洲的一些主要国家先后在国内实行了金本位制，国际金本位制度才大致形成了。

1. 国际金本位制度基础

(1) 黄金充当了国际货币，是国际货币制度的基础。这一时期的国际金本位制度是建立在各主要资本主义国家国内都实行金铸币本位制的基础之上，其典型的特征是金币可以自由铸造、自由兑换，以及黄金自由进出口。由于金币可以自由铸造，金币的面值与黄金含量就能始终保持一致，金币的数量就能自发地满足流通中的需要；由于金币可以自由兑换，各种金属辅币和银行券就能够稳定地代表一定数量的黄金进行流通，从而保持币值的稳定；由于黄金可以自由进出口，就能够保持本币汇率的稳定。所以一般认为，金本位制是一种稳定的货币制度。

(2) 各国货币之间的汇率由它们各自的含金量比例决定。因为金铸币本位条件下金币的自由交换、自由铸造和黄金的自由输出入将保证使外汇市场上汇率的波动维持在由金平价和黄金运输费用所决定的黄金输送点以内。实际上，英国、美国、法国、德国等主要国家货币的汇率平价自 1880—1914 年间，35 年内一直没发生变动，从未升值或贬值。所以国际金本位是严格的固定汇率制，这是个重要的特点。

(3) 国际金本位有自动调节国际收支的机制。英国经济学家休谟于 1752 年最先提出的“价格—铸币流动机制”。为了让国际金本位发挥作用，特别是发挥自动调节的作用，各国必须遵守3项原则：一是要把本国货币与一定数量的黄金固定下来，并随时可以兑换黄金；二是黄金可以自由输出与输入，各国金融当局应随时按官方比价无限制地买卖黄金和外汇；三是中央银行或其他货币机构发行钞票必须有一定的黄金准备。这样国内货币供给将因黄金流入而增加，因黄金流出而减少。

2. 国际金本位制种类

在历史上，曾有过3种形式的金本位制：金币本位制、金块本位制、金汇兑本位制。其中金币本位制是最典型的形式，就狭义来说，金本位制即指该种货币制度。

（1）金币本位制(Gold Specie Standard)。这是金本位货币制度的最早形式，也称为古典的或纯粹的金本位制，盛行于1880—1914年间。自由铸造、自由兑换及黄金自由输出入是该货币制度的三大特点。在该制度下，各国政府以法律形式规定货币的含金量，两国货币含金量的对比即为决定汇率基础的铸币平价。黄金可以自由输出或输入国境，并在输出入过程形成铸币一物价流动机制，对汇率起到自动调节作用。这种制度下的汇率，因铸币平价的作用和受黄金输送点的限制，波动幅度不大。

（2）金块本位制(Gold Bullion Standard)。这是一种以金块办理国际结算的变相金本位制，也称金条本位制。在该制度下，由国家储存金块，作为储备；流通中各种货币与黄金的兑换关系受到限制，不再实行自由兑换，但在需要时，可按规定的限制数量以纸币向本国中央银行无限制兑换金块。可见，这种货币制度实际上是一种附有限制条件的金本位制。

（3）金汇兑本位制(Gold Exchange Standard)。这是一种在金块本位制或金币本位制国家保持外汇，准许本国货币无限制地兑换外汇的金本位制。在该制度下，国内只流通银行券，银行券不能兑换黄金，只能兑换实行金块或金本位制国家的货币，国际储备除黄金外，还有一定比重的外汇，外汇在国外才可兑换黄金，黄金是最后的支付手段。实行金汇兑本位制的国家，要使其货币与另一实行金块或金币本位制国家的货币保持固定比率，通过无限制地买卖外汇来维持本国货币币值的稳定。

金块本位制和金汇兑本位制这两种货币制度在20世纪70年代基本消失。

3. 国际金本位制崩溃的原因

（1）黄金生产量的增长幅度远远低于商品生产增长的幅度，黄金不能满足日益扩大的商品流通需要，这就极大地削弱了金铸币流通的基础。

（2）黄金存量在各国的分配不平衡。1913年年末，美、英、德、法、俄五国占有世界黄金存量的2/3。黄金存量大部分为少数强国所掌握，必然导致金币的自由铸造和自由流通受到破坏，削弱其他国家金币流通的基础。

（3）第一次世界大战爆发，黄金被参战国集中用于购买军火，并停止自由输出和银行券兑现，从而最终导致金本位制的崩溃。

4. 国际金本位制崩溃的影响

（1）为各国普遍货币贬值、推行通货膨胀政策打开了方便之门。这是因为废除金本位制后，各国为了弥补财政赤字或扩军备战，会滥发不兑换的纸币，加速经常性的通货膨胀，不仅使各国货币流通和信用制度遭到破坏，而且加剧了各国出口贸易的萎缩及国际收支的恶化。

（2）导致汇价的剧烈波动，冲击着世界汇率制度。在金本位制度下，各国货币的对内价值和对外价值大体上是一致的，货币之间的比价比较稳定，汇率制度也有较为坚实的基础。但各国流通纸币后，汇率的决定过程变得复杂了，国际收支状况和通货膨胀引起的供求变化，对汇率起着决定性的作用，从而影响了汇率制度，影响了国际货币金融关系。

【课堂思考】

结合上一章学习的黄金储备的知识，分析为什么会出现金本位退出舞台。

（二）布雷顿森林货币体系

布雷顿森林货币体系(Bretton Woods System)是指战后以美元为中心的国际货币体系。关税总协定作为1944年布雷顿森林会议的补充，连同布雷顿森林会议通过的各项协定，统称为“布雷顿森林体系”，即以外汇自由化、资本自由化和贸易自由化为主要内容的多边经济制度，构成资本主义集团的核心内容，是按照美国制定的原则，实现美国经济霸权的体制。布雷顿森林体系的建立，促进了战后资本主义世界经济的恢复和发展。因美元危机与美国经济危机的频繁爆发，以及制度本身不可解脱的矛盾性，该体系于1973年宣告结束。

1．核心内容

（1）美元与黄金挂钩。各国确认1944年1月美国规定的35美元一盎司的黄金官价，每一美元的含金量为0.888671克黄金。各国政府或中央银行可按官价用美元向美国兑换黄金。为使黄金官价不受自由市场金价冲击，各国政府需协同美国政府在国际金融市场上维持这一黄金官价。

（2）其他国家货币与美元挂钩。其他国家政府规定各自货币的含金量，通过含金量的比例确定同美元的汇率。

（3）实行可调整的固定汇率。《国际货币基金协定》（下称《协定》）规定，各国货币对美元的汇率，只能在法定汇率上下各1%的幅度内波动。若市场汇率超过法定汇率1%的波动幅度，各国政府有义务在外汇市场上进行干预，以维持汇率的稳定。若会员国法定汇率的变动超过10%，就必须得到国际货币基金组织的批准。1971年12月，这种即期汇率变动的幅度扩大为上下2.25%的范围，决定“平价”的标准由黄金改为特别提款权。布雷顿森林体系的这种汇率制度被称为“可调整的钉住汇率制度”。

（4）各国货币兑换性与国际支付结算原则。《协定》规定了各国货币自由兑换的原则：任何会员国对其他会员国在经常项目往来中积存的本国货币，若对方为支付经常项货币换回本国货币。考虑到各国的实际情况，《协定》作了“过渡期”的规定。

（5）确定国际储备资产。《协定》中关于货币平价的规定，使美元处于等同黄金的地位，成为各国外汇储备中最主要的国际储备货币。

（6）国际收支的调节。国际货币基金组织会员国份额的25%以黄金或可兑换成黄金的货币缴纳，其余则以本国货币缴纳。会员国发生国际收支逆差时，可用本国货币向基金组织按规定程序购买(即借贷)一定数额的外汇，并在规定时间内以购回本国货币的方式偿还借款。会员国所认缴的份额越大，得到的贷款也越多。贷款只限于会员国用于弥补国际收支赤字，即用于经常项目的支付。

2. 体系作用

布雷顿森林体系有助于国际金融市场的稳定，对第二次世界大战后的经济复苏起到了一定的作用。

(1) 布雷顿森林体系的形成，暂时结束了战前货币金融领域里的混乱局面，维持了战后世界货币体系的正常运转。

固定汇率制是布雷顿森林体系的支柱之一，不同于金本位下汇率的相对稳定。在典型的金本位下，金币本身具有一定的含金量，黄金可以自由输出输入，汇价的波动界限狭隘。1929—1933 年的资本主义世界经济危机，引起了货币制度危机，导致金本位制崩溃，国际货币金融关系呈现出一片混乱局面。以美元为中心的布雷顿森林体系的建立，使国际货币金融关系有了统一的标准和基础，混乱局面暂时得以稳定。

(2) 促进各国国内经济的发展。在金本位制下，各国注重外部平衡，国内经济往往带有紧缩倾向。在布雷顿森林体系下，各国偏重内部平衡，国内经济比较稳定，危机和失业情形较之战前有所缓和。

(3) 布雷顿森林体系的形成，在相对稳定的情况下扩大了世界贸易。美国通过赠与、信贷、购买外国商品和劳务等形式，向世界散发了大量美元，客观上起到扩大世界购买力的作用。固定汇率制在很大程度上消除了由于汇率波动而引起的动荡，在一定程度上稳定了主要国家的货币汇率，有利于国际贸易的发展。

(4) 布雷顿森林体系形成后，基金组织和世界银行的活动对世界经济的恢复和发展起了一定的积极作用。其一，基金组织提供的短期贷款暂时缓和了战后许多国家的收支危机，促进了支付办法上的稳步自由化。基金组织的贷款业务迅速增加，重点由欧洲转至亚、非、拉第三世界。其二，世界银行提供和组织的长期贷款和投资不同程度地解决了会员国战后恢复和发展经济的资金需要。基金组织和世界银行在提供技术援助、建立国际经济货币的研究资料及交换资料情报等方面对世界经济的恢复与发展起到了一定作用。

(5) 布雷顿森林体系的形成有助于生产和资本的国际化。汇率的相对稳定，避免了国际资本流动中引发的汇率风险，有利于国际资本的输入与输出；为国际融资创造了良好环境，有助于金融业和国际金融市场发展，也为跨国公司的生产国际化创造了良好的条件。

3. 体系缺陷

由于资本主义发展的不平衡性，主要资本主义国家经济实力对比一再发生变化，以美元为中心的国际货币制度本身固有的矛盾和缺陷日益暴露。

(1) 金汇兑制本身的缺陷。美元与黄金挂钩，享有特殊地位，加强了美国对世界经济的影响。其一，美国通过发行纸币而不动用黄金进行对外支付和资本输出，有利于美国的对外扩张和掠夺。其二，美国承担了维持金汇兑平价的责任。当人们对美元充分信任，美元相对短缺时，这种金汇兑平价可以维持；当人们对美元产生信任危机，美元拥有太多，要求兑换黄金时，美元与黄金的固定平价就难以维持。

(2) 储备制度不稳定。这种制度无法提供一种数量充足、币值坚挺、可以为各国接受的储备货币，以使国际储备的增长能够适应国际贸易与世界经济发展的需要。1960 年，美国耶鲁大学教授特里芬在其著作《黄金与美元危机》中指出，布雷顿森林制度以一国货币作为主要国际储备货币，在黄金生产停滞的情况下，国际储备的供应完全取决于美国的国际收支状况：美国的国际收支保持顺差，国际储备资产不敷国际贸易发展的需要；美国的国际收支保持逆差，国际储备资产过剩，美元发生危机，危及国际货币制度。这种难以解决的内在矛盾，国际经济学界称之为“特里芬难题”，它决定了布雷顿森林体系的不稳定性。

(3) 国际收支调节机制的缺陷。该制度规定汇率浮动幅度需保持在1%以内，汇率缺乏弹性，限制了汇率对国际收支的调节作用。这种制度着重于国内政策的单方面调节。

(4) 内外平衡难统一。在固定汇率制度下，各国不能利用汇率杠杆来调节国际收支，只能采取有损于国内经济目标实现的经济政策或采取管制措施，以牺牲内部平衡来换取外部平衡。当美国国际收支逆差、美元汇率下跌时，根据固定汇率原则，其他国家应干预外汇市场，这一行为导致和加剧了这些国家的通货膨胀；若这些国家不加干预，就会遭受美元储备资产贬值的损失。

4. 体系崩溃

(1) 崩溃标志。

① 美元停止兑换黄金。1971 年 7 月第七次美元危机爆发，尼克松政府于 8 月 15 日宣布实行“新经济政策”，停止履行外国政府或中央银行可用美元向美国兑换黄金的义务。1971 年 12 月以《史密森协定》为标志，美元对黄金贬值，美联储拒绝向国外中央银行出售黄金。至此，美元与黄金挂钩的体制名存实亡。

② 取消固定汇率制度。1973 年 3 月，西欧出现抛售美元，抢购黄金和马克的风潮。3 月 16 日，欧洲共同市场九国在巴黎举行会议并达成协议，联邦德国、法国等国家对美元实行“联合浮动”，彼此之间实行固定汇率。英国、意大利、爱尔兰实行单独浮动，暂不参加共同浮动。其他主要西方货币实行了对美元的浮动汇率。至此，固定汇率制度完全垮台。美元停止兑换黄金和固定汇率制的垮台，标志着战后以美元为中心的货币体系瓦解。布雷顿森林体系崩溃以后，国际货币基金组织和世界银行作为重要的国际组织仍得以存在，发挥作用。

(2) 体系瓦解。20 世纪 70 年代初，在日本、西欧崛起的同时，美国经济实力相对削弱，无力承担稳定美元汇率的责任，贸易保护主义抬头，相继两次宣布美元贬值。各国纷纷放弃本国货币与美元的固定汇率，采取浮动汇率制。以美元为中心的国际货币体系瓦解，美元地位下降。欧洲各国的许多人一度拒收美元。在伦敦，一位来自纽约的旅客说：“这里的银行、旅馆、商店都一样，他们看到我们手里的美元时流露出的神情，好像这些美元成了病菌携带物一般。”在巴黎，出租车上挂着“不再接受美元”的牌子，甚至乞丐也在自己帽子上写着“不要美元”。美元失去霸主地位，但迄今为止仍然是最重要的国际货币。

5. 体系崩溃的原因

(1) 直接原因。美元危机是导致布雷顿森林体系崩溃的直接原因。

① 美国黄金储备减少。美国 1950 年发动朝鲜战争，海外军费剧增，国际收支连年逆差，黄金储备源源外流。1960 年，美国的黄金储备下降到 178 亿美元，不足以抵补当时的 210.3 亿美元的流动债务，出现了美元的第一次危机。20 世纪 60 年代中期，美国卷入越南战争，国际收支进一步恶化，黄金储备不断减少。1968 年 3 月，美国黄金储备下降至 121 亿美元，同期的对外短期负债为 331 亿美元，引发了第二次美元危机。1971 年，美国的黄金储备(102.1 亿美元)是它对外流动负债(678 亿美元)的 15.05%。美国完全丧失了承担美元对外兑

换黄金的能力。1973 年美国爆发了最为严重的经济危机，黄金储备已从战后初期的 245.6 亿美元下降到 110 亿美元。没有充分的黄金储备作基础，严重地动摇了美元的信誉。

② 美国通货膨胀加剧。美国发动侵越战争，财政赤字庞大，依靠发行货币来弥补，造成通货膨胀；在两次石油危机中因石油提价而增加支出；由于失业补贴增加，劳动生产率下降，造成政府支出急剧增加。美国消费物价指数 1960 年为 1.6%，1970 年上升到 5.9%，1974 年又上升到 11%，这给美元的汇价带来了冲击。

③ 美国国际收支持续逆差。第二次世界大战结束时，美国大举向西欧、日本和世界各地输出商品，使美国的国际收支持续出现巨额顺差，其他国家的黄金储备大量流入美国。各国普遍感到“美元荒”。随着西欧各国经济的增长，出口贸易的扩大，其国际收支由逆差转为顺差，美元和黄金储备增加。美国由于对外扩张和侵略战争，国际收支由顺差转为逆差，美国资金大量外流，形成“美元过剩”。这使美元汇率承受巨大的冲击和压力，不断出现下浮的波动。

（2）根本原因。以美元为中心的国际货币制度崩溃的根本原因，是这个制度本身存在着不可解脱的矛盾。在这种制度下，美元作为国际支付手段与国际储备手段，发挥着世界货币的职能。一方面，作为国际支付手段与国际储备手段，美元币值稳定，其他国家就会接受。而美元币值稳定，要求美国有足够的黄金储备，而且美国的国际收支必须保持顺差，从而使黄金不断流入美国而增加其黄金储备。否则，人们在国际支付中就不会接受美元。另一方面，全世界要获得充足的外汇储备，美国的国际收支就要保持大量逆差，否则全世界就会面临外汇储备短缺，国际流通渠道出现国际支付手段短缺。随着美国逆差的增大，美元的黄金保证会不断减少，美元将不断贬值。第二次世界大战后从美元短缺到美元泛滥，是这种矛盾发展的必然结果。

【知识链接】

关于布雷顿森林体系

回顾布雷顿森林体系风雨年它的起源、发展和演变见证了国际货币体系在探索中的曲折发展。世界每时每刻都在变化着，国际货币金融情势也时刻充满了变数。每一个不同的历史时期总会需要一个与其相适应的国际货币体系来互动发展相得益彰。当布雷顿森林体系完美谢幕之后布雷顿森林体系也呼之欲出成为这个时代下国际货币体系的最强音。今天当人们面对着席卷全球的金融大海啸之时回首布雷顿森林体系总会有一种特别的期冀和感动。在国际社会努力地合作下，在世界各国真诚地互谅中，相信我们的国际货币体系会走出阴霾重建美好。

（三）牙买加体系

IMF 于 1972 年 7 月成立一个专门委员会，具体研究国际货币制度的改革问题。该委员会于 1974 的 6 月提出一份“国际货币体系改革纲要”，对黄金、汇率、储备资产、国际收支调节等问题提出了一些原则性的建议，为以后的货币改革奠定了基础。直至 1976 年 1 月，IMF 理事会“国际货币制度临时委员会”在牙买加首都金斯敦举行会议，讨论国际货币基金协定的条款，经过激烈的争论，签订达成了“牙买加协议”，同年 4 月，IMF 理事会通过了《国际货币基金组织协定第二修正案》，从而形成了新的国际货币体系——牙买加体系。

1. 牙买加体系的主要内容

(1) 实行浮动汇率制度的改革。牙买加协议正式确认了浮动汇率制的合法化，承认固定汇率制与浮动汇率制并存的局面，成员国可自由选择汇率制度。同时，IMF继续对各国货币汇率政策实行严格监督，并协调成员国的经济政策，促进金融稳定，缩小汇率波动范围。

(2) 推行黄金非货币化。牙买加协议做出了逐步使黄金退出国际货币的决定，并规定：废除黄金条款，取消黄金官价，成员国中央银行可按市价自由进行黄金交易；取消成员国相互之间以及成员国与IMF之间须用黄金清算债权债务的规定，国际货币基金组织逐步处理其持有的黄金。

(3) 增强特别提款权的作用。该内容主要是提高特别提款权的国际储备地位，扩大其在IMF一般业务中的使用范围，并适时修订特别提款权的有关条款。规定参加特别提款权账户的国家可以来偿还IMF的贷款，使用特别提款权作为偿还债务的担保，各参加国也可用特别提款权进行借贷。

(4) 增加成员国基金份额。成员国的基金份额从原来的292亿特别提款权增加至390亿特别提款权，增幅达33.6%。

(5) 扩大信贷额度，以增加对发展中国家的融资。

拓展阅读

牙买加协定的签订已经有十几年时间了，它规定的把特别提款权作为主要国际储备资产的目标远未实现。特别提款权在国际储备总额中，1971年占4.5%，1976年下降到2.8%，1982年重新增加到4.8%，十几年来基本上没有什么进展；而外汇在全部国际储备中的比重多年来都高达80%左右，因而在世界储备资产中主要的储备仍然是外汇，其中主要是美元。

特别是随着世界经济多元化和区域一体化的不断深入发展，围绕国际金融领域的领导权问题的斗争依然激烈，特别提款权要成为牙买加货币体系的支柱看来不是容易实现的。蒙代尔提出，改造特别提款权，将它与美元、欧元、日元、英镑、人民币和黄金挂钩，即所谓“6+1”方案，然后扩大使用范围，逐步使其成为世界货币。

2. 牙买加体系的运行

(1) 储备货币多元化。与布雷顿森林体系下国际储备结构单一、美元地位十分突出的情形相比，在牙买加体系下，国际储备呈现多元化局面，美元虽然仍是主导的国际货币，但美元地位明显削弱了，由美元垄断外汇储备的情形不复存在。西德马克(现德国马克)、日元随两国经济的恢复发展脱颖而出，成为重要的国际储备货币。目前，国际储备货币已日趋多元化，ECU也被欧元所取代，欧元很可能成为与美元相抗衡的新的国际储备货币。

(2) 汇率安排多样化。在牙买加体系下，浮动汇率制与固定汇率制并存。一般而言，发达工业国家多数采取单独浮动或联合浮动，但有的也采取钉住自选的货币篮子。对发展中国家而言，多数是钉住某种国际货币或货币篮子，单独浮动的很少。不同汇率制度各有优劣，浮动汇率制度可以为国内经济政策提供更大的活动空间与独立性，而固定汇率制则减少了本国企业可能面临的汇率风险，方便生产与核算。各国可根据自身的经济实力、开放程度、经济结构等一系列相关因素去权衡得失利弊。

(3) 多种渠道调节国际收支。

① 运用国内经济政策。国际收支作为一国宏观经济的有机组成部分，必然受到其他因素的影响。一国往往运用国内经济政策，改变国内的需求与供给，从而消除国际收支不平衡。比如在资本项目逆差的情况下，可提高利率，减少货币发行，以此吸引外资流入，弥补缺口。需要注意的是：运用财政或货币政策调节外部均衡时，往往会受到“米德冲突”的限制，在实现国际收支平衡的同时，牺牲了其他的政策目标，如经济增长、财政平衡等，因而内部政策应与汇率政策相协调，才不至于顾此失彼。

② 运用汇率政策。在浮动汇率制或可调整的钉住汇率制下，汇率是调节国际收支的一个重要工具，其原理是：经常项目赤字本币趋于下跌本币下跌、外贸竞争力增加出口增加、进口减少经济项目赤字减少或消失。相反，在经常项目顺差时，本币币值上升会削弱进出口商品的竞争力，从而减少经常项目的顺差。实际经济运行中，汇率的调节作用受到“马歇尔—勒纳条件”以及“J 曲线效应”的制约，其功能往往令人失望。

③ 国际融资。在布雷顿森林体系下，这一功能主要由国际货币基金组织完成。在牙买加体系下，国际货币基金组织的贷款能力有所提高，更重要的是，伴随石油危机的爆发和欧洲货币市场的迅猛发展，各国逐渐转向欧洲货币市场，利用该市场比较优惠的贷款条件融通资金，调节国际收支中的顺逆差。

④ 加强国际协调。这主要体现在：其一，以国际货币基金组织为桥梁，各国政府通过磋商，就国际金融问题达成共识与谅解，共同维护国际金融形势的稳定与繁荣；其二，新兴的七国首脑会议的作用。西方七国通过多次会议，达成共识，多次合力干预国际金融市场，主观上是为了各自的利益，但客观上也促进了国际金融与经济的稳定与发展。

3. 对牙买加体系的评价

(1) 牙买加体系的积极作用。

① 多元化的储备结构摆脱了布雷顿森林体系下各国货币间的僵硬关系，为国际经济提供了多种清偿货币，在较大程度上解决了储备货币供不应求的矛盾。

② 多样化的汇率安排适应了多样化的、不同发展水平的各国经济，为各国维持经济发展与稳定提供了灵活性与独立性，同时有助于保持国内经济政策的连续性与稳定性。

③ 多种渠道并行，使国际收支的调节更为有效与及时。

(2) 牙买加体系的缺陷。

① 在多元化国际储备格局下，储备货币发行国仍享有“铸币税”等多种好处，同时，在多元化国际储备下，缺乏统一的稳定的货币标准，这本身就可能造成国际金融的不稳定。

② 汇率大起大落，变动不定，汇率体系极不稳定。其消极影响之一是增大了外汇风险，从而在一定程度上抑制了国际贸易与国际投资活动，对发展中国家而言，这种负面影响尤为突出。

③ 国际收支调节机制并不健全，各种现有的渠道都有各自的局限，牙买加体系并没有消除全球性的国际收支失衡问题。如果说在布雷顿森林体系下，国际金融危机是偶然的、局部的，那么，在牙买加体系下，国际金融危机就成为经常的、全面的和影响深远的。

总之，现有的国际货币体系被人们普遍认为是一种过渡性的不健全的体系，需要进行彻底的改革。

【课堂思考】

国际货币体系转换，背后更深层的原因有哪些?

【知识要点提醒】

国际货币体系是指支配各国货币关系的规则和机构，以及国际进行各种交易、支付所依据的一套安排和惯例。国际货币体系的演变过程可划分为 3 个时期：国际金本位制、布雷顿森林体系、牙买加货币体系。

【项目小结】

1. 国际金融机构是指从事国际金融管理和国际金融活动的超国家性质的组织机构，能够在重大的国际经济金融事件中协调各国的行动；提供短期资金缓解国际收支逆差稳定汇率；提供长期资金促进各国经济发展。国际金融机构按范围可分为全球性国际金融机构和区域性的国际金融机构。

2. 世界银行集团是联合国系统下的多边发展机构，它包括 5 个机构：国际复兴开发银行、国际开发协会、国际金融公司、多边投资担保机构和国际投资争端解决中心。其宗旨是通过向发展中国家提供中长期资金和智力的支持，来帮助发展中国家实现长期、稳定的经济发展。

3. 国际货币体系是指支配各国货币关系的规则和机构，以及国际进行各种交易、支付所依据的一套安排和惯例。

4. 国际金本位制度是以黄金作为国际储备货币或国际本位货币的国际货币制度。世界上首次出现的国际货币制度是国际金本位制度，它大约形成于 1880 年年末，到第一次世界大战爆发时结束。

5. 布雷顿森林货币体系是指战后以美元为中心的国际货币体系。关税总协定作为 1944 年布雷顿森林会议的补充，连同布雷顿森林会议通过的各项协定，统称为“布雷顿森林体系”。

6. 1976 年 1 月，IMF 理事会“国际货币制度临时委员会”在牙买加首都金斯敦举行会议，讨论国际货币基金协定的条款，经过激烈的争论，签订达成了“牙买加协议”，形成了新的国际货币体系——牙买加体系。

【项目演练】

一、判断题

1. 国际货币体系是一种约定俗成的惯例体制。（ ）

2. 国际货币体系的历史起源于第二次世界大战之后。（ ）

3. 国际金本位的最大缺点是国际经济和贸易的发展受制于世界黄金产量的增长。（ ）

4. 在国际金汇兑本位制下，黄金依然充当支付手段。（ ）

5. 牙买加体系完全摒弃了布雷顿森林体系。（ ）

6. 国际货币基金组织的最高权力机构是执行董事会。（ ）

7. 基金组织的任何重大决定不经美国同意都无法实施。（ ）

二、单项选择题

1. IMF 贷款对象是会员国的（ ）。

A. 国有企业 B. 私人企业 C. 教育机构 D. 中央银行

2. ADB 对某一开发项目的共同融资是指（ ）。

A. 亚行与融资伙伴按商定比例进行融资

B. 将项目分成若干具体和独立部分分别融资

C. 融资伙伴通过亚行对某一项目进行融资

D. 商业银行购买亚行到期的贷款

3. 以促进成员国之间的国际货币合作为宗旨的国际金融机构是（ ）。

A. IMF B. IBRD C. IDA D. IFC

4. 世界银行的资金约 70%来源于（ ）。

A. 股本资金 B. 借款 C. 债权转让 D. 留存业务净收益

5. 贷款方式采用“购买”和“购回”的国际金融机构是（ ）。

A. IMF B. IBRD C. IFC D. IDA

6. IMF 分配的特别提款权取决于会员国的（ ）。

A. 国民收入 B. 贸易总额 C. 投票权 D. 份额

7. 加入世界银行的会员国必须是（ ）。

A. 国际清算银行会员国 B. 国际货币基金组织会员国

C. 世界贸易组织会员国 D. 经济合作与发展组织会员国

8. 历史上第一个国际货币体系是（ ）。

A. 国际金汇兑本位制 B. 国际金本位制

C. 布雷顿森林体系 D. 牙买加体系

9. 布雷顿森林体系是采纳了（ ）的结果。

A. 怀特计划 B. 凯恩斯计划 C. 布雷迪计划 D. 贝克计划

10. 标志着布雷顿森林体系崩溃开始的事件是（ ）。

A. 互惠信贷协议 B. 黄金双价制

C. 尼克松政府的新经济政策 D. 史密森氏协议

三、多项选择题

1. 用于拯救第一次美元危机的措施有（ ）。

A. 互惠信贷协议 B. 借款总安排

C. 黄金总库 D. 黄金双价制

2. 用于拯救第二次美元危机的措施有（ ）。

A. 借款总安排 B. 黄金总库

C. 黄金双价制 D. 特别提款权

3. 用于拯救第三次美元危机的措施有(　　)。

A. 黄金总库　　B. 黄金双价制

C. 尼克松的“新经济政策”　　D. 史密森协议

4. 牙买加体系与布雷顿森林体系相比，主要区别在于(　　)。

A. 黄金非货币化　　B. 储备货币多样化

C. 汇率制度多样化　　D. IMF 的作用增大

四、实务操作题

1. 对于围绕着基金组织的争论，你个人持什么观点？说明你的理由。

2. 世界银行有哪些方面需要改革，改革的可能方向是什么？收集有关资料做出自己的分析。

参考文献

[1] 朱廷珺．国际贸易[M].2 版．北京：北京大学出版社，2011.
[2] 卢荣忠，黄建忠．国际贸易[M].2 版．北京：高等教育出版社，2010.
[3] 张玮．国际贸易原理[M]. 北京：中国人民大学出版社，2009.
[4] 罗晓斐．国际贸易理论与政策[M]. 北京：机械工业出版社，2012.
[5] 陈洁民，于岚．国际贸易[M]. 北京：化学工业出版社，2008.
[6] 陈岩．国际贸易理论与实务[M]. 北京：清华大学出版社，2006.
[7] 韩玉军．国际贸易学[M]. 北京：中国人民大学出版社，2009.
[8] 缪东玲．国际贸易理论与实务[M]. 北京：北京大学出版社，2011.
[9] 董瑾．国际贸易学[M].2 版．北京：机械工业出版社，2006.
[10] 范爱军．国际贸易[M]. 北京：科学出版社，2009.
[11] 李俊江．国际贸易[M]. 北京：高等教育出版社，2008.
[12] 韩玉珍．国际贸易与国际金融[M].2 版．北京：北京大学出版社，2002.
[13] 佟家栋，周申．国际贸易学——理论与政策[M].2 版．北京：高等教育出版社，2003.
[14] 李左东．国际贸易理论、政策与实务[M].2 版．北京：高等教育出版社，2002.
[15] 窦建华，李金玲．国际经济学[M]. 北京：人民邮电出版社，2006.
[16] 秦蓁．国际贸易概论[M]. 北京：人民邮电出版社，2011.
[17] 王珏．国际贸易理论与政策[M]. 北京：电子工业出版社，2010.
[18] 陈霜华，查贵勇．国际贸易习题与案例[M]. 上海：复旦大学出版社，2008.
[19] Dominick Salvatore. *International Economics(eight Edition)*[M]. 北京：清华大学出版社，2004.
[20] Chiarles W. L. Hill. *International Trade Theory(six Edition)*[M]. 北京：人民邮电出版社，2008.
[21] 许立波．世界贸易组织(WTO)概论[M]. 大连：东北财经大学出版社，2005.
[22] 战勇．国际贸易[M]. 大连：东北财经大学出版社，2004.
[23] 沈文全．金融基础知识[M]. 北京：机械工业出版社，2011.
[24] 杨长江，姜波克．国际金融学[M]. 北京：高等教育出版社，2004.
[25] 孙连铮．国际金融[M]. 北京：高等教育出版社，2007.
[26] 王笃田，邵书怀．国际金融[M]. 大连：大连理工大学出版社，2001.
[27] 刘金波．国际金融实务[M]. 北京：中国人民大学出版社，2009.
[28] 高建侠．国际金融[M]. 北京：中国人民大学出版社，2011.
[29] 张艳清．国际金融[M]. 北京：北京大学出版社，2012.
[30] 侯迎春，赵书海．国际金融实务[M]. 北京：电子工业出版社，2010.
[31] 郭晓立．国际金融学[M]. 北京：中国铁道出版社，2010.
[32] 唐树伶．国际金融[M]. 天津：南开大学出版社，2010.
[33] 杨胜刚．国际金融[M]. 长沙：中南大学出版社，2003.
[34] 杨星．国际金融学[M]. 广州：广东经济出版社，2001.
[35] 王立成．外汇交易技巧与实战图解[M]. 北京：清华大学出版社，2005.
[36] 李艳芳，刘瑛．国际贸易[M]. 大连：东北财经大学出版社，2006.
[37] 姜波克．国际金融新编[M]. 上海：复旦大学出版社，2007.
[38] 陈雨露．国际金融[M]. 北京：中国人民大学出版社，2006.

[39] 孙克强．国际金融市场[M]．北京：中国青年出版社，2006.
[40] 吴腾华．国际金融学[M]．上海：上海财经大学出版社，2008.
[41] 唐友清．国际金融原理与实务[M]．重庆：重庆大学出版社，2006.
[42] 郑光贵．国际贸易理论与实务[M]．大连：东北财经大学出版社，2004.
[43] 韩玉军．国际服务贸易理论与中国服务贸易自由化程序[M]．北京：现代教育出版社，2007.
[44] 高成兴．国际贸易教程(教学辅导)[M]．北京：中国人民大学出版社，2004.
[45] 张金水．应用国际贸易学[M]．北京：清华大学出版社，2002.

北京大学出版社第六事业部高职高专经管教材书目

本系列教材的特色：

1. 能力本位。以学生为主体，让学生看了就能会，学了就能用；以教师为主导，授人以渔；以项目为载体，将技能与知识充分结合。

2. 内容创新。内容选取机动、灵活，适当融入新技术、新规范、新理念；既体现自我教改成果，又吸收他人先进经验；保持一定前瞻性，又避免盲目超前。

3. 精编案例。案例短小精悍，能佐证知识内容；案例内容新颖，表达当前信息；案例以国内中小企业典型事实为主，适合高职学生阅读。

4. 巧设实训。实训环节真实可行，实训任务明确，实训目标清晰，实训内容详细，实训考核全面，切实提高能力。

5. 注重立体化。既强调教材内在的立体化，从方便学生学习的角度考虑，搭建易学易教的优质的纸质平台，又强调教材外在的立体化，以立体化精品教材为构建目标，网上提供完备的教学资源。

经济贸易系列

序号	书　名	书　号	版次	定价	出版时间	主　编
1	国际贸易概论	978-7-81117-841-8	1-4	28	2012 年 4 月	黎国英
2	国际贸易理论与实务	978-7-5038-4852-0	1-2	40	2007 年 8 月	程敏然
3	国际结算	978-7-5038-4844-5	1-2	32	2009 年 7 月	徐新伟
4	国际结算	978-7-81117-842-5	1-2	25	2012 年 7 月	黎国英
5	国际贸易结算	978-7-301-20980-6	1-1	31	2012 年 7 月	罗俊勤
6	国际贸易实务	978-7-301-20929-5	1-1	30	2012 年 8 月	夏新燕
7	国际贸易实务	978-7-301-16838-7	1-1	26	2012 年 8 月	尚洁，肖新梅
8	国际贸易实务	978-7-301-22739-8	1-1	33	2013 年 7 月	刘笑诵
9	国际贸易实务	978-7-301-19393-8	1-2	34	2013 年 1 月	李湘滇，刘亚玲
10	国际贸易实务	978-7-301-20192-3	1-2	25	2013 年 5 月	刘慧，吕春燕
11	国际贸易实务操作	978-7-301-19962-6	1-2	37	2014 年 1 月	王言炉，刘颖君
12	国际贸易与国际金融教程	978-7-301-22738-1	1-2	31	2014 年 7 月	蒋晶，石如璧
13	报关实务	978-7-301-21987-4	1-1	35	2013 年 1 月	董章清，李慧娟
14	报关与报检实务	978-7-301-16612-3	1-2	37	2014 年 5 月	农晓丹
15	报检报关业务：认知与实操	978-7-301-21886-0	1-1	38	2013 年 1 月	姜维
16	进出口商品通关	978-7-301-23079-4	1-1	25	2013 年 8 月	王巾，佘雪锋
17	进出口贸易实务	978-7-5038-4842-1	1-2	30	2008 年 5 月	周学明
18	国际海上货运代理实务	978-7-301-22629-2	1-1	27	2013 年 6 月	肖旭
19	国际货运代理实务	978-7-301-21968-3	1-1	38	2013 年 1 月	张建奇
20	国际商务单证	978-7-301-20974-5	1-1	29	2012 年 7 月	刘慧，杨志学
21	外贸单证	978-7-301-17417-3	1-1	28	2011 年 9 月	程文吉，张帆
22	新编外贸单证实务	978-7-301-21048-2	1-1	30	2012 年 8 月	柳国华
23	商务谈判	978-7-301-20543-3	1-1	26	2012 年 5 月	尤凤翔，祝拥军

序号	书　　名	书　　号	版次	定价	出版时间	主　　编
24	商务谈判	978-7-5038-4850-6	1-2	32	2009 年 8 月	范银萍
25	商务谈判实训	978-7-301-22628-5	1-1	23	2013 年 6 月	夏美英，徐姗姗
26	国际商务谈判（第 2 版）	978-7-301-19705-9	2-2	35	2014 年 1 月	刘金波，王葳
27	国际商务谈判	978-7-81117-532-5	1-3	33	2010 年 1 月	卞桂英，刘金波
28	商务英语学习情境教程	978-7-301-18626-8	1-1	27	2011 年 8 月	孙晓娟
29	外贸英语函电	978-7-301-21847-1	1-1	28	2012 年 12 月	倪华
30	国际商法实用教程	978-7-5655-0060-2	1-2	35	2012 年 4 月	聂红梅，史亚洲
31	国际市场营销项目教程	978-7-301-21724-5	1-1	38	2012 年 12 月	李湘滇
32	互联网贸易实务	978-7-301-23297-2	1-1	37	2013 年 10 月	符静波
33	外贸综合业务项目教程	978-7-301-24070-0	1-1	38	2014 年 4 月	李浩妍

相关教学资源如电子课件、电子教材、习题答案等可以登录 www.pup6.cn 下载或在线阅读。

扑六知识网（www.pup6.com）有海量的相关教学资源和电子教材供阅读及下载（包括北京大学出版社第六事业部的相关资源），同时欢迎您将教学课件、视频、教案、素材、习题、试卷、辅导材料、课改成果、设计作品、论文等教学资源上传到 pup6.com，与全国高校师生分享您的教学成就与经验，并可自由设定价格，知识也能创造财富。具体情况请登录网站查询。

如您需要免费纸质样书用于教学，欢迎登录第六事业部门户网（www.pup6.com.cn）填表申请，并欢迎在线登记选题以到北京大学出版社来出版您的大作，也可下载相关表格填写后发到我们的邮箱，我们将及时与您取得联系并做好全方位的服务。

扑六知识网将打造成全国最大的教育资源共享平台，欢迎您的加入——让知识有价值，让教学无界限，让学习更轻松。

联系方式：010-62750667，sywat716@126.com、36021738@qq.com，欢迎来电来信咨询。